本书的出版得到华中师范大学中国语言文学一流学科建设项目资金支持

中国文化产业发展论纲

ZHONGGUO WENHUA CHANYE FAZHAN LUNGANG

◇黄永林 著

—文化遗产与文化产业系列教材—

華中師範大學出版社

新出图证(鄂)字 10 号

图书在版编目(CIP)数据

中国文化产业发展论纲/黄永林 著. —武汉:华中师范大学出版社,2020. 12
文化遗产与文化产业系列教材
ISBN 978-7-5622-9216-6

Ⅰ. ①中… Ⅱ. ①黄… Ⅲ. ①文化产业—产业发展—研究—中国—教材 Ⅳ. ①G124

中国版本图书馆 CIP 数据核字(2020)第 235479 号

中国文化产业发展论纲

ⓒ黄永林 著

责任编辑:鲁 丽　　**责任校对:**王 炜　　**封面设计:**罗明波
编 辑 室:高等教育分社　　**电　　话:**027-67867364
出版发行:华中师范大学出版社有限责任公司
社　　址:湖北省武汉市珞喻路 152 号　　**邮　　编:**430079
电　　话:027-67861367(发行部)　　**传　　真:**027-67863291
网　　址:http://press.ccnu.edu.cn　　**电子邮箱:**press@mail.ccnu.edu.cn
印　　刷:武汉中科兴业印务有限公司　　**督　　印:**刘 敏
开　　本:787mm×1092mm 1/16　　**印　　张:**14.25
字　　数:300 千字
版　　次:2020 年 12 月第 1 版　　**印　　次:**2020 年 12 月第 1 次印刷
印　　数:1—2000　　**定　　价:**39.80 元

欢迎上网查询、购书

敬告读者:欢迎举报盗版,请打举报电话 027-67867353

加强文化教育　坚定文化自信

黄永林

习近平总书记《在庆祝中国共产党成立 95 周年大会上的讲话》中明确提出："坚持不忘初心、继续前进，就要坚持中国特色社会主义道路自信、理论自信、制度自信、文化自信，坚持党的基本路线不动摇，不断把中国特色社会主义伟大事业推向前进。"并指出："文化自信，是更基础、更广泛、更深厚的自信。"① 文化自信作为"四个自信"之一的提出，创造性地拓展了党的十八大提出的中国特色社会主义"三个自信"的谱系，凸显了中国特色社会主义的文化根基、文化本质和文化理想，标志着中国共产党对中国特色社会主义有了更加明确而开阔的文化建构。文化与教育有着十分密切的关系，文化是教育产生与发展的最重要基础；教育是文化延续并不断创新的第一动力。文化自信离不开文化教育，坚定文化自信，必须加强文化教育，只有让更多人更深入地学习理解和传承弘扬中华优秀传统文化、革命文化和社会主义先进文化，中华文化的伟大复兴才能实现。

一、文化与教育的关系

党的十九大报告指出："文化是一个国家、一个民族的灵魂。文化兴国运兴，文化强民族强。没有高度的文化自信，没有文化的繁荣兴盛，就没有中华民族伟大复兴。"并提出"坚定文化自信，推动社会主义文化繁荣兴盛"②。人是文化传承和创新的主体，人对文化的认知和理解源于教育，因此，教育以人为中介承担着文化传承和创新的双重使命。

（一）文化是教育发展的最重要基础

人类文明发展史表明，没有文化就没有教育，因为没有文化就没有教育资源和教育方向，没有文化就不可能有教育者和受教育者。中华优秀文化是中国教育产生和发展的最重要基础。

首先，中华优秀传统文化孕育了优秀教育传统。中华文明历史悠久，历经几千年的历史传承，更显光辉灿烂。中华文明是世界上唯一绵延不绝且从未中断的古老文化，

---

① 习近平：《在庆祝中国共产党成立 95 周年大会上的讲话》（2016 年 7 月 1 日），《人民日报》2016 年 7 月 2 日 02 版。

② 习近平：《决胜全面建成小康社会　夺取新时代中国特色社会主义伟大胜利》（2017 年 10 月 18 日），《人民日报》2017 年 10 月 28 日 05 版。

并始终充满了生机与活力。习近平总书记指出:“回顾历史,支撑我们这个古老民族走到今天的,支撑5000多年中华文明延绵至今的,是植根中华民族血脉深处的文化基因。”① 5000多年文明发展孕育的中华优秀传统文化,以其丰富的资源、深厚的底蕴,不仅孕育了中国古老的教育,而且为中国教育的发展提供了坚实的基础,并形成了深厚的优秀教育文化传统。

其次,中国现代先进文化指明了教育发展方向。文化本身也是一种教育力量,一方面,特定时空中的文化构成的文化环境、文化氛围,对生存于其中的人产生着潜移默化的教育作用;另一方面,先进的文化导向(价值)也为教育发展指明了正确的方向。中华优秀文化既包括中华优秀传统文化,也包括中华现代先进文化。中华优秀文化既坚守本根又不断与时俱进,中华现代先进文化主要包括熔铸于中国共产党领导人民在革命、建设、改革中创造的革命文化和社会主义先进文化,它们积淀着中华民族最深层的精神追求,代表着中华民族独特的精神标识,其革命性与先进性不仅赋予了中国传统文化新的发展要求和历史境界,而且为中国现代教育发展指明了前进方向,提供了强大精神力量。

最后,文化自信是教育自信的底色和底蕴。文化自信是国家兴衰的命脉,是保持民族精神独立性的基石。习近平总书记指出:“站立在960万平方公里的广袤土地上,吸吮着中华民族漫长奋斗积累的文化养分,拥有13亿中国人民聚合的磅礴之力,我们走自己的路,具有无比广阔的舞台,具有无比深厚的历史底蕴,具有无比强大的前进定力。中国人民应该有这个信心,每一个中国人都应该有这个信心。”② 文化自信是对中华文明历久弥新的核心理念、传统美德和人文精神的自觉弘扬,是对中国道路、中国理论和中国制度在民族精神追求层面上的坚定内化,它将成为中华民族伟大复兴的精神根基和内在源泉。文化自信是教育发展的基础,教育乃文化传承创新之基,教育自信是“四个自信”的必然要求和重要内涵。文化自信既是中国教育发展的底色,又是中国教育发展的底气。只有文化自信,才会有真正的教育自信,坚定文化自信,必须坚定教育自信。

(二)教育是文化发展的第一推动力

教育的实质是传播知识和文化,通过教育活动以文化人,文化才得以传递、丰富和发展,没有教育就不可能有文化,因此,教育是文化发展的第一推动力。中华文化之所以生生不息、绵延不绝,其关键因素之一就在于中华文化有着重视教育的优良传统。从古代《荀子·劝学》中的“吾尝终日而思矣,不如须臾之所学也”,韩愈《师说》中的“爱其子,择师而教之”,《三字经》中的“养不教,父之过”,到现代的“百年大计,教育为本”“科教兴国”,都说明了个人、家庭、社会和国家十分重视教育的

---

① 习近平:《携手建设更加美好的世界——在中国共产党与世界政党高层对话会上的主旨讲话》(2017年12月1日),《人民日报》2017年12月2日02版。

② 习近平:《在纪念毛泽东同志诞辰120周年座谈会上的讲话》(2013年12月26日),《人民日报》2013年12月27日02版。

作用。中华民族历来重视教育，教育优先发展有着深广的文化心理基础。

其一，教育对文化传承与发展有推动作用。教育是文化传承最主要的手段，传承文化是教育的基本职能。但教育对文化传承的选择有其内在的机制，首先，教育对文化的选择不是静止的，而是随着社会的发展在动态中进行的。教育对文化的选择往往按照“取其精华，去其糟粕”的原则进行价值取舍。教育对文化的选择往往是从有利于受教育者发展、有利于社会发展、有利于国家和民族发展、有利于人类发展出发来进行的。其次，学校教育是文化教育的重要场所。宋朝的苏洵认为，“教化之本，出于学校”。学校教育通过培养目标、教育过程、课程标准、教师群体等途径进行文化的选择，把人类积累的优秀文化、精神财富传递给学生，培养学生文化创造的能力，使文化薪火相传、充满活力。习近平总书记指出：“对历史文化特别是先人传承下来的价值理念和道德规范，要坚持古为今用、推陈出新，有鉴别地加以对待，有扬弃地予以继承。这就是说，我们既不要片面地讲厚古薄今，又不要片面地讲厚今薄古，而是要本着科学的态度，继承和弘扬中华优秀传统文化，努力用中华民族创造的一切精神财富来以文化人、以文育人。”① 教育对文化的内容选择和价值取舍机制成为人类优秀文化存续的一种保障，也成为文化自身发展与进步的一种推动力量。

其二，教育对文化价值和精神有建构作用。教育具有双重文化属性：一方面它是传递和深化文化的手段，这是它与文化构成内容与形式的关系；另一方面它的实践者及实践本身又体现着文化的特质，如思想观念、价值倾向和行为方式，这时它就成为文化本体②。文化是教育的内容，教育是传递文化的工具。教育在文化内容的选择上十分重视文化的价值导向，教育的实施保持了文化的同一性与延续性，使民族文化价值得到更广泛的认同、民族文化精神得到更深入的弘扬。比如，中国封建社会主要以伦理道德为价值取向的儒家文化为主，反映在中国传统教育的目的上就是强调“明人伦”。“善”作为中华文明最基本的组成元素，在传统文化中具有核心价值，中国传统教育在内容上十分强调“善”的教育。宋朝的欧阳修认为：“善者一日不教，则失而入于恶；恶者勤而教之，则可使至于善。”中华优秀传统文化是中华民族的突出优势，是最深厚的文化软实力。习近平总书记强调：“要认真汲取中华优秀传统文化的思想精华和道德精髓，大力弘扬以爱国主义为核心的民族精神和以改革创新为核心的时代精神，深入挖掘和阐发中华优秀传统文化讲仁爱、重民本、守诚信、崇正义、尚和合、求大同的时代价值，使中华优秀传统文化成为涵养社会主义核心价值观的重要源泉。”③通过教育的建构和强化，中国传统文化形成了以善为本、以善为信念的基本道德追求。中华民族优秀教育传统是中华优秀文化的重要组成部分，当今我国的学校教育必须坚持继承和弘扬中华民族优秀的教育传统，通过教育进一步培育中华民族共同情感和价

---

① 习近平：《在十八届中央政治局第十三次集体学习时的讲话》（2014年2月24日），见中共中央文献研究室编《习近平关于社会主义文化建设论述摘编》，中央文献出版社2017年版，第140页。

② 黄献清：《反腐倡廉：教育、文化建设两手抓》，载《传承》2008年第22期，第16～17页。

③ 习近平：《在十八届中央政治局第十三次集体学习时的讲话》（2014年2月24日），见中共中央文献研究室编《习近平关于社会主义文化建设论述摘编》，中央文献出版社2017年版，第141页。

值、共同理想和精神。

其三，教育对文化传播与交流有促进作用。习近平总书记指出："当今世界，各国人民前途命运越来越紧密相联。人类文明是多元并存的。进入新时代的中国，我们一方面坚持文化自信，大力发展教育、科技、文化事业，提高文明素质；一方面秉持'世界大同'、和合共生的传统理念，主张各国文化相互尊重，交流互鉴。"①教育是传播和交流文化的重要途径，从古至今，国家文化、民族文化、区域文化经过长期相互学习、交流、借鉴、融合不断发展提高，促进文化的优化和发展，才有了我们人类的文明史。特别是国际文化交流增进了不同国家文化的相互交流和学习，是国家发展进步的动力，促进了世界文化多元多样发展。费孝通认为，现在的世界应该是"各美其美，美人之美，美美与共，天下大同"。因为只有将自尊和尊敬他人之长结合起来，才是美美与共，才能共同创造多彩文明，为人类提供正确精神指引，达到天下大同的境界。

二、文化自信与文化教育

2016年9月9日，习近平总书记在教师节前夕回到母校北京市八一学校看望师生时提出："我们的教育改革要坚持文化自信，好的经验要坚持，不足的要补齐。"文化教育与其他文化传承方式相比，其传承的文化是人类文化中最基本、最精华的部分。在新的历史发展时期，我们要通过文化教育，激发全体人民对中华优秀传统文化的历史自豪感和文化认同感，在全社会形成对社会主义核心价值观的普遍共识和价值认同，激发全社会的文化创造热情，培养民众的文化创造精神，推动社会主义文化的繁荣兴盛，并以包容互鉴、共同发展的胸怀，推动世界文化多元多样发展。

（一）通过文化教育涵养民族情怀增强文化认同

随着改革开放不断深入，随着全球化时代日益发展，不少人在国际化的进程中迷失了自我。有的妄自菲薄，由于不了解中华文化，他们以中华文化的消极部分来否定中华文化的优秀部分；有的崇洋媚外，轻视中华文化，他们以西方所谓先进文化否定中华文化，这都是失去文化自信的表现。习近平总书记指出："坚定文化自信，离不开对中华民族历史的认知和运用。历史是一面镜子，从历史中，我们能够更好看清世界、参透生活、认识自己；历史也是一位智者，同历史对话，我们能够更好认识过去、把握当下、面向未来。"② 习近平总书记在北京大学师生座谈会上的讲话还指出："我们是中华儿女，要了解中华民族历史，秉承中华文化基因，有民族自豪感和文化自信心。"③中华优秀传统文化是中华民族历经磨难而生生不息的历史积淀与思想宝库，是中华文

① 《习近平会见联合国教科文组织总干事阿祖莱》，《人民日报》2018年7月17日01版。

② 习近平：《在中国文联十大、中国作协九大开幕式上的讲话》（2016年11月30日），见中共中央文献研究室编《习近平关于社会主义文化建设论述摘编》，中央文献出版社2017年版，第17页。

③ 《习近平在北京大学师生座谈会上的讲话》（2018年5月2日），《人民日报》2018年5月3日02版。

明赓续传承、屹立于世界文化之林的“基因密码”。我们要深入挖掘中华优秀传统文化的价值内涵，弘扬中华民族传统文化的思想精华和道德精髓，以中华优秀传统文化的学习教育来提升民众的文化素养、文化自觉，涵养民族情怀，增强中华文化的认同感和责任感，培养熟悉中华文化、理解中华文化、尊重中华文化、热爱中华文化，对中华文化充满信心的中国人，进一步激发中华优秀传统文化的生机与活力。

（二）通过文化教育传播优秀文化强化文化自觉

文化自觉是文化自信的体现，没有文化自信，很难有文化自觉，但是有了文化自觉，不等于就有了文化自信。中华优秀传统文化是中华民族的宝贵财富，是中华文化接续传承的动力与支撑，是中华文化弘扬发展的源头活水，也是一个国家文化软实力的重要载体。习近平总书记在全国宣传思想工作会议上的讲话指出：“中华优秀传统文化是中华民族的文化根脉，其蕴含的思想观念、人文精神、道德规范，不仅是我们中国人思想和精神的内核，对解决人类问题也有重要价值。要把优秀传统文化的精神标识提炼出来、展示出来，把优秀传统文化中具有当代价值、世界意义的文化精髓提炼出来、展示出来。”① 作为中华儿女，我们要通过教育让学习理解和传承传播中华优秀传统文化成为一种自觉行为，将弘扬中华优秀传统文化作为增强民族自信的重要方式，从内心深处强烈认同中华民族文化承载的价值理念。中国特色社会主义文化是一个有根有魂的聚合体，它有三个有机组成部分，即中华优秀传统文化、革命文化和社会主义先进文化。坚定文化自信，强化文化自觉，首先是要讲好中国故事，提高中华文化影响力。我们要通过教育讲清楚中华优秀传统文化的历史渊源、发展脉络、基本走向，讲清楚中华优秀传统文化的独特创造、价值理念、鲜明特色，增强文化自信和价值观自信。其次是要传播中国特色社会主义的革命文化和社会主义先进文化，树立社会主义核心价值观。富有创新活力的马克思主义中国化时代化大众化是中国文化自信的集中体现，我们要通过教育用先进的文化和价值观引领人们的思想和事业的发展。

（三）通过文化教育培养创新精神激活文化活力

中华优秀传统文化不是固守不变的，而是在不断推陈出新中发展的，历史和现实都证明，中华民族有着极强的文化创造力。一部中华文化史，同时就是一部中华文化思想创造史。早在春秋战国时期，诸子百家留下来的思想经典，几乎涵盖了政治、经济、科技、军事、文化等各个方面，成为中华文明从未间断的文化源头，也为世界文明史做出了不可磨灭的巨大贡献。中华文明之所以能够历经 5000 年沧桑而从未中断，全在于这种创造力、创新力。中华优秀传统文化的创造性转化和创新性发展是中华民族文化的活力所在。习近平总书记指出：“中华民族有着深厚文化传统，形成了富有特色的思想体系，体现了中国人几千年来积累的知识智慧和理性思辨。这是我国的独特

---

① 《举旗帜聚民心育新人兴文化展形象　更好完成新形势下宣传思想工作使命任务》，《人民日报》2018 年 8 月 23 日 01 版。

优势。中华文明延续着我们国家和民族的精神血脉，既需要薪火相传、代代守护，也需要与时俱进、推陈出新。要加强对中华优秀传统文化的挖掘和阐发，使中华民族最基本的文化基因与当代文化相适应、与现代社会相协调，把跨越时空、超越国界、富有永恒魅力、具有当代价值的文化精神弘扬起来。要推动中华文明创造性转化、创新性发展，激活其生命力，让中华文明同各国人民创造的多彩文明一道，为人类提供正确精神指引。”[①] 今天，我们要更加积极主动地通过教育培养创新精神，推动中华优秀传统文化的创造性转化、创新性发展，使之与人们的现实生活相融相通，形成富有个性、充满时代特征、具有生活气息的文化，激活传统文化在现代生活中的生命与活力。

（四）通过文化教育推动文化交流促进文化传播

古往今来，中华民族一直是命运共同体、文化共同体，文化是民族认同和凝聚的动力，是民族团结的纽带，开放包容的文化态度是中华文化自信的力量之源。历史上，5000 多年绵延不断的中华文化中，蕴含着许多符合自然发展规律、社会发展规律、人的发展规律的优秀文明成果，这些文明成果不仅是中国人民的财富，也是世界人民的宝贵财富。习近平总书记指出：“中华文化是我们提高国家文化软实力最深厚的源泉，是我们提高国家文化软实力的重要途径。要使中华民族最基本的文化基因与当代文化相适应、与现代社会相协调，以人们喜闻乐见、具有广泛参与性的方式推广开来，把跨越时空、超越国度、富有永恒魅力、具有当代价值的文化精神弘扬起来，把继承传统优秀文化又弘扬时代精神、立足本国又面向世界的当代中国文化创新成果传播出去。”[②] 今天，中国应不忘本来，吸收外来，面向未来，依照“尊重世界文明多样性，以文明交流超越文明隔阂、文明互鉴超越文明冲突、文明共存超越文明优越”的文化发展理念，与世界各国各民族开展积极的文化交流交融[③]。不忘本来，就是要在推进教育国际化的进程中“讲好中国故事”，在向世界各国学习的过程中，将中华优秀文化传播出去，让世界上更多的人了解和理解中华文化，尊重和尊敬中华文化，提升中华文化的自信心和影响力。吸收外来，就是要尊重世界各国各民族文化特色和文化发展规律，承认世界上存在着的人类共同的价值观念，善于创造性地吸收、转化当今世界其他国家和民族的一切优秀文化，使之成为中华文化的一部分。面向未来，就是要展示中华传统文化的博大胸怀，坚持世界文化多样性和多元性的发展精神，在文化发展方面不故步自封、停滞不前，通过广泛开展与世界各国和各民族的文化交流，使中华文化在交流中创新与发展。

---

① 习近平：《在哲学社会科学工作座谈会上的讲话》（2016 年 5 月 17 日），见中共中央文献研究室编《习近平关于社会主义文化建设论述摘编》，中央文献出版社 2017 年版，第 83 页。

② 习近平：《在十八届中央政治局第十二次集体学习时的讲话》（2013 年 12 月 30 日），见中共中央文献研究室编《习近平关于社会主义文化建设论述摘编》，中央文献出版社 2017 年版，第 201 页。

③ 董国政：《坚定我们的文化自信》，《解放军报》2018 年 10 月 27 日 06 版。

一个民族的复兴需要强大的物质力量，也需要强大的精神力量。任何国家的教育都有其文化的使命，这就是传承民族优秀文化传统，增强文化自信，振奋民族精神。在新时代，我们要通过文化教育承担起文化传承的使命，始终热爱、坚守、弘扬中国特色社会主义文化，激发全民族文化创新创造活力，推动社会主义文化繁荣兴盛，建设社会主义文化强国。为了推进高校学生文化理论知识的学习和研究，我们组织编写了这套“文化遗产与文化产业系列教材”，希望以此加强中国文化教育，引导广大青年学生亲近、学习和理解中华文化，增强对中华民族文化的认同感，坚定文化自信，为继承和弘扬中华文化优秀传统，并努力开创中华文化新纪元做出新贡献。

目　录

第一章　文化产业概念的历史演变

近年来，无论在国外还是国内，文化产业都呈现快速发展的趋势，市场需求和市场份额不断扩大，成为经济发展的新引擎，显现出先导产业的发展趋势。当今世界，文化产业的发展规模和水平已成为衡量一个国家或地区综合竞争能力的重要标志。我国的文化产业经过一段时间的发展，已经取得长足进步。但深入推进文化产业发展，必须把握发展趋势，遵循发展规律。

第一节　国外文化产业概念认知逻辑

文化产业作为一种特殊的文化发展形态和文化现象，其理论和实践研究都得到了世界各国学术界和政府的高度关注。在世界文化发展浪潮中，文化产业的概念不断嬗变，内涵日渐丰富。各国专家、学者虽然对这一概念进行了系统研究与阐释，但至今尚未形成一个权威、标准的定义，没有形成统一的称谓。尽管“文化产业”已经成为国际组织和各国政府都使用的文化政策关键词，但由于不同国家和地区有不同的发展目标，作为一个政策性用语的“文化产业”又衍生出各种不同的概念表述，如“创意产业”“文化创意产业”“内容产业”“版权产业”“娱乐产业”“数字文化产业”等等。英国、澳大利亚主要使用“创意产业”，美国一般使用“版权产业”，韩国、欧盟大多使用“文化产业”，日本习惯使用“内容产业”，等等。文化产业在西方的发生、发展过程基本上是自发的。关于文化产业概念的发展史，澳大利亚昆士兰科技大学创意产业研究和应用中心主任斯图亚特·坎宁安做了四个阶段的划分：20 世纪 30 至 40 年代法兰克福学派的否定性批判时期；20 世纪 70 至 80 年代重新用文化来界定古老的商业产业时期；撒切尔城市重建等实用主义艺术实践时期；新古典主义经济学对艺术的应用时期。

文化产业命名的出现远远不是一个简单的词汇替换、发展的过程，它们反映着当时社会发展的现实、科技发展的水平，代表着文化经济不同的发展方向。准确把握文化产业的概念形成的背景、内涵和外延，研究其发展嬗变，对于促进文化产业理论深入研究具有重要的价值，对于推动新时期文化产业的快速发展同样具有重要意义。本章将从文化产业及相关概念产生的背景及内涵入手，分析不同概念产生的历史背景及它们之间的逻辑联系和特征，力求通过概念的研究把握文化产业的本质特征。

一、从大众文化到文化工业

（一）文化工业理论的时代背景

19 世纪中叶到 20 世纪初，在欧洲和美国、日本等国家发生了第二次工业革命，自然科学的新发展开始同工业生产紧密地结合起来，科学与技术的结合有力地推动着生产力的发展。第一次世界大战结束后，美国、英国、法国、日本等国都产生了新的社会秩序，这一新的秩序被称为“大众社会”。在第二次工业革命和大众社会的背景下，现代文化工业和大众文化兴起，成为文化产业的滥觞。

1. 机械复制促使艺术生产走向工业化

第二次工业革命以电力的发明和广泛应用为主要标志，把社会的工业化提高到一个崭新阶段，使社会生产力进入电力时代。在第二次工业革命的推动下，资本主义经济开始发生重大变化，科学和技术的紧密结合使资本主义生产社会化的趋势加强，工业化和社会化生产方式强力推动了传统文化艺术的革命。复杂机械代替简单工具的工业化生产方式，采用装配线流水作业对艺术品进行复制及其他生产方式不断涌现，使艺术品的生产由单纯的艺术家的手工生产变成工业化、规模化的批量生产。过去普通人视为奢侈品和身份象征的艺术品成为廉价的消费品，这使大众能获得更多的文化艺术满足，从而产生了大众文化。

2. 现代电子媒介推动艺术传播多样化

以 1844 年第一条电报线路的开通为标志，现代通信进入了新纪元，从此，文化传播借助于电子媒介进入新媒体时代。大众文化传播载体的生产日益与经济发展的新增长重合，文化艺术的传播方式也愈加多样化，电影、电视、广播、报纸等新生的传播媒介大大增强了文化的表现力和与大众的亲和性，对于传统的文化艺术产生了极大的冲击。大众文化对大范围内不同层次的人群传播同样内容的大众化特征，改变了原来与封建社会特权联系在一起的艺术消费格局，导致曾经广泛存在的人们的社会地位和文化旗帜的对应关系解体①。

3. 消费观念革命刺激艺术消费欲望化

19 世纪开始的新技术革命不仅推动了文化生产的革命，也促进了大众文化消费的革命。19 世纪开始，西方社会出现的分期付款购物方式，推动了现代消费观念的形成，20 世纪初至 20 世纪中叶，在欧美国家，大众消费已成为现代资本主义的核心，大众消费社会视消费为美德的观念，对大众文化的消费欲望起到了刺激作用。现代消费文化的特定表现就是大众社会将娱乐行业的文化产品视为社会商品并消费它们，文化工业提供的文化产品正在被社会像消费任何其他商品一样消费着。

4. 艺术市场发展促进文化主体平等化

19 世纪以前，艺术市场主要由学院、皇室、沙龙组成，艺术活动一直被教会和国家牢牢地控制着，在精英和大众之间没有文化接触的可能性，精英无视大众文化，大众也无法了解精英文化。随着经济的发展，当中产阶级在欧洲和美国取得不可动摇的地位并形成现代形式的大众社会之后，大众对艺术品的需求越来越大，艺术品市场也越来越广，市场的需求所产生的巨大经济收益，使得传统的艺术家不必仅仅取悦少数

---

① ［美］丹尼尔·贝尔：《资本主义文化矛盾》，赵一凡等译，生活·读书·新知三联书店 1989 年版，第 113 页。

富有的或有权势的资助者，而是要满足日益众多的、更普通的人的需求。这正如丹尼尔·贝尔所指出的：“在文化领域，我们看到了独立艺术家的成长。艺术家摆脱了教会和王室的赞助庇护，就开始按自己的意愿创作，而不再为赞助者工作。市场将会使他获得自由。”① 艺术生产在工厂化、工艺化或制作化之后，可量身定做、机械复制、批量生产，这模糊了传统精英文化艺术消费的阶层性，财富和权力不再是贵族独享精英文化艺术的资本，这促进了文化艺术品的消费主体由精英向大众转变，文化生产与消费成为各主体间民主、平等的行为。

（二）文化工业理论的产生过程

文化生产、文化消费和文化市场的急剧变化，大众文化的兴起，促使理论家们关注、分析和讨论这一文化现象形成的原因和得失，与此同时，相关概念也应运而生。文化产业的概念最初是以“文化工业”（cultural industry）这一单数形式登上历史舞台的，这一术语产生于20世纪初。

1. 瓦尔特·本雅明的机械复制的艺术生产力理论

德国法兰克福学派的重要代表人物之一瓦尔特·本雅明是较早从生产观点透视艺术问题的人，他的艺术生产力理论在马克思主义从社会意识形态的层面理解艺术的认识基础之上，提出了从艺术生产的角度去把握艺术的本体，敏锐地观察到先进生产技术和工具对于艺术生产产生的极大影响和引起的全方位变化。1934年4月27日，本雅明在巴黎发表了著名的《作者作为生产者》一文②，明确提出了“艺术生产力”的概念。他认为，艺术和其他形式的生产一样，同样依赖着某种绘画、出版、演出等方面的生产技术，技术是艺术生产力的一部分，是艺术生产发展的重要阶段，也涉及一整套的艺术生产者和人们之间的社会关系。艺术与其他产品一样，经历着一个由生产—产品—消费组成的动态流程，这是由生产者、产品与消费者等要素组成的。在这个过程中，本雅明特别强调了艺术生产的一个决定性因素就是技术，技术的进步直接影响着作品的艺术倾向和政治倾向。这一观点在本雅明的代表作《机械复制时代的艺术作品》中得到了更好的发挥，他强调生产技术的变革对艺术生产和艺术作品影响重大，其艺术生产的主要概念就是机械复制，复制技术造成了文学艺术在性质上的根本变化，批量生产的文化产品已经不再具有传统意义上艺术的一次性存在的性质。

> 复制技术把所复制的东西从传统领域中解脱了出来。由于它制作了许许多多的复制品，因而它就用众多的复制物取代了独一无二的存在；由于它使复制品能为接受者在其自身的环境中去加以欣赏，因而它就赋予了所复制的对象以现实的

① ［美］丹尼尔·贝尔：《资本主义文化矛盾》，赵一凡等译，生活·读书·新知三联书店1989年版，第62页。

② ［德］W. 本雅明：《作者作为生产者》，见刘小枫主编《现代性中的审美精神：经典美学文选》，学林出版社1997年版，第918～924页。

活力。[①]

在该书中，本雅明提出“电影工业”这个概念：

面对当代人希望自己被复现的正当要求，在西欧，那种对电影的资本主义开发却制止了对谁进行特殊的满足。在这样的情况下，电影工业就只有竭尽全力地通过幻觉般的想象和多义的推测，诱使大众参与进来。[②]

很显然，他对文化工业背景下产生的大众文化持乐观态度，他坚持文化工业应把文化艺术从天上下放到民间，从贵族走向大众。但在当时，他使用的“电影工业”概念并没有引起人们的足够重视。

2. 阿多诺与霍克海默的文化工业理论

“文化工业”这一概念首先由法兰克福学派代表学者西奥多·阿多诺与马克斯·霍克海默在20世纪40年代所著的《启蒙辩证法》中的《文化工业：欺骗公众的启蒙精神》一文提出。阿多诺在1975年回忆说：“‘文化工业’这个术语可能是在《启蒙辩证法》(1947年）这本书中首先使用的。”[③] 在《启蒙辩证法》中他指出：

在其全部分支中，各种产品（它们是专门为大众消费制作的，并在很大程度上决定了那种消费的性质）或多或少是根据计划制造的。独立的分支在结构上很相似，至少彼此相符，将自身组织成一个天衣无缝的体系。这种情形之所以可能出现，凭借了当代的技术能力和经济上与行政上的集中。文化工业有意从上面与其消费者们结合。对双方都不利的是，它强行将分隔了几千年的高雅艺术与低等艺术结合在一起。高雅艺术的严肃性被毁于对其功效的反思；低等艺术的严肃性因强加于它内在固有的反叛性之上的文明化的约束而消亡，这种反叛性在社会控制尚未形成整体时即已存在。因而，文化工业虽然无可否认地反思过它所针对的成千上万的人们有意识和无意识的状况，但大众却不是主要的，而是次要的，他们是被算计的对象，是机器的附件。与文化工业要我们相信的不一样，消费者不是国王，不是消费的主体，而是消费的客体。[④]

① ［德］W. 本雅明：《机械复制时代的艺术作品》，王才勇译，浙江摄影出版社1993年版，第55～56页。

② ［德］W. 本雅明：《机械复制时代的艺术作品》，王才勇译，浙江摄影出版社1993年版，第69页。

③ ［德］阿多诺：《文化工业再思考》，高丙中译，见陶东风等主编《文化研究：第1辑》，天津社会科学院出版社2002年版，第198页。

④ 转引自［英］斯特里纳蒂：《通俗文化理论导论》，阎嘉译，商务印书馆2001年版，第71～72页。

这里霍克海默和阿多诺并没有给文化工业下一个明确的定义，他们用“文化工业”这一概念来批判资本主义社会里凭借先进的技术手段大规模复制、传播和消费文化产品的现象。在这一语境中，“文化工业”是一个否定性概念：

> 文化工业总体的作用是反启蒙的，如霍克海默和我所评论的，在其中，启蒙即先进的技术的统治，它成了大众骗术，变成了束缚意识的手段。它妨碍自主、独立、为了自己而自觉作出判断和决定的个体的发展……它阻止时代生产力所允许的、人类为之准备着的解放。①

在他们看来，文化工业是一种公开的欺骗，是资本主义制度用来蒙蔽大众的工具，其实质就是一种意识形态操纵，通过提供一种虚假的幸福感而使得工人阶级日益沉迷，甘愿异化。文化工业有一种去政治化的功用，文化艺术的社会批判功能被弱化，艺术和文化的个性化和纯度消失。法兰克福学派对大众文化的批判具有鲜明的精英主义立场，他们直指资本主义社会下的文化弊病，揭露了其文化商品性的发展趋势及巨大危害，见地深刻。他们告诉我们，文化工业对人们的精神生活和现实世界的作用不仅具有积极的一面，还具有消极的一面，这在发展文化产业过程中是必须重视的。

以上本雅明与霍克海默和阿多诺的两种观点，实质上反映了西方 19 世纪末 20 世纪初艺术从精英走向大众、由宗教走向世俗的过程中大众派与学院派的争论。

（三）文化工业理论的基本特征

文化工业理论是工业经济时代和大众社会的产物，工业经济时代的特征是机械发展和科技进步极大地促进经济的发展。按照法兰克福学派的观点，大众文化是指借助于大众传播媒介而流行于大众之中的通俗文化。它是意识形态与社会物质基础的融合，是资本主义商品制度的组成部分。它在闲暇时间内操纵广大群众的思想和心理，培植支持统治和维护现状的顺从意识。阿多诺和霍克海默的“文化工业”概念与“大众文化”观念相比有许多共同特征：

第一是复制性。科技发展对文化的影响表现在直接对文化的生产和传播带来巨大影响。本雅明指出：“19 世纪前后，技术复制达到了这样一个水准，它不仅能复制一切传世的艺术品，从而以其影响开始经受最深刻的变化，而且它还在艺术处理方式中为自己获得了一席之地。”② 文化凭借现代科技手段，以标准化、规格化的方式被大规模生产出来，每个产品均能以不断再生产的方式获得无限复制，艺术创作在资本主义生产条件下转变为大量复制的文化生产，为大众提供了更多廉价的文化产品，经由传播媒介的技术化，通过电影、电视、广播、报纸、杂志等大众传媒传递给消费者，满足

---

① 转引自［英］斯特里纳蒂：《通俗文化理论导论》，阎嘉译，商务印书馆 2001 年版，第 63 页。

② ［德］W. 本雅明：《机械复制时代的艺术作品》，王才勇译，浙江摄影出版社 1993 年版，第 53 页。

大众的需求，导致了大众文化的诞生。复制性这一特性指出了文化工业的机械性、科技性特征，揭示出了文化产业是从传统文化事业中分离出来的事实。也就是说，传统文化事业中具有了大量可复制性的部分即可称之为文化产业。

第二是标准化。大众文化的生产与现代发达工业中工业生产流程的方式在本质上没有多大区别，文化生产根据大众的口味按照一定的标准和程序来进行批量生产和机械复制，每一种流行的大众文化都有其固定的程式。以阿多诺为首的法兰克福学派以标准化、齐一化或程式化来形容文化工业所呈现的这种生产方式。大众文化或文化工业的标准化和程式化生产方式，使产品缺乏足够的个性特征，缺少独特内容与风格，于是雷同、平庸和低俗代替了个性、高雅和崇高，艺术作品也因此而沦落为世俗化、齐一化和商品化的工业制造。

第三是商品性。消费性与商品化、泛文化性与符号化、快感性和欲望性、模式化和复制化、短暂性和流行性这些消费文化的特征在大众文化中都有典型的表现，文化成为工厂流水线上生产出来的商品，文化工业使工具理性完全凌驾于价值理性之上，使使用价值彻底臣服于交换价值。文化工业不仅把对于效用的精确计算放在首位，而且充分利用拜物教使文化商品笼罩上一层厚厚的偶像光晕，凭借偶像化这一最原始也最有效的手段，在文化商品的交换过程中使其达到最大限度的价值增值。随着文化商品化和产业化的发展，大众文化得到了空前的发展和繁荣。从文化消费角度来看，尽管资本主导的文化生产是为了最大限度地获取文化剩余价值，但是客观上却成为最有利于满足大众精神文化需求的方式。

第四是民主性。规范高效的工业化生产机制在短时间内制造和传播了大规模的文化产品，“既保证了大众文化市场的高效运作，促进文化产业价值链的开发，极大解放和发展了文化生产力，又能满足广大民众迅速获得大量文化产品的需求，实现了大众文化的平等性和民主化”①。但是这种看似平等与民主的大众文化，为了追逐利润而迎合大众的品味，它为社会提供一种补偿性的功能，它提供给异化现实中的人们一种自由和快乐的假象，用来掩盖这些事物在现实中的真正缺失②。大多数人在大众文化中追求一时的享乐和对现实生活的逃避，于是高雅的、严肃的、本真的文化退出了人们的视野，商品化和娱乐化的大众文化泛滥。

大众文化和文化工业是现代商品文明和工业文明相结合的产物，它是社会生产力、市场经济、科学技术及其相关的社会结构发展到一定阶段的必然结果。工业社会和现代消费社会，其生产和消费对象的构成由物质产品发展到包括精神文化产品在内的几乎所有产品，霍克海默和阿多诺提出的就是基于机械化生产和文化市场的文化工业理论。他们敏感地意识到，大众化的产品形成了大众化的市场，使社会的特性逐渐消失，文化艺术特有的教育价值逐渐减退，消费者独特的品味也逐渐消失。艺术不再是马克

① 赵津津：《论文化工业理论对中国大众文化适用性的辨析》，载《企业导报》2013 年第 20 期，第 179 页。

② 罗钢、王中忱：《消费文化读本》，中国社会科学出版社 2003 年版，第 18 页。

思所说的“自由的精神生产”，而从精神领域蜕化成只具使用价值的器物，艺术本应具有的反抗和批判功能也被剥夺了。他们的工业文化理论忽略了工业化进步性的一面，也忽略了资本注入对文化资源优化配置的作用。“文化工业”一词问世30年后，美国哈佛大学的学者丹尼尔·贝尔在《后工业社会的来临：对社会预测的一项探索》一书中明确提出将文化生产和消费与市场连接起来，倡导普通大众的文化消费权利，缓解产业机制与文化艺术价值之间的对立。英国曼彻斯特大学大众文化研究所的贾斯廷·奥康纳认为，文化工业是“指以经营符号性商品为主的那些活动，这些商品的基本经济价值源自于它们的文化价值”①，他强调文化工业应兼顾“文化价值”和“商业价值”，后者“提供了财富和就业，但对大多数人来说，它也是一个文化消费的主要场所”，所以“文化产业的内涵必须是开放的”。霍克海默和阿多诺使用单数形式的文化工业，实际上是将现代生活中共存的各种不同形式的文化产业假设为遵循着同一种逻辑。事实上，文化产业要比这复杂得多，不同部门的文化产业往往是按照不同模式进行运作的。资本优化配置的功能能够发现大众对于文化的需要，也能够生产满足大众需要的文化商品，并在这个过程中最大限度地获得文化剩余价值。后来“文化产业”代替“文化工业”，其意识形态功能被剔除，用来特指一个新的产业类别，被广泛运用于各国文化产业的管理实践和理论研究中。单数形式的“文化工业”向复数形式的“文化产业”转化，标志着人们对文化产业的认识逐步立体化、深入化。

二、从知识经济到创意产业

（一）知识经济时代的特征

人类在其发展历程中，由于科学技术的推动带来了经济结构的重大变革。知识经济产生和发展的基础源于20世纪40年代的信息技术革命，特别是20世纪80年代兴起的高技术革命。“知识经济”概念的产生和确定自身也有一个发展的过程。

1. 知识经济产生的理论背景

1961年，美国经济学家、经济史学家、信息经济学的创始人之一、1982年诺贝尔经济学奖得主乔治·斯蒂格勒（George Joseph Stigler，1911—1991），在《政治经济学》杂志上发表了题为《信息经济学》（The Economics of Information）的论文，首次提出了“信息经济”（information economy）概念，对信息的价值及其对价格、工资和其他生产要素的影响进行了研究，认为获取信息要付出成本，不完备的信息会导致资源的不合理配置。

1962年，奥地利裔美籍经济学家弗里兹·马克卢普（Fritz Machlup，1902—1983）教授在他的《美国的知识生产与分配》（*The Production and Distribution of Knowledge in the United States*，1962）一书中，根据第二次世界大战以来至20世纪50年代末美国社会生产发展和产业结构变化的特点，正式提出“知识产业”

① 林拓、李惠斌、薛晓源：《世界文化产业发展前沿报告（2003—2004）》，社会科学文献出版社2004年版，第9～11页。

(knowledge industry) 这一概念，分析了知识生产和分配的经济特征及经济规律，阐明了知识产品对社会经济发展的重要作用，给出了知识产业的一般范畴和最早的分类模式，并在此基础上建立起对美国知识生产与分配的最早的测度体系，即马克卢普的信息经济测度范式。

1973 年，美国哈佛大学教授丹尼尔·贝尔（Daniel Bell，1919—2011）在他的《后工业社会的来临：对社会预测的一项探索》（*The Coming of Post-Industrial Society: A Venture in Social Forecasting*）一书中，以生产和技术为中轴，把人类社会发展的历史分为三个阶段。第一个阶段为前工业社会（或称农业社会），人们依赖于自然界提供的原料和人的体力，经济主要由农业、矿业、渔业和林业部门构成。第二阶段为工业社会，人们对自然界的依赖减少，用能源代替体力，依靠技术和机器从事大规模的商品生产，经济主要由制造业、交通运输业和商业等部门构成。第三阶段为后工业社会，人们依赖于信息，将致力于发展服务业。后工业社会的主要特征是：从制造业经济转向服务性经济；专业和技术人员阶级处于社会的主导地位；理论知识居于中心地位，成为社会革新和制定政策的源泉，对技术的发展进行规划和控制；新的智能技术兴起并成为制定决策的工具。他认为后工业社会是以知识为核心的社会，知识的积累和传播是社会经济发展的直接力量。

1977 年，美国斯坦福大学博士马克·尤里·波拉特（Marc Uri Porat）出版了题为《信息经济》（*The Information Economy*）的九卷本内部报告，把知识产业引申为信息产业，给出了信息、信息资源、信息劳动、信息活动等一系列既有经济含义又能计量的定义。首创了“四分法”，把社会经济划分为农业、工业、服务业、信息业四大类，并将信息产业划分为所谓的一级信息部门和二级信息部门，为信息产业结构方面的研究提供了一套可操作的方法。

1980 年，阿尔文·托夫勒（Alvin Toffler，1928—2016）在其名著《第三次浪潮》（*The Third Wave*）中，将人类发展史划分为第一次浪潮的“农业文明”，从约1 万年前开始；第二次浪潮的“工业文明”，从 17 世纪末开始；第三次浪潮的“信息社会”，从 20 世纪 50 年代后期开始。“信息社会”的经济形态是在信息技术基础上的“后工业经济”。他的研究洞察到现代科技将深刻改变人类社会结构及生活形态，给历史研究与未来思想带来了全新的视角。

1982 年，美国未来学家约翰·奈斯比特（John Naisbitt）在《大趋势：改变我们生活的十个新趋向》一书中认为人类先后经历了农业社会、工业社会，如今将逐步进入信息社会，提出了人类“由工业化到信息化”“由层级化到网络化”“由集中化到分散化”等大趋势。他指出，“我们仍认为我们生活在工业社会里，但事实上我们已经迈入了一个创造和分配信息为主的经济社会”。

1983 年，美国经济学家保尔·霍肯（Paul Hawken）在他的《未来的经济》一书中明确提出“信息经济”概念，并描述信息经济是一种新技术、新知识和新技能贯穿于整个社会活动的新型经济形式，其根本特征是经济运行过程中信息成分大于物质成分并占主导地位，以及信息要素对经济的贡献。1986 年英国的汤姆·福莱斯特在《高技术社会：信息技术革命史话》一书中把这种新型经济称为“高技术经济”。

1990 年联合国有关研究机构首次提出“知识经济”的说法。1996 年经济合作与发展组织（OECD）发表了题为《以知识为基础的经济》的年度报告，在随后发布的《1996 年科学、技术和产业展望》中第一次将这种新型经济定义为：知识经济是以知识为基础的经济，直接依赖于知识和信息的生产、传播和应用。从生产要素的角度看，知识要素对经济增长的贡献高于土地、劳动力、资本等，因而知识经济是一种以知识为基础要素和增长驱动器的经济模式。特别是随着现代信息和通信技术的发展，知识和信息的传播与应用达到了空前的规模，知识对经济增长的影响更加明显，已成为提高劳动生产率和实现经济增长的引擎。1997 年美国总统克林顿采用了联合国研究机构提出的知识经济（knowledge economy）的概念，自此，这一概念便确立并传播开来。这一定义得到了人们的广泛认同，它表明人类社会正在步入一个以现代科学技术为核心的，以知识资源的占有、配置、生产、分配、消费为最重要因素的新的经济时代。

2. 知识经济的主要特征

知识经济作为一种新的经济形态，是对经历了两百余年发展的工业经济的超越与创新，其最重要的特征是知识的创造及其对经济发展的贡献比重大幅度地增加，并具有一系列崭新的特点。

其一，知识经济是科技型经济。以往工业经济的发展和繁荣直接取决于资源、资本、硬件技术的数量、规模和增量，片面追求产品技术的极致和单一商品生产规模的最大化。知识经济是建立在高科技基础上的经济，并随着高科技的发展而发展。高科技是知识经济中最活跃的因素，知识经济直接依赖于知识或有效信息的积累和利用，将知识作为追求发展的内在驱动力，其生产技术采用的是知识密集、数字化、智能化、网络制造等技术，强调产品的数字化、网络化和智能化。

其二，知识经济是人才型经济。与农业经济相比，知识经济的运行与发展主要依靠智力而不是体力，知识的生产和再生产在知识经济时代具有决定性的意义，其中起决定作用的核心因素是人才。知识经济首先以知识和信息的生产、扩散和应用为基础，知识、无形资产和知识型劳动者为核心生产要素。在以提高竞争力为目的的经济活动中，知识取向不断增强，产品与服务的知识含量不断提高。知识被认为是提高生产率和实现经济增长的驱动器，获取知识的方式、效率和质量成为一国发展的战略性因素。知识经济以较高的社会知识化水平为基础，知识劳动者在全体劳动者中的比重比以往任何时期都要高得多，因此，教育在人才培养、知识创新、知识扩散以及推动知识的应用方面起重要的作用。

其三，知识经济是创新型经济。知识经济提供的是知识含量高、智能化、个性化、艺术化并且文化品位高的知识产品，知识经济是以知识的创新发挥为主要手段的。知识创新是知识经济增长的驱动力，在产品和技术的生命周期迅速缩短的情况下，唯有持续地更新，通过创新主动推陈出新才不至于被淘汰出局。这种创新绝非传统工业技术的简单创新，而是建立在最新高科技成果基础上的，在一系列新兴领域开展的全新开拓与创造。知识经济再生产的特点之一就是高品位地不断创新，创新知识、创新技术、创新观念、创新制度，总之一切都处于不断创新的过程中，创新成了生存和发展的诀窍，富裕者则是不断掌握创新知识的人。

其四，知识经济是全球化经济。一方面，随着全球统一大市场的出现，经济的全球化使经济运行系统越来越成为全球性系统，在知识经济的运行活动中，国内与国外的界限变得日益模糊，货物、服务、资金、劳力、信息都在全球流动，全球组织兴起，跨国公司扮演着日益重要的角色。另一方面，随着信息技术的发展，全球信息源共享成为可能，极大地扩展了人类经济活动的时空范围，从而使人们有可能在更广阔的时空中施展自己的才能和实现自己的抱负。知识经济就是在全球统一大市场和全球信息资源共享背景下产生的全球化经济。

（二）创意经济的理论依据

文化产业作为一种特殊的文化形态和经济形态，影响了人们对文化产业的本质把握，因而不同学者对文化产业有不同的理解。在经济全球化时代，随着工业经济形态向知识经济形态转变，知识经济的纵深发展，孕育并推动了创意经济的兴起。创意产业是一种在全球化的消费社会背景下发展起来的，推崇创新、个人创造力，强调文化艺术对经济的支持与推动的新兴理论、思潮和经济实践。创意产业的理论来源包括约瑟夫·熊彼特的创新理论、保罗·罗默的新增长理论和约翰·霍金斯的创意经济理论，但其具体命名最早是由英国政府提出的。

1. 约瑟夫·熊彼特的创新理论

美籍奥地利政治经济学家约瑟夫·熊彼特（Joseph Alois Schumpeter，1883—1950）是文化创意产业理论的先驱之一。早在1912年，他在《经济发展理论：对于利润、资本、信贷、信息和经济周期的考察》一书中，将“创新”引入经济学之中，提出了独具特色的创新理论。在该书中他明确指出，现代经济发展的根本动力不是资本和劳动力，而是创新，在创新的过程中，知识和信息的生产、传播、使用是重要的关键因素。资本主义的发展过程就是通过创新的竞争，不断地创造进而破坏经济均衡结构的过程。在他看来，作为资本主义“灵魂”的企业家的职能就是实现“创新”引进“新组合”。他认为创新是一个内在因素，经济发展也不是外在强加的，而是来自内部创造性的关于经济生活的一种变动。熊彼特的创新理论主要是从技术进步的背景出发，考察创新性破坏与技术性失业、经济发展之间的关系，其创新的主要对象指涉的也是企业家精神，而非今天在文化创意产业中所说的内容创意。但是他的新经济增长理论对文化创意产业的思想观念、理论演进等方面具有很大的启示意义。

2. 保罗·罗默的新增长理论

传统经济学认为，在科技水平不变的情况下，当把一种可变的生产要素投入一种或几种不变的生产要素中时，最初这种生产要素的增加会使产量增加，但当它的增加超过一定限度时，增加的产量将要递减，最终还会使产量绝对减少。但是信息等高科技产业以知识为基础，而知识具有可共享、可复制使用、可低成本复制、可发展等特点，对其使用和改进越多，其创造的价值越大。而且知识作为资本要素投入，通过其他要素的有机配比和使用，提高了投入要素的边际效用，最终导致边际效益的递增。英国著名经济学家克拉克较早地发现了这一规律，他指出，知识是唯一不遵守效益递减规律的工具。直到 1983 年，美国经济学家保罗·罗默（Paul M. Romer）对新古典派进行了批评，他在资本和劳力这两个生产要素基础上，又增加了另一个生产要素——知识，从而创立了新经济增长理论。新经济增长理论认为，科学知识是经济增长的内生变量，技术变革是经济增长的核心。知识的外溢效应还在一定程度上缓和了其他要素的报酬递减效应，知识通过与其他要素的有机配合，可以提高各种投入要素的边际效益。他认为，特殊知识和专业化的人力资本是决定经济增长的最主要因素。一国经济要快速增长，就必须像对机器设备投资那样对知识进行投资，实现投资与知识的相互促进和良性循环。经济实现长期持续增长的关键是技术进步和人力资本投资①。美国著名经济学家、诺贝尔经济学奖获得者西奥多·舒尔茨（Theodore W. Schultz，1902—1998）提出并倡导了人力资本论，他认为，技术进步主要是靠人力资本积累，所谓人力资本是指人的知识和技能。当然，技术的发展也要靠整个市场制度和一些法律制度，比如说知识产权保护制度。

3. 约翰·霍金斯的创意经济理论

世界创意产业之父、创新模式的推动者、英国学者约翰·霍金斯（John Howkins）在 2001 年出版的《创意经济——如何点石成金》（*The Creative Economy*）一书中认为，创意产业是一种在经济全球化背景下产生的以创造力为核心的新兴产业，强调一种主体文化或文化因素依靠个人（团队）通过技术、创意和产业化的方式开发、营销知识产权。因此，他把创意产业界定在一个脑力工作占优势、所产出的结果是知识产权的产业②。他认为，所谓创意，可以被简单地定义为“有新思想”，当这种新思想转化为或改善了商业产品时，就成为一种产业。创意并不被艺术家所垄断，任何人——科学家、商人甚至是经济学家都可以有创意。霍金斯根据“有想法的人，特别是有自己想法的人，在很多情况下比操纵机器的人更有力量”的基本判断，对创意产业做出较为宽泛的定义，认为创意产业的主要内容具体包括艺术设计、专利申请、商标营销和版权保护。霍金斯认为，“四种行业一起构成了创意产业和创意经济”，每一类都有自己的法律实体和管理机构，每一类都产生于保护不同种类的创造性产品的愿望。霍金斯为创意经济所下的定义具有以下优点：其一，它为确定一种给出的活动是否属于创造性部门提供了一种有效而又一致的方式；其二，创意产业依赖于知识产权的国家强力保护体系。通过界定创意部门，霍金斯避开了该职业的性质是否有创造性这一潜在难题。他还具体阐述了广告、建筑、艺术、设计、研发、软件、视频游戏等 15 个创意产业门类。

---

① 谢平：《“新经济”的理论革命》，载《广西金融研究》2000 年第 1 期，第 7～9 页；宫承波、闫玉刚：《文化创意产业总论》，中国广播电视出版社 2008 年版，第 2～3 页。

② ［英］约翰·霍金斯：《创意经济——如何点石成金》，洪庆福等译，上海三联书店 2006 年版，第 7 页。

4. 其他创新创意经济理论

美国的理查德·佛罗里达（Richard Florida）在《创意阶层的崛起》一书中，从职业的分类而不是从部门和行业的分类来分析和定位创意产业。他认为我们不能把创意简单视为一个部门或行业的分类，而是在新经济条件下，经济发展对于创意的渴求催生出一个新的阶层。创意阶层包括一个超级创意核心，这个核心由从事科学和工程学、建筑与设计、教育、艺术、音乐和娱乐等相关职业的人们构成，这些人具有创新精神，注重工作独创性、个人意愿的表达以及对不断创新的渴求，他们的工作是创造新观念、新技术和新的创造性内容，与文化艺术、科技、经济各方面的事物都有着不可分割的关系。

旅居澳大利亚的英国学者约翰·哈特利（John Hartley）在他的《创意产业读本》中提出，创意产业就是“试图以新知识经济中的新媒体技术发展为背景，描述创意艺术（个人才能）和文化工业（大规模）在概念和实践层面的融合，供新近才实现互动的‘公民—消费者’所用”，并从产业发展的阶段性上定义创意经济。他认为创意经济包含了创意产业发展的三个阶段。他指出，在过去的十多年里，从创意产业到创意经济经历了三个阶段，即创意产出阶段、创意投入与融合阶段、消费创新引导阶段，三者的交融构成了新的创意经济的概念。创意产业发展的未来目标就是以“（全体）公民—（文化创意）消费者”为基础的“创意公民社会”，即“创意社会”①。

澳大利亚学者斯图亚特·坎宁安（Stuart Cunningham）在其论文《从文化产业到创意产业：理论、产业和政策的涵义》中认为，必须区分文化产业与创意产业，创意产业可以捕捉到大量新经济企业的动态，这是诸如“艺术”“媒体”和“文化产业”等词汇所无法做到的②。他认为艺术、文化正在日益广泛地与教育和学习、出版、设计、信息设备及电子商务等内容繁多的服务业相联系，因此文化产业的概念正在不断扩大，对文化产业的界定也应该更具包容性，他更愿意使用“创意产业”一词③。

（三）创意产业的基本特征

1. 创意产业的基本定义

英国政府是最早把文化产业作为一个新的产业来重点扶持和发展的国家，他们把文化产业称为创意产业（creative industries）。1998 年，在经历传统制造业的持续衰退后，英国布莱尔政府成立了创意产业特别工作组，负责规划和指导英国创意产业的发展，首次明确提出了“创意产业”的概念，将文化创意产业提升到国家战略发展高度。

---

① ［澳］约翰·哈特利：《创意产业读本》，曹书乐等译，清华大学出版社 2007 年版，第 4 页。

② 转引自［澳］约翰·哈特利：《创意产业读本》，曹书乐等译，清华大学出版社 2007 年版，第 3 页。

③ ［澳］斯图亚特·坎宁安：《从文化产业到创意产业：理论、产业和政策的涵义》，载 2005 年澳大利亚昆士兰科技大学、中国人民大学、中国社会科学院共同主办的首届创意产业国际论坛会议论文集，第 25 页。

该工作组给创意产业下了一个具有代表性的定义，即“源自个人创造力、技能和才华的活动，而通过知识产权的生成和应用，这些活动可以发挥创造财富和增加就业的潜力”①。根据这个定义，2001年的英国《创意产业发展报告》将广告、建筑、艺术和文物交易、工艺品、设计、时装设计、电影音像、互动休闲软件、音乐、表演艺术、出版、软件和计算机服务、电视和广播等13个行业确认为创意产业。此外，旅游、酒店、博物馆和艺术馆、文化遗产以及体育也被认为与创意产业具有密切的经济联系。这13个行业虽然有很大的差异，但共同的特点是：所有行业都始于将具有表达价值的想法予以商业化，而这种具有表达价值的想法可以是一首曲子、一段广告或者一个新的汽车设计。它们创造了新的洞见、乐趣和体验，它们增进了人的知识、激发了人的情感、丰富了人的生活②。英国使用的“创意产业”概念，无论是名称和内容的界定，还是所涵盖的领域，都突显出英国特色，体现了个人的天分、技艺、智慧在文化产品开发中的巨大作用，表达了英国对这一当代朝阳产业独到的认识。

欧盟制定的文化政策也对创意产业十分重视。在《2005—2006年度文化工作计划》中，欧盟指出：“文化领域中的创意、创意产业及公私伙伴关系已对欧洲经济、社会和文化发展带来很大贡献，并使里斯本条约得以实现。”到了2010年，《欧盟绿皮书：打开文化与创意产业的潜力》一文也对创意产业作了定义：“‘创意产业’指以文化为投入，产出虽是功能性的却仍在文化维度上的产业。该产业包括建筑与设计，它们整合了创意元素，使其进程得以扩展，还包括下属类别如图形设计、时尚设计或广告等。”③

在联合国贸发会议（UNCTAD）埃德娜·多斯桑托斯主编的《2008创意经济报告》中对创意产业有较为明确和细致的论述：

> “创意产业”可以被定义为，将创意与知识资本作为初期投入，包含产品与服务的创作、生产和销售的循环过程。创意产业由一套以知识为基础的经济活动构成，生产有形产品，还生产包含创意内容、经济价值与市场目标的智力或艺术服务。创意产业构建了一个大而杂的领域来处理不同创意活动之间的关系，包括从传统工艺、出版、音乐、视觉与表演艺术到更加技术密集型与服务导向型的经济类型，例如电影、广播电视、新媒体与设计。创意部门拥有灵活而标准的市场结构，包括小到独立艺术家、小型商业企业，大到世界最大的企业。如今，创意产业在世界贸易中是最有活力的部门之一。④

---

① 薛晓源：《全球化与文化产业研究》，见林拓等主编《世界文化产业发展前沿报告（2003—2004）》，社会科学文献出版社2004年版，第9页。

② 熊澄宇：《世界文化产业研究》，清华大学出版社2012年版，第92页。

③ 转引自李舒、张志强：《文化、版权、创意与信息等四产业概念辨析》，载《淮阴师范学院学报（哲学社会科学版）》2011年第2期，第264～271页。

④ ［美］埃德娜·多斯桑托斯：《2008创意经济报告》，张晓明等译，三辰影库音像出版社2008年版，第4页。

这一段论述包含了创意产业的诸多要素，反映了当代世界关于创意产业的基本看法。

2. 发展创意产业的基本条件

任何一种文化创意活动，都是在一定的知识背景下，依靠人的灵感和创新开展的。创意产业是借助于现代科技提升传统文化要素的内涵和品质，不是对传统文化的简单复制、加工和移植。知识经济的兴起，丰富了创意产业的内容，为创意产业的兴起提供了广阔的前景，创意产业是知识经济的标志性产业形态。作为知识型、创意型的创意产业必须具备三大基本条件：

一是创意人才。创意产业有别于传统产业，它依靠的主要不是土地、机器、劳力等传统生产要素，它的价值源泉在于具有创意的头脑对知识的创造性应用。作为一种精神生产，它源于个人的创造力，更多地依赖于精神的创造与消耗，而不是物质的消耗。创意产业是源自个人创造力、技能和才华的活动，因此，创意生产的核心是人的创意、知识、智慧和技能的结晶，是人的创造性发挥。在创意产业生产过程中，创意始终处于产业价值链的高端，起着决定性作用，因此具有创意的人才是最关键的因素。文化创意产业的快速发展，从国内外的经验来看，必须聚集大量优秀的创意人才。

二是整合资源。创意产业与传统文化产业的区别还在于它具有信息密集性和高知识性的特征，它是高度集纳了创意元素、文化因子和科技力量，让三者相互作用并深度融合，进而形成的高智慧、高文化的新型产业。实现文化创意与科技创新相融合的创意产业，是知识经济的重要组成部分，是知识经济的内容产业和高级阶段。创意产业活动必须在一定的知识背景下，根据市场需求，把文化资源、资本资源、技术资源、制度资源等有机整合起来，通过重塑传统产业结构来完成创意点燃和价值实现。

三是开放包容。全球经济一体化的推进，造成了贸易全球化、产品全球化和文化国际化，这在客观上为创意产业的发展提供了资源和发展空间。由于创意产业处于文化产业价值链的高端环节，它是在不同文化基因的交融互通中形成优势的，因此它的创新思维凝结在文化产品及服务当中，通过价值传导进而增加它的附加值，完成跨行业、跨领域的重组与合作，进而推动文化产业实现深度发展。创意产业最重要的资源是人，而且是开放的、流动的、具有多元化视角和思维的人。人的多样性带来文化的多样性，创意产业正是在这种不同文化间的交流、碰撞中产生的，所以说多元文化的融合和共生是创意产业发展的土壤，也是创意产业发展的活力之源。

由于创意产业与文化产业关联极为密切，文化中有创意，创意中有文化，因此，无论是在学术研究领域，还是在政府制定、实施决策方面，创意产业与文化产业概念都具有高度的相似性，有时二者互换使用，但认真分析，两者之间也有显著差异，创意产业与文化产业之间有明确的区分。关于二者之间的区别，后面将详细论述。

三、从新工业革命到文化产业

进入 20 世纪 90 年代，文化与经济的碰撞为创意经济带来了巨大潜力，而技术与文化的碰撞则为文化产业带来了新的机遇和挑战。在过去二十多年的发展中，与新媒体和数字技术相关的行业都充满活力、发展迅速，在整个文化产业中所占的比重越来越大。联合国教科文组织的报告显示，2013 年，11 个主要文化创意产业已经成为全球经济的基石，产值达 2.25 万亿美元，占全球 GDP 的 3%，创造了 950 万个就业岗位。这一产值当时超过了全球电信业的总产值。2017 年，这个数字已超过 4 万亿美元，与 4 年前相比，几乎翻番。新兴文化产业的崛起，反映了在大数据、云计算、物联网、虚拟现实、人工智能等新技术环境下，创新创意对经济发展的重要支撑作用。

（一）文化产业发展的背景

1. 社会经济基础

20 世纪 60 年代之后，欧美发达国家完成了工业化，开始向服务业和高附加值的制造业转变，逐渐步入后工业社会。这些国家将一些粗加工工业、重工业生产向低成本的发展中国家转移，规避劳动力短缺和劳动力成本大幅度增长对西方社会所造成的严重影响。很多西方国家受困于老旧工业和旧的工业生产体系，出现了城市衰落，但社会福利开支却日益倍增，迫切需要实现就业与产业升级，以延续工业时代的城市繁荣状态。为此，西方国家或城市的政策制定者对文化产业寄予了厚望，以支持或赞扬个体或中小企业的市场行为为源头，随之在公开场合对其加以倡导，并将其概念化为一种经济文化符号迅速推广①。与此同时，西方的社会文明在后工业时代对文化产品的渴求度进一步增大，迫切需要文化产品来丰富人们的物质和精神生活。后工业社会的就业与产业升级以及大众日益增长的物质、精神享受需求，促进了文化产业的发展。

2. 时代政治基础

20 世纪 60 年代，欧美国家出现了大规模的社会运动，各种亚文化、流行文化、社会思潮等风起云涌，对传统的工业社会结构有很大的冲击，社会日益形成重视差异、反对主流文化、张扬个性的多元政治氛围，逐渐认同社会文化的多样和多元，而且这有利于发挥个人创造力等价值观。20 世纪 80 年代，撒切尔夫人、里根治理的英国、美国更加鼓励私有化和自由竞争、企业和个人创新，推动差异化发展繁荣市场，这在一定程度上刺激了民间富有智慧的个体和企业进入创业梯队。20 世纪末的布莱尔政府为振兴英国经济，推动成立了创意产业特别工作小组，该小组发布的研究报告使英国再次成为全球的关注中心，提振了英国的国际形象与地位，营造了宽松的政治氛围，便于文化创意产业概念的论争与全球扩散②。

3. 新技术革命的发展

第三次工业革命相对于第二次工业革命而言，不再局限于简单机械，原子能、航天技术、电子计算机、人工材料、遗传工程等具有高度科技含量的产品和技术得到了日益精进的发展，经济增长的动能从重工业向高技术制造业转换。全球信息和资源交流变得更为迅速，大多数国家和地区都被卷入全球化进程之中，世界政治经济格局进

---

① CURRAN J，et al. Mass communications and society [M]. London：Arnold，2008.

② 马仁锋、梁贤军：《西方文化创意产业认知研究》，载《天府新论》2014 年第 4 期，第 58～64 页。

一步确立，人类文明的发达程度也达到空前的高度。有人称第三次工业革命为“计算机及信息技术革命”，这次信息技术革命方兴未艾，现在还在全球扩散和传播。如今，我们正处于第三次工业革命到第四次工业革命的过渡期。近年来，以美国“工业互联网”、德国“工业 4.0”和“中国制造 2025”引发的，以智能制造为核心的新工业革命，即智能化技术革命，正在全球范围内迅速铺开。这是一场以数字化和智能化为目标的、综合的、系统化的新工业革命。物联网技术和大数据在第四次工业革命中承担核心技术支持，智能工厂、智能生产、智能家电、人机交互、3D 技术、网络通信技术、物联网、资源整合、移动互联网、数字化制造、大数据革命、机器自组织、云计算、高度数字化将成为新兴文化产业发展的重要支撑。

（二）文化产业概念的多种表达

1. 学者关于文化产业概念的表达

进入 20 世纪 90 年代，西方文化产业的发展日益迅猛，学者们对于文化产业的争论逐渐由学理意义上的探究转向现实功能上的界定。综合目前的研究来看，学术界的代表性观点主要有以下几种：

英国伦敦经济和政治学院学者安迪·普拉特（Andy C. Pratt）认为，创意是一个包含创意工作者、知识、网络与技术，让新的想法与背景脉络得以交互联结的过程①，文化产业与以文化形式出现的材料生产中所涉及的各种活动有联系，在全球化时代构成一个巨大的产业链，包括内容的创意、生产输入、再生产交易三个链环，三者相互交融，构成庞大的文化产业生产体系。

英国学者大卫·赫斯蒙德夫在《文化产业》一书中认为：“简言之，文化产业指的是与社会意义的生产（the production of social meaning）最直接相关的机构（主要指营利性公司，但是也包括国家组织和非营利组织）。因此，几乎所有关于文化产业的定义都应该包括电视（含有线电视和卫星电视）、无线电广播、电影、书报刊出版、影音作品的录制与出版产业、广告以及表演艺术等。而所有这些文化活动的首要目标是与受众沟通并创作文本。”②

英国著名媒体理论家尼古拉斯·加纳姆（Nicholas Garnham）在 1983 年从文化的商品性和服务性的角度来界定文化产业，将文化产业定义为：“那些使用工业化大企业的组织和生产模式，生产和传播文化产品和文化服务的社会化机构。”③ 这些机构生产和传播文化产品和文化服务，如报纸、期刊和书籍的出版部门，影像公司，音乐出版部门，商业性体育机构等。

① PRATT A C. The cultural economy: A call for spatialized ‘production of culture’ perspectives [J]. International Journal of Cultural Studies, 2004, 7 (1): 117-128.

② ［英］大卫·赫斯蒙德夫：《文化产业》，张菲娜译，中国人民大学出版社 2007 年版，第 13 页。

③ 蔡荣生、王勇：《国内外发展文化创意产业的政策研究》，载《中国软科学》2009 年第 8 期，第 78～79 页。

美国著名的经济学家斯科特从需求的角度来定义文化产业："文化产业是指基于娱乐、教育和信息等目的的服务产出和基于消费者特殊嗜好、自我肯定和社会展示等目的的人造产品的集合。"这一定义表明，传统产业主要满足人们生理上的物质需求，而文化产业通过生产人造产品，满足的是人的娱乐、教育、自我肯定等方面的精神需求。

澳大利亚麦觉理大学教授、前国际文化经济学会主席大卫·索斯比认为文化产业就是"在生产中包含创造性，凝结一定程度的知识产权并传递象征性意义的文化产品和服务"。同时，他用一个同心圆来界定文化产业的行业范畴①，处于同心圆核心并向外辐射的是音乐、舞蹈、戏剧、文学、视觉艺术、工艺等创造性艺术；围绕这一核心的是那些具有上述文化产业特征，同时也生产其他非文化性商品与服务的行业，如电影、广播、报刊和书籍等；处于这一同心圆最外围的则是那些有时候具有文化内容的行业，如建筑、广告、观光等②。

20世纪80年代，日本学者日下公人在他的著作《新文化产业论》中从经济学理论出发对文化产业作出阐释，认为"文化产业的目的就是创造一种文化符号，然后销售这种文化和文化符号"③。在日本，把电影、电视、音乐、游戏、报纸等作为商品出售的产业叫内容产业，也就是我们通常讲的文化产业。这个定义既体现了文化与经济的结合，也体现了哲学、心理学与经济学的结合。

芬兰学者芮佳莉娜·罗马则用金字塔模型来解释文化产业的构成，认为文化产业有双重含义：文化的产业化和产业的文化化。在金字塔模型中，文化产业处于金字塔的顶端，处于塔底的是由经济、技术和艺术组成的三角，这个三角共同支撑了文化产业④。不管从何种角度来界定，文化产业都要以经济＋技术＋艺术为支点，文化产业的大厦正是建立在这三者的基础上，其中的任何一个都根据情况在文化产业中或多或少地发挥着缺一不可的作用⑤。

2. 各国政府关于文化产业概念的表达

鉴于国家战略、地域特征、文化政策等的差异，不同国家和地区提出了各自不同的理念，导致今天世界上除了总体上通用的文化产业总称之外，还有创意产业、版权产业、内容产业、信息产业等概念。

联合国教科文组织（United Nations Educational, Scientific and Cultural Organization，简称UNESCO）在《文化、贸易和全球化》（*Culture, Trade and*

---

① 方永恒、王睿华：《国内外文化产业研究综述》，载《西安建筑科技大学学报（社会科学版）》2016年第1期，第31～36页。

② THROSBY D, et al. Economics and Culture [M]. Cambridge: Cambridge University Press, 2001.

③ 方永恒、王睿华：《国内外文化产业研究综述》，载《西安建筑科技大学学报（社会科学版）》2016年第1期，第31～36页。

④ 彭南林：《发展文化产业与构建多元化的产业主体探讨》，载《中国软科学》2004年第10期，第146～151页。

⑤ 苑洁：《文化产业行业界定的比较研究》，载《理论建设》2005年第1期，第61～65页。

Globalization）中指出，文化产业（cultural industries）是指创造、生产、销售内容的产业。这些内容一般受到知识产权保护，并以产品或服务的形式出现，也就是生产、储存以及分配文化产品和服务的一系列文化活动。1986年，联合国教科文组织为了收集各国的文化统计数据，率先制定了《文化统计框架》，并于1993年作了进一步修正，成为规范各国文化统计工作以及各国建立自己的文化产业体系的参考标准。具体来讲，文化产业主要包括印刷、出版和多媒体、视听、录音制作和电影制作产品、工艺品和设计，在一些国家还包括建筑、视觉和表演艺术、体育、乐器制作、广告和文化旅游。在联合国教科文组织的定义中，知识产权、文化产品及服务被认为是创意产业的核心内容。

欧盟在其2000年的信息规划中提出了内容产业（content industry）的概念。根据欧盟的定义，内容产业指的是制造、开发、包装和销售信息产品及其服务的产业。内容产业的范围包括各种媒介上所传播的印刷品内容，如报纸、书籍、杂志等；音像电子出版物内容，如联机数据库、音像制品服务、电子游戏等；音像传播内容，如电视、录像、广播和影院等以及用作消费的各种数字化软件等①。

英国政府把文化产业称为创意产业（creative industries），其定义为源自个人创造力、技能和才华的活动，而通过知识产权的生成和应用，这些活动可以发挥创造财富和增加就业的潜力②。其将广告、建筑、艺术和文物交易、工艺品、设计、时装设计、电影音像、互动休闲软件、音乐、表演艺术、出版、软件和计算机服务、电视和广播等13个行业确认为创意产业，还包括与之相关的旅游、酒店、博物馆和艺术馆、文化遗产以及体育等行业。

20世纪80年代，英国大伦敦市议会关于文化产业的提法为：一是文化产业是那些没有稳定的公共财政资金维持，采用商业化方式运作的文化活动，是产生财富与就业的重要渠道。二是文化产业是所有与文化有关的商业活动的统称，其文化产品用于满足人们的消费需求。

法国认为文化产业是以维护民族文化为目的的内容产业，其定义为传统文化事业中特别具有可大量复制性的产业。这一定义揭示出文化产业是从传统文化事业中分离出来的事实，也就是说，传统文化事业中具有可大量复制性的部分即可称之为文化产业。

德国称文化产业为文化经济，私营商业文化企业即文化经济，主要指图书、电影、音乐及其他视听产品、艺术品市场，私营戏院以及与以上产品相关的网络信息系统。

美国将文化产业称作版权产业，认为它是以知识产权为核心，向公众提供精神产品的生产和服务的产业。狭义的版权产业以版权产业为核心，包括出版发行业、新闻业、广播影视业、网络服务业、广告业、计算机软件业、信息及数据服务业等行业；

① 金元浦：《内容产业的历史性登场》，《中国文化报》2003年1月1日02版。

② 薛晓源：《全球化与文化产业研究》，见林拓等主编《世界文化产业发展前沿报告（2003—2004）》，社会科学文献出版社2004年版，第9页。

广义的文化产业，除了版权产业以外，还包括文化艺术业（含表演艺术、艺术博物馆、艺术创作、演出娱乐等）、非营利性产业（历史古迹和公园、图书馆、博物馆等）、体育业等。

加拿大遗产部对文化产业做了如下概述：包括以国家社会、经济及文化为主题的出版、广播、电影、电视、图书、杂志、音像在内的印刷、生产、制作、广告及发行；包括表演艺术、视觉艺术、博物馆、图书馆、档案馆、书店、文具用品商店等在内的服务。之后又在其中增加了信息网络、多媒体等内容。

荷兰文化产业委员会根据文化内涵和范围的不同，以及服务的政策目标的不同，从四个层面来定义文化产业：第一，文化产业是指以文化价值或文化意义为基础的生产活动，这是最综合、最广义的定义。第二，文化产业是指艺术创作、传统的和现代的艺术作品、艺术展览和文化传播活动。第三，文化产业是指与商业运作、听众和观众规模以及文化和艺术作品的传播扩大能力有关的商业活动。第四，文化产业即文化企业，把文化和艺术的创作看作企业的行为，这是最狭义的定义。

芬兰在 1997 年的《文化产业最终报告》中，将文化产业定义为“基于意义内容的生产活动”。它强调内容生产，不再提工业标准，而称“内容产业”，包括建筑、艺术、书报刊、广电、摄影、音像制作分销、游戏及康乐服务等①。

韩国把文化产业定义为与文化商品的生产、流通、消费有关的产业。这一定义把与文化商品有关的生产、流通、消费等经济活动都纳入文化产业的范畴，包括电影相关产业；音乐唱片、录影带、游戏产品相关产业；出版、印刷、定期刊行物相关产业；放松影像产品相关产业；文化财产相关产业；体现文化要素创造经济附加值的人物造型、动画、设计、广告、演出、美术品、工艺品相关产业等。

日本政府把文化产业叫作内容产业，将其定义为通过一定介质将信息化的内容作为产品提供的产业，包括出版、新闻、电影、广播电视、影像、音像、书籍、音乐、艺术、游戏、动画等，并专门成立了媒体与信息内容产业科。

印度的文化产业包括电影业、电视广播业、唱片业、出版业等。

此外，新西兰、新加坡以及北欧等比较重视文化产业发展的国家对文化产业也有各自不同的界定和行业划分。

各国、各地区以及相关组织关于文化产业概念的表达分布情况见表 1-1。

表 1-1　各国、各地区以及相关组织关于文化产业概念的表达分布情况

文化产业	创意产业	版权产业	信息产业
联合国教科文组织、欧盟、法国等	英国、新加坡、中国香港地区、澳大利亚、爱沙尼亚、立陶宛、瑞典、罗马尼亚、保加利亚等	世界知识产权组织（WIPO）、美国、丹麦、芬兰、匈牙利、拉脱维亚、挪威等	经济合作与发展组织（DECD）、北美产业分类体系（NAICS）、日本等

① 孙福良、张迺英：《中国创意经济比较研究》，学林出版社 2008 年版，第 32～33 页。

综上所述，关于文化产业，联合国教科文组织从生产、交换、分配、消费的角度来进行定义；英国政府从创意、创造财富和就业机会的角度来认识；日本从文化产业的内容——产品或服务这个角度来认识；美国主要以版权产业和娱乐产业作为总体理念；英国、澳大利亚等国主要推出的是创意产业概念；日本、韩国等部分亚洲国家则十分重视内容产业。各种概念之间既有联系也有区别。

第二节　中国的文化产业和文化创意产业概念

在中国，文化产业同样是内涵丰富、具有多重含义的概念，使用得比较多的概念主要有文化产业、文化创意产业。文化产业概念出现得最早，首次出现于 1991 年，有关文章提出了大众文化的商业化问题："对商业化和被动接受的指责，作者强调商业社会中文化的生产与流通不可能完全排斥商业化，而大众自有其独特的参与方式。"① 直到目前，这一直是国家层面和学界使用的主要概念。我国香港和台湾地区于 2002 年提出创意产业和文化创意产业的概念。2004 年，上海市政府开始采用创意产业这一概念，并将其写入各种政府报告和政策中，创意产业概念随之被国内许多地区使用。2012 年《国家"十二五"时期文化改革发展规划纲要》中，把文化创意产业作为文化产业的子概念。创意产业和文化创意产业更多地为普通大众、产业领域和经济较为发达的地方政府所使用。目前，在现实中，许多地区在不同场合，应不同需求混用文化产业、创意产业与文化创意产业的概念。这里将分别介绍这几个概念的基本含义，并分析它们的联系与区别。

一、中国学者对文化产业和文化创意产业概念的探讨

学术界在界定文化创意产业的时候，尽管十分审慎，但是依然出现了文化产业、创意产业、文化创意产业三种主要的命名方式，而且每种命名方式界定的内涵均有不同。

（一）文化产业的概念

胡惠林认为，文化产业是一个以精神产品的生产、交换和消费为主要特征的产业系统。他强调文化产业的精神性和系统性，但没有把精神服务纳入文化产业之中②。

2001 年，全国政协与文化部所组成的文化产业联合调查组，对国内 2 省 1 直辖市所辖 9 个市进行实地考察后，对文化产业做出如下界定：文化产业是指从事文化产品生产和提供文化服务的经营性行业，文化产业是文化建设的重要组成部分，有关文化产业和公益事业共同构成文化建设的内容③。

---

① 陆扬、路瑜：《大众文化研究在中国》，载《天津社会科学》2003 年第 6 期，第 108～112 页。

② 胡惠林：《文化产业发展与国家文化安全——全球化背景下中国文化产业发展问题思考》，见上海市哲学社会科学规划办公室编《文化产业的发展和管理》，学林出版社 2001 年版，第 124 页。

③ 王慧炯：《对发展中国文化产业的思考》，载《北京工业大学学报（社会科学版）》2002 年第 2 期，第 1～7 页。

2002年，我国第一部文化产业蓝皮书《2001—2002年中国文化产业发展报告》从两个方面来定义文化产业：就所提供产品的性质而言，文化产业可以被理解为向消费者提供精神产品或服务的行业；就其经济过程的性质而言，文化产业可以被定义为按照工业标准生产、再生产、储存以及分配文化产品和服务的一系列活动。这是一个从产品性质和经济过程两方面所下的典型的综合性定义。

北京大学文化产业研究所的叶朗教授主编的《中国文化产业年度发展报告(2003)》中认为：文化产业是由市场化的行为主体实施的，以满足人们的精神文化消费需求为目的而提供文化产品或文化服务的大规模商业活动的集合①。

李江帆认为，文化产业是国民经济中生产具有文化特性的服务产品和实物产品的单位的集合体②。这一定义强调了文化产业是具有文化性的服务产品和精神产品的集合体。

邓安球认为，文化产业是指为市场创造、生产、流通、销售具有文化含量的产品和服务的活动，以及与之有联系的各种支撑、参与等活动的集合③。这个定义突出了文化产业的市场属性。

朱相远把文化产业定义为：通过市场机制和运作，将文化制品及文化服务转换为商品与服务，实现货币化的产业。

花建从产业发展角度认为：文化产业指以物化的文化产品和各种形式的文化服务进入生产、流通和消费的产业部门，包括文化产品的制造部门、文化产品的流通部门(如电影和报刊发行业、图书零售业)、消费部门(如大众娱乐业、广播电视业)。

综上可以看出，学者们对创意产业的研究并未仅仅以文化为出发点，而是强调人的创造力，不注重指向过去的文化意义与价值，而是注重面向未来的创新与创意，并以此推动新经济的发展。尽管不同学者对文化产业的定义众说纷纭，但都表达了文化产业的一些核心内涵，如文化产业的内容要素、商业价值、产业属性等。总体上看，普遍的共同的趋向是，学者们都认为文化产业就是指为消费者提供精神、文化产品和服务的产业，是满足人民群众精神文化生活需求的重要途径，是当今社会新的财富创造形态的表现形式。

(二) 文化创意产业的概念

2002年，中国台湾借鉴英国创意产业发展经验，提出发展文化创意产业，并将其定义为源自创意或文化累积，透过智慧财产的形式与运用，具有创造财富与就业机会潜力，并促进整体生活提升之行业④。台湾实践大学李天铎教授认为，文化创意产业是

---

① 叶朗：《中国文化产业年度发展报告(2003)》，湖南人民出版社2003年版，第28～31页。

② 李江帆：《文化产业：范围、前景与互动效应》，载《经济理论与经济管理》2003年第4期，第26～30页。

③ 邓安球：《论文化产业概念与分类》，载《湘潭大学学报(哲学社会科学版)》2008年第5期，第144～147页。

④ 转引自杨旦修、聂钰石：《文化创意产业的概念整合与升级》，载《重庆社会科学》2010年第2期，第79～82页。

一个生产体系，表意层面涉及文学艺术、历史政治、文化风俗等，实践层面涉及创作、发行、版权、消费以及影视、动漫、音乐、广告等相关产业①。

厉无畏、王慧敏所著的《创意产业新论》认为：创意产业是“以人的创造力为核心增长要素的产业”②。同时指出了创意产业的六个特点，即独创性、渗透性、高增值性、强辐射性、高科技含量、高风险性，补充了对创意产业的诠释。

金元浦认为“文化创意产业一方面是在过去总体的文化产业基础上发展起来的产业概念，另一方面又是不同于过去文化产业的新的产业形态，是对新业态的概括、总结和发展”。就其基础来说，“文化创意产业往往是在制造业充分发展、服务业不断壮大基础上形成的，是第二、第三产业融合发展的结果”③。文化创意产业就是“在全球化条件下，以消费时代人们的精神文化娱乐需求为基础，以高科技技术手段为支撑，以网络等新传播方式为主导的，以文化艺术与经济的全面结合为自身特征的跨国跨行业跨部门跨领域重组或创建的新型产业集群。它是以创意为核心，向大众提供文化、艺术、精神、心理、娱乐产品的新兴产业”④。

丁俊杰认为，文化创意产业“是建立在新经济、全球化、科学与艺术、技术与文化等新条件下，在广义文化范畴内，以创作、创造、创新为根本手段，以文化内容、创意成果为核心价值，以知识产权实现或消费为交易特征，为社会创造财富并且提供了广泛就业的一种新的产业形态”⑤。

孙启明根据20世纪80年代英国大伦敦市议会对文化产业的两个限定条件，给文化创意产业作了界定，指出文化创意产业“就是要将知识的原创性与变化性融入具有丰富内涵的文化之中，使它与经济结合起来，发挥出产业的功能”⑥。

李世忠认为：“文化创意产业或曰创意产业是指：依靠个人的知识、智慧、技能、灵感、天赋，通过科技与艺术这两大手段，对文化资源进行创造、重构、嫁接和提升并与其他产业融合生产出具有文化艺术元素的高附加值的产品与服务，以满足人类感性需要和理性精神需求的产业。”⑦

杨旦修、聂钰石则认为：“文化创意产业是指在倡导知识经济的数字化时代和消费社会语境下，运用高科技手段，立足文化资源，依托个人创意，为社会创造财富与就

---

① 李天铎：《文化创意产业读本：创意管理与文化经济》，远流出版事业股份有限公司2011年版，第201～211页。

② 厉无畏、王慧敏：《创意产业新论》，东方出版中心2009年版，第4页。

③ 金元浦：《文化创意产业与北京的发展》，载《前线》2006年第3期，第25页。

④ 金元浦：《文化创意产业概论》，高等教育出版社2010年版，第42页。

⑤ 丁俊杰：《对文化创意产业发展的观察与思考（一）》，载《大市场·广告导报》2006年第9期，第100页。

⑥ 孙启明：《文化创意产业的形成与历史沿革》，见孙启明等主编《文化创意产业前沿——希望：新媒体崛起》，中国传媒大学出版社2008年版，第7页。

⑦ 李世忠：《文化创意产业相关概念辨析》，载《兰州学刊》2008年第8期，第162页。

业机会，并能提高整体社会生活水平的新型文化产业。”①

二、中国政府对文化产业和文化创意产业内涵的界定

文化产业是社会生产力发展的必然产物，长期以来，我国只看到文化的意识形态属性，未能注意和挖掘文化的产业属性与功能，因而没有关于文化产业的概念。随着我国社会主义市场经济的逐步完善和现代生产方式的不断进步，伴随着新经济的发展，以第三产业为主的新经济比重不断上升，文化与经济和产业的关系日益密切，从而产生了文化产业。文化产业经历了从产业实践到理论的争论，再到政策领域的历史过程。当今文化产业政策已经成为社会经济政策关注的重要内容之一，文化产业是一个发展中的概念，其范围随着国家管理体制的改革和社会经济的发展而不断变化。

1985 年 4 月，国务院办公厅转发国家统计局《关于建立第三产业统计的报告》，把文化艺术作为第三产业的一个组成部分列入国民生产统计项目中。这是我国政府最早对文化的产业性质的认可。1991 年国务院在批转的文化部《关于文化事业若干经济政策意见的报告》中正式提出“文化经济”的概念。1992 年 6 月 16 日，《中共中央国务院关于加快发展第三产业的决定》明确提出要以产业化为方向，加快发展包括文化生产和服务在内的第三产业，把文化卫生事业作为加快发展的第三产业的重点。同年出版的国务院办公厅综合司编著的《重大战略决策——加快发展第三产业》一书明确使用了“文化产业”的说法，这是现有资料中中国政府主管部门第一次使用“文化产业”这个概念。1993 年 12 月 8 日，《中国文化报》以一个整版的篇幅发表了当时文化部领导的讲话，提出“在改革开放中发展文化产业”，这是中国政府文化行政部门领导人首次全面阐释对文化产业的政策性意见。1998 年 8 月，文化部根据新形势的发展，设置文化产业司，这是我国政府设立的第一个文化产业管理机构。1999 年，国家发展计划委员会在《关于 1998 年国民经济和社会发展计划执行情况与 1999 年国民经济和社会发展计划草案报告》中，明确提出要“推进文化、教育、非义务教育和基本医疗保健的产业化”，文化产业第一次被正式纳入国家发展计划的政策视野。2000 年 10 月，党的十五届五中全会通过的《中共中央关于制定国民经济和社会发展第十个五年计划的建议》，首次在中央文件中正式使用“文化产业”概念，提出“完善文化产业政策”，“推动有关文化产业发展”，但此时并未对文化产业的内涵和外延进行界定。

2002 年 11 月，党的十六大对文化产业发展进行了全面的部署，提出积极发展文化产业的战略任务，把深化文化体制改革，推动文化产业发展写入党的十六大报告。党的十六大之后，国家顺应世界经济社会发展的大势，提出了“文化事业和文化产业”两业并举的文化政策，文化产业作为一个独立的产业领域被提上议事日程，自此我国比较官方的文化产业定义在相关政策和文件中出现。2003 年 9 月 4 日，文化部《关于支持和促进文化产业发展的若干意见》（文产发〔2003〕38 号）中首次阐述文化产业的

---

① 杨旦修、聂钰石：《文化创意产业的概念整合与升级》，载《重庆社会科学》2010 年第 2 期，第 79～82 页。

概念：文化产业是“从事文化产品生产和提供文化服务的经营性行业。文化产业是与文化事业相对应的概念，两者都是社会主义文化建设的重要组成部分”，认为文化产业是以产业为手段来发展文化事业，以文化为资源来进行生产经营，向社会提供文化产品和文化服务。2004 年 3 月，国家统计局出台了《文化及相关产业分类》，该分类首次明确了我国文化产业的统计范围、层次、内涵和外延，为启动和开展文化产业统计工作奠定了根基。在这一分类标准中，文化产业被界定为“为社会公众提供文化、娱乐产品和服务的活动，以及与这些活动有关联的活动的集合”。

2006 年 12 月，北京市统计局、国家统计局北京调查总队联合制定发布了《北京市文化创意产业分类标准》，该文件将文化创意产业定义为“以创作、创造、创新为根本手段，以文化内容和创意成果为核心价值，以知识产权实现或消费为交易特征，为社会公众提供文化体验的具有内在联系的行业集群”。2009 年国务院颁布的《文化产业振兴规划》，将文化产业界定为文化创意、影视制作、出版发行、印刷复制、广告、演艺娱乐、文化会展、数字内容和动漫等类别。文化创意产业成为文化产业的一个门类。

2012 年，国家统计局修订了《文化及相关产业分类（2012）》，将文化产业定义为“为社会公众提供文化产品和文化相关产品的生产活动的集合”，并在范围的表述上对文化产品的生产活动（从内涵）和文化相关产品的生产活动（从外延）做出解释。根据这一定义，文化及相关产业包括了四个方面的内容，即文化产品的生产活动、文化产品生产的辅助生产活动、文化用品的生产活动和文化专用设备的生产活动。其中文化产品的生产活动构成了文化及相关产业的主体，其他三个方面是文化及相关产业的补充。2013 年，国务院发布了《关于推进文化创意和设计服务与相关产业融合发展的若干意见》，进一步强调了文化创意与设计服务，这里的文化创意与设计服务也是指“文化软件服务、建筑设计服务、专业设计服务、广告服务”。2018 年修订后发布的《文化及相关产业分类（2018）》继续使用原分类对文化及相关产业的定义，“为社会公众提供文化产品和文化相关产品的生产活动的集合”。根据这一定义，文化产业的生产活动范围可界定为两部分：一是以文化为核心内容，为直接满足人们的精神需要而进行的创作、制造、传播、展示等文化产品（包括货物和服务）的生产活动。具体包括新闻信息服务、内容创作生产、创意设计服务、文化传播渠道、文化投资运营和文化娱乐休闲服务等活动。二是为实现文化产品的生产活动所需的文化辅助生产和中介服务、文化装备生产和文化消费终端生产（包括制造和销售）等活动。

我国政府对文化产业和文化创意产业内涵的界定，呈现出从行业到集合的变化，由最初侧重于经济意义上的行业、产业等范畴演化至侧重于文化意义与文化相关的生产活动的集合。这标志着我国政府对文化产业内涵认识的进一步深化。政府部门的文化产业概念往往从实用功能方面来理解和定义，从统计测算的数据出发来制定指导计划。他们的大量计划文件需要以确凿的事实或数字来支持论点，这种统计数据显现了艺术、文化与经济、就业关联的外在好处，故而，他们关于文化产业的定位是与经济、就业等一系列实际状况联系在一起的。

关键概念

大众文化　文化工业　知识经济　创意产业　文化产业　文化创意产业

主要观点

文化产业概念的变化远远不是一个简单的词汇替换、发展的过程，它反映着当时社会发展的现实、科技发展的水平，代表着文化经济不同的发展方向。准确把握文化产业的概念形成的背景、内涵和外延，研究其发展嬗变，对于促进文化产业理论深入研究具有重要的价值。

第二次工业革命和大众社会的背景下，现代文化工业和大众文化兴起，成为文化产业的滥觞。

按照法兰克福学派的观点，大众文化是指借助于大众传播媒介而流行于大众之中的通俗文化。阿多诺和霍克海默的“文化工业”概念与“大众文化”观念具有复制性、标准化、商品性和民主性等共同特征。

知识经济作为一种新的经济形态，是对经历了两百余年发展的工业经济的超越与创新，其最重要的特征是知识的创造及其对经济发展的贡献比重大幅度地增加。知识经济具有科技型、人才型、创新型和全球化等特征。

创意产业是一种在全球化的消费社会背景下发展起来的，推崇创新、个人创造力，强调文化艺术对经济的支持与推动的新兴理论、思潮和经济实践。约瑟夫·熊彼特的创新理论、保罗·罗默的新增长理论和约翰·霍金斯的创意经济理论是创意产业理论的主要来源。

进入 20 世纪 90 年代，文化与经济的碰撞为创意经济带来了巨大潜力，而技术与文化的碰撞则为文化产业带来了新的机遇和挑战。新兴文化产业的崛起，反映了在大数据、云计算、物联网、虚拟现实、人工智能等新技术环境下，创新创意对经济发展的重要支撑作用。

鉴于国家战略、地域特征、文化政策等的差异，不同国家和地区提出了各自不同的文化产业相关概念，除了创意产业、文化创意产业、文化产业之外，还有版权产业、内容产业、信息产业、数字文化产业等概念。

尽管不同学者对文化产业的定义众说纷纭，但都表达了文化产业的一些核心内涵，如文化产业的内容要素、商业价值、产业属性等。总体上看，普遍的共同的趋向是，学者们都认为文化产业就是指为消费者提供精神、文化产品和服务的产业，是满足人民群众精神文化生活需求的重要途径，是当今社会新的财富创造形态的表现形式。

我国政府对文化产业和文化创意产业内涵的界定，呈现出从行业到集合的变化，由最初侧重于经济意义上的行业、产业等范畴演化至侧重于文化意义与文化相关的生产活动的集合。

章章不一样
每章都精彩

延伸阅读

1. ［英］安吉拉·默克罗比：《创意生活：新文化产业》，何道宽译，商务印书馆2017年版。

2. ［英］大卫·赫斯蒙德夫：《文化产业》，张菲娜译，中国人民大学出版社2007年版。

3. ［德］本雅明：《〈机械复制时代的艺术作品〉导读》，周颖导读，天津人民出版社2010年版。

4. ［美］约翰·费斯克：《理解大众文化》，王晓珏、宋伟杰译，中央编译出版社2001年版。

5. ［美］约瑟夫·熊彼特：《经济发展理论：对于利润、资本、信贷、信息和经济周期的考察》，何畏等译，商务印书馆2000年版。

6. ［英］约翰·霍金斯：《创意经济——如何点石成金》，洪庆福等译，上海三联书店2006年版。

7. ［澳］约翰·哈特利：《创意产业读本》，曹书乐等译，清华大学出版社2007年版。

8. 单世联：《文化大转型：批判与解释——西方文化产业理论研究》，中国社会科学出版社2017年版。

9. 孙福良、张迺英：《中国创意经济比较研究》，学林出版社2008年版。

10. ［美］丹尼尔·贝尔：《后工业社会的来临：对社会预测的一项探索》，高铦等译，新华出版社1997年版。

11. 付晓东等：《新旧动能转换与产业结构升级》，红旗出版社2018年版。

12. 国务院办公厅综合司：《重大战略决策——加快发展第三产业》，中国政法大学出版社1992年版。

思考问题

1. 简论工业文化理论的基本特征。
2. 试论创意经济理论的主要来源。
3. 简述约翰·霍金斯的创意经济理论的主要内容。
4. 简述知识经济的主要特征。
5. 试论发展创意产业的基本条件。
6. 论述中国文化产业的基本内涵。

第二章　文化产业的特征与分类

文化产业是文化建设的重要组成部分，是文化与经济、技术紧密结合的产物，具有意识形态属性和商品属性，属于知识密集型新兴产业。

第一节　文化产业的基本特征

文化产业具有文化性、产业性、创意性、科技性等基本特征。

一、文化性

文化产业首先必须是以文化为内容的产业。在学术史上，“文化”是一个至今都争议很大的概念。自1871年英国文化人类学家爱德华·泰勒在其《原始文化：神话、哲学、宗教、语言、艺术和习俗发展之研究》一书中第一次给“文化”下了一个明确的定义到现在，有关文化的定义已近300种。泰勒认为文化“是包括全部的知识、信仰、艺术、道德、法律、风俗以及作为社会成员的人所掌握和接受的任何其他才能和习惯的复合体”①。联合国教科文组织把文化定义为“某一社会或社会群体所具有的一整套独特的精神、物质、智力和情感特征，除了艺术和文学以外，它还包括生活方式、聚居方式、价值体系、传统和信仰”②。因此，广义的文化包括人类活动及其成果，分为物质文化、制度文化、精神文化等层次。

文化是积累、传承文明的载体，文化产业是积累、传承文明的产业。在法兰克福学派提出“文化产业”概念以前，文化是一个独立于经济学的领域。后来，随着技术的发展和人们精神文化需求的快速增长，文化进入市场，也就是说，文化逐渐经济化。文化产业的出现是知识文化在经济发展中的地位日益增强的结果，任何一种文化产业，都是在一定的文化背景下进行的，如果没有一定的文化底蕴，文化产业就会成为无源之水、无本之木。但文化产业不是对传统文化的简单复制，而是依靠人的灵感和想象力，借助于科技对传统文化资源的再提升，是一种利用知识与智能创造产值的过程。文化产业的发展不仅能带来较高的经济效益，文化产品还传播着人文价值观，它影响着文化消费者的思维和意识形态，关系到国家和民族文化的安全。

---

① ［英］爱德华·泰勒：《原始文化：神话、哲学、宗教、语言、艺术和习俗发展之研究》，连树声译，广西师范大学出版社2005年版，第1页。

② 陈文华：《非物质文化遗产研究集刊（第7辑）》，浙江工商大学出版社2014年版，第118页。

中国文化产业的一个重要使命是：积累和传承中华民族历史上形成的团结统一、爱好和平、勤劳勇敢、自强不息、诚实守信的伟大民族精神，积累和传承众多历史人物世代忠勇、清正廉洁的典范精神，积累和传承勇于拼搏、不断创新的科学精神等。因而，将文化产业提高到代表先进生产力、先进文化和最广大人民群众根本利益的高度来认识和要求，充分认识产业建设的民族精神和先进文化的传承性，是我们首先必须明确的产业特征。

二、产业性

文化产业是以文化为基本内容的产业经济行为。产业是工业革命之后诞生的一个经济学问题。英国经济学家马歇尔于 1890 年提出“产业组织”概念，并逐渐延伸到产业结构、产业关联、产业政策等方面。1973 年，日本经济学家宫泽健一出版《产业经济学》，融合了产业组织、产业结构、产业关联等理论，应用经济学领域从此正式诞生了产业经济学（industrial economics）。可见，产业是一个具有较强实践性和应用价值的经济学概念，而文化创意产业作为新兴产业，其组织、结构、关联及政策等问题更值得研究。

文化产业是满足人的精神文化需要的产业，它将抽象的文化直接转化为具有高度经济价值的精致产业，它将知识的原创性与变化性融入具有丰富内涵的文化之中，使其与经济结合，发挥出产业功能。文化产品和服务的价值在于内含于其中的文化价值，是头脑和心灵的粮食，能够满足文化消费者多样化、多层次、多方位的精神文化需求。

文化产业是一种以市场化方式从事文化产品生产和提供文化服务的活动，它包含文化产品和服务的生产、交换和消费等相关过程，具有多层次的产业链。从上游的文化创意，到中游的文化产品的生产、复制，再到下游的文化传播等都属于文化产业。文化产业还是一种从事精神生产的科技含量较高的智力密集型创意产业，具有渗透性强、增值性高、资源消耗小的特征。

近二十年来，世界经济和文化发展的历史表明，文化产业正在成为国民经济和社会发展的支柱产业，成为发达国家对外贸易的主导产业。但与发达国家相比，我国文化产业作为第三产业支柱的产业地位的主导性远没有显示出来。当前，在新形势下，中国文化产业的产业建设正日益显示出其源远流长的传承性，生生不息的开拓性和兼容并包，博采众长，融合众多国家、民族、地域文化的开放性以及需求的多样性等特征。我国悠久的历史与文化，为我们推陈出新地创造具有竞争力的文化产业奠定了良好基础，随着我国经济实力的提升与国际影响力的扩大，在找准市场切入点与做好商业运作的基础上，我国的文化产业大有可为。

三、创意性

文化产业的关键在于对文化的创造性应用。文化创意产业中的创意内涵，是近二十年被赋予的，源于英文 creative，强调人的创造性与创新能力。英国学者约翰·霍金斯认为，创意就是“催生某种新事物的能力，它表示一个或多人创意和发明的产生，这种创意和发明必须是个人的（personal）、原创的（original）、有意义的（meaningful）和有用的（useful）”。创意的这四个特征实质上就是强调个体具有文化意义与实践价值的原创能力。英国学者安迪·普拉特（Andy C. Pratt）认为，创意是“一个包含创意工作者、知识、网络与技术，让新的想法与背景脉络得以交互联结的过程”。美国学者理查德·佛罗里达（Richard Florida）则认为，“创造力本身其实就是一种拼编（redaction）：为了创造和进行综合，我们需要刺激物——那些可以被陌生的方式拼凑在一起的零零碎碎的东西”。两位学者分别强调的是互联和编创，这也是在互联网时代发挥创造力的重要方式。

文化产业十分强调创意和创新，当代社会各种产业利润主要靠领先的自主创新和技术进步来实现，而文化产业正是自主创新和技术含量高的一个门类。文化产业的本质就是把文化思想、知识技能、创造力综合起来，形成新的产品、新的市场，提供新的服务，创造新的就业机会。文化产业不是单纯固定资产的积累和原材料的投入，而是更注重人力资本的投入及人力资源的开发。因此，文化产业是一种智慧型产业，它以内容创意为核心，综合产品的制造、营销和推广，形成文化品牌优势，带动后续产品开发，形成上下联动、左右衔接、一次投入、多次产出的链条。它是人类知识创新、技术创新、科技发展的结果。

四、科技性

文化产业是一种科技性产业，它与信息技术、传播技术和自动化技术等的广泛应用密切相关，它通过与应用科学技术相嫁接、与各行各业相融合，为产品和服务提供新的价值元素，实现从产品创新向价值创新的转变，呈现出高知识性、智能化的特征。如电影、电视等产品的创作就是通过与光电技术、计算机仿真技术、现代传媒技术等相结合完成的。通过科技创新，文化产品价值中科技和文化的附加值比例明显高于普通的产品和服务。

科技是硬实力，文化是软实力，技术创新是文化产业发展的核心支撑和重要引擎。文化产业的发展很大程度上依赖于技术的推动，文化产业也因此成为科技应用最广泛、科技创新最活跃的产业之一。科技在传统文化产业中的运用促使其产生新活力和创造新价值，改变了传统文化产业的生产和营销方式，垂直打通各个环节，为文化产业赢得新的发展空间。随着现代科学技术的发展，以科技为核心竞争力的一大批新兴文化业态应运而生。例如，数字技术和网络技术使动漫和网络游戏产业迅速兴起；人工智能在文化产业领域正在实现广泛应用并形成智慧产业；新材料与文化创意的结合正在驱动更多形态的文化产品创新，科技与文化融合形成的新兴产业正大放异彩。

而我国文化产业的发展关联度低，缺乏具有国际竞争力的大型文化企业；产业的技术发展和创新能力不足，缺乏与国际产业竞争的实力和经验；产业政策滞后与历史原因混合形成的条块分割、行业垄断和地方保护主义严重制约着产业的快速、健康发展。这些因素的存在，使得整个产业仍处于结构调整和体制转型之中。

第二节　文化产业概念的多重关系

“文化产业”一词在各国学者们旷日持久的争论中迅速传播，并逐渐被人们所接受，但对于文化产业相关概念之间联系与区别的研究还不够深入，至今没有得到精准的理论表述，因此，造成了当今在相关概念使用上一定程度的混乱。本节试图对相关概念做对比研究，分析它们外延与内涵之间的异同，以期今后的相关学术对话与实践运作能在同一话语体系中进行。

一、创意产业和文化创意产业

在英文里，“创意产业”一词的含义具有不确定性，一种含义是所谓的创造性文化艺术产业，另一种含义则相当于创新型经济。前者可以被认为是狭义的创意产业，后者则是广义的创意产业。创意产业和文化创意产业都关注创意者本身的主观能动性，强调个人创意和注重知识产权。文化创意产业具备原创性质，能够形成知识产权，具有创意产业的一般属性，是创意产业的子范畴。

创意产业突出以创新思想、技巧和先进技术为核心的特征，利用具有原创性和新颖性的创意，挖掘消费者的潜在需求，创造差异化的、其他产品不能提供的新体验，包括物质体验和精神体验，重点在物质体验。文化创意产业更强调以创意为核心，重视文化的价值意义，主要是向消费者提供文化、艺术、精神、心理、娱乐感受，赋予一般产品以差异化的精神体验，从而获得超出物质形态的体验附加值、审美附加值、知识附加值等文化附加值。通过文化创意带来的差异化的精神体验使文化产品附加值大大提升。

从产品的价值与增值角度讲，文化创意产业中具有特殊意义的文化产品价格远离价值，产品承载的精神体验价值远大于产品本身的实用价值，成为身份、地位和生活品质的象征。而创意产业由科技创意带来的差异化物质体验，远比文化创意所创造的产品价值增值的空间要小得多，因为一件产品的物质体验价值，即使用价值是有限的，而精神体验价值是无限的。

“创意产业”这一概念提出的主要目的不是要界定一个新兴行业，而是要强调重视产业开发中创新与创意的价值作用，提倡一种打破传统产业界限，通过创新创意提升产业附加值，推动经济发展的新思路。因此，其概念过于泛化产业外延，模糊产业核心本质，导致需要或者可以创意植入的产业都可以被称为创意产业，在创新理论已被全社会普遍认识和接受的今天，使用创意产业将导致产业难以形成独立门类，阻碍人才、资金、政策等各种社会资源向产业有效集聚。文化创意产业强调以文化创意、知识产权和科学技术为核心内容，强调创意和创新以及实现文化、技术、产品（服务）和市场的有机结合。它既肯定了创意点石成金的经济价值，更强调了产业的文化本质，突出产业的知识性和产品的文化性特征，从而使产业具有清晰的外延边界。因此，文化创意产业的概念在国际社会和我国民间得到广泛的使用。

二、文化创意产业与文化产业

文化创意产业与文化产业具有许多相同之处：一是产业定位基本相同。两者都内在地隐含着知识经济、信息时代对文化产品和服务的生产、交换、消费和分配功能的重视，体现出经济的属性。二是产业内容基本相当。文化就是创意，创意就是文化；没有创意的文化是不可能存在的，而没有文化的创意同样是无法理解的。在文化这个层面二者都包括了报纸杂志业、影视音像业、出版发行业、旅游观光业、演出娱乐业、工艺美术业、会议展览业、竞技体育业和教育培训业等诸多方面的产业。三是文化要素基本相同。文化要素是文化产业和文化创意产业发展最重要的因素，文化创意产业脱胎于传统的文化产业，是文化产业发展到一定阶段的产物，是对传统文化产业的一种发展超越和历史延伸。因此，许多专家往往将文化创意产业和文化产业两个概念作为可以互相替代的概念来使用。

事实上"文化创意产业"与"文化产业"不是简单的同义词，两个概念有着许多不同之处。

第一，发展阶段不同。对文化创意产业领域的研究，学术界最初探讨的是文化工业（cultural industry），着眼于工业生产、分配、交换与消费等环节；后来延伸到文化产业（cultural industries），industry 加了复数，显然已经关注到产业的组织、结构、关联等问题；最后出现创意产业（creative industries）和创意经济（creative economy）。已有研究把产业拓展到创意领域，包括文化内容、文化产品、文化服务及知识产权、创意阶层等方面；把文化创意产业拓展到文化艺术、经济法律、社会政治等诸多领域。

第二，核心要素不同。文化创意产业起核心和主导作用的主要是创意，更突出个人创意，强调个人的创造力和创新性的实现，突出创意和设计因素赢得消费者的赞誉，获得竞争优势。而文化产业起核心和主导作用的主要是文化内容要素，强调以创意为特征的文化原创和文化内容生产，更重视文化对产业的融合渗透，强调立足于文化、文化价值、文化资源的开发与利用。这里的文化就是以精神价值、道德信仰、文学艺术、生活方式等为核心，并以此提升了产品的内涵和质量。对于文化产业来说，创意只是发展文化产业的重要途径和手段。

第三，文化产业链不同。文化创意产业是对传统文化产业价值链的重组。在网络信息时代，创意不再局限于产品的产出上，创意和资本、商业、技术深度融合，把文化与科技、信息、旅游、体育、农业、金融等领域进行跨界融合，是一种跨行业、跨部门、跨领域的发展模式，由此衍生出以人的创造力为动力、以文化为纽带连接一切可以连接的领域的产业，创造出丰富多彩的创意形态，新技术、新产品不断涌现。在知识经济时代，文化产业是从精神价值、道德信仰、文学艺术、生活方式等文化层面出发，通过创意来激发影视、出版、传媒、设计、广告、动漫、游戏、互联网以及音乐、舞蹈、美术等文化艺术的生命力，通过人的创造力来激发文化的生命力、融合文化及相关产业、实现产业聚变效应的新兴产业形态。

第四，文化产品不同。从产业的角度来看，文化创意产业强调创意对文化资源的创新开发，除服务于个人的精神文化消费需求外，还服务于生产领域提升产品附加值、经济发展中提升产业结构的要求，具有明显的生产性服务业性质。文化创意产业首先是为适应一批新兴的文化产业类别的崛起而出现的产业形态，电影制片、出版、作画、文化演出、电视节目制作、动漫制作、互动游戏软件制作、数字艺术等这些行业，具有原创性且能形成知识产权，故属于文化创意产业。文化产业是提供文化产品和文化服务的精神文化企业集合，更多地强调为社会公众提供文化、娱乐产品和服务，满足人们的精神文化需求。一些经营文化产品、提供文化服务的行业或产业，比如电影院、书店、画廊、印刷厂、大剧院、电视台、互联网等行业或产业，由于涉及原创的因素较少，只能归属于文化产业。文化创意产业比较聚焦，在外延的发展方面，文化产业更具包容性、更富有弹性。

尽管各国的文化产业发展水平和发展重点不一，导致各国对文化产业的官方定义不同，国内外学者因思考角度不同，所下的文化产业与文化创意产业的定义也不一样，但并非泾渭分明，其实两者之间仍存在着模糊的过渡地带，这些定义更没有简单的对错之分，它们都为我们深化对文化产业的认识提供了启发，有助于我们全面地认识文化产业。

三、内容产业与版权产业

（一）内容产业

内容产业（content industries）的概念最早是在1995年的“西方七国信息会议”上提出的。第二年，欧盟制定的“信息社会2000计划”（European Commission Info 2000）把内容产业的主体定义为“那些制造、开发、包装和销售信息产品及其服务的产业”。2001年4月，欧盟又对内容产业进行了更完整和更准确的界定：内容产业主要包括各种印刷出版（报纸、图书、杂志和企业出版物）、电子出版（在线数据库、音频和视频文本服务、传真和以CD为基础的服务、DVD、全球信息网、宽带网、乐教天地）以及视听产业（电视、录像、广播、音频和电影）①。

1998年，世界经合组织的专题报告《作为新增长产业的内容》把内容产业界定为“主要生产内容的信息和娱乐业所提供的新型服务产业”，该专题报告进一步把“内容”划分为两类，一类是传统的视听和音乐内容，另一类综合了数字文本、资料、视听内容等多媒体服务或因特网传送，即“新媒体”②。

日本的《数字内容白皮书》将内容产业划分为影像、音乐（包括音乐、声音）、游戏、图文（图书、报纸、图像文字）四大类。内容流通的媒体形态为：光盘出版、发行、销售，互联网流通，联网手机流通，电影院、卡拉OK、街机游戏

① 苑浩：《全球文化产业发展的最新趋势及政策分析》，载《国外社会科学》2006年第1期，第49页。

② 丁韧：《我国内容产业资源整合及发展趋势》，载《情报理论与实践》2005年第4期，第428～431页。

等据点型服务，通过电视地面微波、卫星电视以及有线电视等的流通。数字内容流通的媒体形态为：光盘出版、发行、销售，互联网流通，联网手机流通。从内容类别、内容流通媒介类别来看，日本内容产业所涵盖的范围以及内容产业关联的市场与服务由传统内容产业和数字内容产业构成。前者为狭义内容，后者则为广义内容①。

从以上几组定义中可以看出，这里的“内容产业”概念特别突出了创意商品化的手段以及传播渠道——信息技术，因此内容产业涵盖了广义信息产业的主要部分，但内容产业的核心还是创意，实质上就是创意产业。从明晰概念的角度来看，文化产业、信息产业是一个层级的概念，内容产业应该是广义信息产业的一个分类。

（二）版权产业

从世界知识产权组织的报告中，我们得知首次提出版权产业概念的国家是瑞典。在这份报告中，关于版权产业的表述和归纳的各国对版权经济的评估使用的英文是“copyright based industries”（基于版权的产业），且一直沿用至今。从美国国际知识产权联盟（International Intellectual Property Alliance，IIPA）的资料来看，最早、最完整且具有国际权威性的版权报告是《美国经济中的版权产业：1990》（*Copyright Industries in the U. S. Economy: The 1990 Report*）。世界知识产权组织（WIPO）专家工作组对版权相关产业的定义为：版权可发挥显著作用的活动或产业②。版权产业（copyright industries）的概念也由此固定下来，指称文化创意产业。IIPA 原先将版权产业分为核心版权产业、部分版权产业、发行业和相关版权产业四个部分。2004 年，IIPA 依据 WIPO 的分类法，调整了自 1990 年开始的分类，并进行了自己的阐释：核心版权产业，主要是创造、生产、分销或展示版权材料的行业，如报刊、图书、音乐出版、广播电视、娱乐商业软件等相关行业；部分版权产业，其产品部分受到版权保护的产业，如家具、珠宝、玩具设计等相关行业；非专一支撑型版权产业，向市场和消费者分销版权材料及非版权材料的产业，如运输服务、电信通信服务等相关行业；关联版权产业，主要生产、制造及销售相关设备，以方便创作、摄制或对版权材料进行利用的产业，如生产、制造、销售 CD 唱机、电视机、录像机等相关行业。

世界知识产权组织认为版权产业分四部分：核心版权产业，指完全以创造、生产、表演、展览、传送和分销版权材料为目的的行业；关联产业，指由核心版权产品带来相关消费或为其提供设备的行业；部分版权产业，指销售的产品只有部分享有版权的行业；非专一支撑型版权产业（non-dedicated support industries），指对版权材料依赖

① 转引自齐骥、宋磊、范建华：《中国文化产业 50 问》，光明日报出版社 2011 年版，第 17 页。

② 金元浦：《从文化产业到数字内容产业》，载《今日中国论坛》2005 年第 12 期，第 32～35 页。

度较小、版权在其商业活动中只占较少份额的行业。这四部分统称为“全体”版权产业（the “total” copyright industrie）①。

无论是内容产业还是版权产业，都是从要素特征的角度来定义创意产业的。英国政府定义的创意产业是通过知识产权的运用来创造财富，内容和版权都是知识产权的一种表现形式，只有当知识和版权形成了知识产权以后才可以进入商业领域，带来经济利益的产业。这种知识已经不是原来意义上的知识，而是通过创意转化了的知识，也可以说，知识经济就是创意经济。因此，内容产业和版权产业就是创意产业，只是定义的角度不一样而已。如美国通常不进行文化产业或创意产业的统计，而用与之类似的核心版权产业及部分版权产业对其进行概括分析，但其版权产业范围较广，将拥有版权及与之相关的产业都归入其统计范围，尤其是核心版权产业基本涵盖了大部分文化产业或创意产业的内容。

四、信息产业与数字文化产业

文化与经济的碰撞，为创意经济带来了巨大潜力；技术与文化的碰撞，则为文化创意产业带来了新的机遇和挑战。在过去十多年的发展中，与信息技术和数字技术相关的行业充满活力、发展迅速，在整个创意产业中所占的比重越来越大。

（一）信息产业

关于信息产业的界定至今分歧较大，这与信息的特殊属性有很大关系。广义的信息产业基本包含了能以信息的形式生产、展示与利用的文化产业或创意产业及全体版权产业；狭义的信息产业则包含了版权产业中的关联版权产业及非专一支撑型版权产业的大部分内容。持狭义信息产业观点的学者通常借鉴日本对信息产业结构的划分，认为信息产业是指从事信息技术研究、开发与应用，信息设备与器件的制造，为经济发展和社会需求提供信息服务的生产活动等②。

（二）数字文化产业

数字文化产业是“互联网＋”以及数字化技术在文化领域的广泛应用，数字互动技术、开放网络关系、开放源代码和多种数字化娱乐方式等现实使得普通消费者成为参与创新的广泛人群。而消费者的创新又由于某种研发形式反馈引导和推动未来的商业开发与资本投入，并且建立起更为宽泛的各种创意投入的社会基础，成为推动经济发展的新动力。数字文化产业在本性上是技术思维，文化产业的核心是创意和文化价值（包括版权），其在本性上是文化思维，是文化与技术的时代性融合。由此，发展数字文化产业需要“科技＋”与“文化＋”协同创新，是两者在本性上的相互贴近，它既需要平台的整合与垂直分发能力，更需要文化的集成与价值的提炼与创新，使技术

---

① Copyright-Based Industries：Assessing their Weight [EB/OL]. （2005-03） [2010-12-21]. http://www.wipo.int/wipo_magazine/en/2005/03/article_0012.html.

② 吴慰慈、周菁：《中国信息产业问题研究综述》，载《图书馆工作与研究》1995 年第 2 期，第 30 页。

与文化（艺术）保持适度的审美张力，才会有意义的高地与价值的再创造，其成就的是一种新的文化业态和生活方式。

着眼于信息技术和数字技术运用与产业化的信息产业和数字文化产业，以区别于农业社会和工业社会的第三次浪潮为背景，它们本身是不再以体能和机械能为主，而以智能为主的产业。信息和数字本身不能成为产业，只有通过人的智能转化才能成为产业，这个转化的过程就是创意的过程。因此，信息产业和数字文化产业本质上都是创意产业。

由上可知，“创意产业”“文化创意产业”“文化产业”“内容产业”“版权产业”“信息产业”和“数字文化产业”这一系列概念所指称的产业都是以创意为核心要素、以精神产品的生产为目的的产业，因此，它们的内涵不存在本质上的差别，它们只是从不同侧面、不同角度揭示了创意产业所依赖的不同的文化成果而已。因此，它们统统都可以归类、整合到文化创意产业之中去。文化产业以个人创造力为原点，包括个人的技能和才干，其核心是知识产权的开发和运用。也就是说，个人的创造力必须通过知识产权的形式来体现。同时，这种知识产权并不是坐而论道式纯粹的知识产权，而是可以创造财富和增加就业的知识产权。由这样的创造途径而产生和发展出来的产业就是创意产业。

综上所述，文化创意产业是在经济全球化和一体化条件下，在社会经济、文化发展的新阶段，以文化资源为基础、文化创意为核心、高科技技术手段为支撑，充分发挥人的智慧，在完善的知识产权体系下，依托现代信息技术手段将文化创意产业与传统产业相结合，以文化艺术与经济科技的全面结合为自身特征的跨行业、跨部门、跨领域重组或创建，使人的才华充分发挥，进而创造财富与就业的新兴产业。

第三节　文化事业与文化产业的区别

一、文化产业的双重属性

对于文化产业，学界有两种不同观点，一种观点更多地强调文化产业的经济属性，突出文化消费功能，强调文化产业的目的在于营利，从而确立了经济效益优先的理念；另一种观点则更强调文化产业的社会属性，突出文化产业提供文化服务的功能，强调文化产业在精神文化方面的价值，从而确立了社会效益优先的理念。从辩证唯物主义的基本观点出发，上述两种观点各有其合理性，但都存在一定的偏颇。实质上，所谓文化产业，顾名思义就是“文化＋产业”：一方面，文化属于精神意识领域，强调的是社会属性；另一方面，产业是经济学的概念，强调的是经济属性。

文化产业的本质是文化的经济化与经济的文化化，文化产业既具有文化的精神属性，又包含经济的物质属性。文化产业的精神属性，反映在其意识形态的功能上，表现为在文化传播、社会教育、政治道德等方面，能够提高消费者的认知水平、审美水平等综合素质，起到文化精神和价值导向作用，社会效益是文化产业发展的根本目的和价值所在。文化产业的物质属性，反映在其产业经济形态的功能上，表现为在市场化、商品化、营销化等方面，能带来巨大的经济效益。经济效益是文化产业生存与发展的物质基础与保障。简而言之，文化产业具有双重属性：它既是精神领域的，也是物质世界的；既具备社会属性，也具备经济属性；既追求社会效益，也强调经济效益。文化产业的社会属性与经济属性、社会效益与经济效益，就像鸟之双翼、车之双轮，辩证统一、有机融合。

文化产业的双重属性决定了文化产业发展实践的特殊性。它要求我们无论什么时候、什么情况下，都不能顾此失彼，而必须统筹兼顾、相得益彰。过于强调经济效益而忽略社会效益，文化产业不可能做久；过于强调社会效益而忽略经济效益，文化产业不可能做强。文化产业的双重属性是有机统一的，但在实践推动中有一个谁先谁后的问题。一般来说，文化产业要把社会效益作为基准点，把经济效益作为基本标志，这样来统筹谋划文化产业就会符合产业属性；在项目落地的时候，往往要把社会效益放在前面，兼顾经济效益。这就要求我们把握好当前与长远的关系，不要太看重眼前的经济效益，把经济效益的比重适当放低，把社会效益适度放大，从长远来看，就可以赢得消费者、赢得群众对文化产品的依赖和需求。文化产业既可以成为一个国家实实在在的强大经济实体，又能体现国家软实力，是一个具有无限生机的经济增长点，能够为文化大发展大繁荣奠定坚实的体制基础。

在我国，“文化产业”作为政府语境下的规范概念，主要用来区别于“文化事业”，它更多地强调与文化相关的产品与服务的经营性和市场性。政府相对于“文化事业”概念而提出的“文化产业”概念，是国家层面对我国文化建设和文化体制改革的战略和策略。从 2000 年“文化产业”概念提出至今，随着文化体制改革逐步深化，“文化生产力”的认识深入人心，文化产业的发展重点开始从转企改制转向商业开发与市场化运作，促进传统的文化内容产品的创新开发和附加值提升发展方式转变，从追求规模扩大向质量提升转变。

二、文化事业与文化产业的联系

文化产业由文化事业派生而来，是文化事业发展到一定历史阶段的必然产物。在计划经济时期，文化工作是单向性、政府包办的公益性事业。随着经济、社会的发展，人民群众的精神文化需求明显增加，对文化产品与文化服务的多元化、多层次需求日益强烈。为了适应这一发展趋势，更好地满足人民群众的精神文化需求，只有把文化事业的社会属性抽离出来，运用市场理念、市场手段，遵循市场规律、培育市场主体，方能推出更适应更符合人民群众精神文化需求的文化产品和服务。经过四十多年的改革开放，我国基本上建立了社会主义市场经济体制，目前正处在深化市场经济体制改革的关键阶段，打破文化由政府计划发展的局面，借助于市场的力量发展文化产业，是我国市场经济体制改革的一个重要方面。随着社会生产力的进一步解放和社会主义市场经济体制的逐步完善，伴随着快速发展的高新科技和不断进步的现代生产方式，文化产业日益融入大众日常生活视野并逐渐成为一种新兴产业。“文化产业”和“文化事业”是我国文化发展的一体两翼，是相对应的概念。二者之间的联系具体表现在以下方面：

一是它们同属于文化建设范畴，是文化的两种形态和重要构成部分。如果没有文化事业的发展与繁荣，文化产业就失去了生存和发展的土壤。文化产业是从文化事业中派生出来的，它脱离不了文化事业的规则和方法。文化事业要靠文化产业来推动和发展壮大；文化产业只有依靠文化事业才能获得依托和支持。

二是它们的终极目标都是服务社会，都要重视社会效益。国家大力发展文化事业和文化产业的目的，就是要满足人民群众日益增长的精神文化需求。因此，在重视社会效益上，文化事业和文化产业是完全一致的。文化产业如果只顾经济效益而忽视或放弃社会效益，不能满足人民群众日益增长的精神文化需求，最终必然要失去经济效益。

三是它们的存在价值都体现在创造、传承和弘扬民族先进文化上。在这一过程中，虽然它们担当的角色不同，但殊途同归，都是为了创造、传承和弘扬民族先进文化。在全球经济日益一体化的大背景下，保护民族文化遗产、弘扬民族文化精神、维护民族文化主权、提升国家文化软实力已经成为世界各国面对全球化的共同战略主题。

三、文化事业与文化产业的区别

长期以来，文化事业与文化产业在很多场合和领域混用，人们没能准确认识到二者之间的区别。正确区分文化事业和文化产业是文化建设的基础性工作，也是发展文化产业的基本前提。否则，发展文化事业和文化产业就都无从谈起。文化事业和文化产业的区别具体表现在以下方面：

一是性质明显不同。文化事业是由政府主导的，具有公益性质，通过提供无差别的公共文化产品和服务来满足人们的精神文化需求。文化产业则由市场主导，是具有市场属性的经营活动，具有非公益性，主要利用市场来配置资源，调动更多非公益性资源和民营资本激活文化市场，以丰富的文化产品和服务满足人们多元化的精神需求。

二是目标追求不同。文化事业不以营利为目的，把社会效益放在首位，服务社会精神文明建设，在国家政治、经济和文化政策的制定与实施方面，起着重要的服务和引导作用。文化产业虽然也要重视社会效益，但它必须以获取利润为目的，通过市场机制和产业模式运作，注重经济效益，否则就会失去发展动力甚至危及生存。

三是基本职能不同。文化事业的基本职能是从事文化建设和提供文化服务，其从事文化建设的经费主要由主办单位提供，所提供的文化服务也是不计成本的象征性收费；而文化产业的基本职能是从事文化产品生产和提供文化消费品，其从事文化产品生产的经费完全靠自筹，所提供的文化消费品是要付费的，并且经过了成本核算，确保赚取较多的利润。

四是资本来源不同。文化事业的生产与建设资本由国家或社会统一集中提供，绝大部分公益性文化事业如图书馆、博物馆、文化馆和美术馆等都是国家投资兴建和拨付日常经费进行管理的，资本和资产归社会全体公民所有。文化产业的生产经营资金和资本来源则不同程度地呈现出多元化，广泛吸收民营经济进入文化产业经营领域。

五是运营机制不同。文化事业只能实行事业化管理，由国家财政或主办单位提供运营经费，虽然也要进行成本核算和经营管理，但目的是提高工作效率和工作水平，更好地提供文化服务。文化产业则必须由企业法人实行企业化管理，独立核算、自负盈亏，以市场为主导，遵循经济法则和价值规律，通过知识产权的开发和运用进行文化产品的生产和再生产，走产业化发展之路。

六是调控方式不同。文化事业由政府主导，通常实行公益性管理体制，以国家直接调控为主。文化产业由市场主导，实行经营性企业管理体制，国家通过法律、税收政策和价格杠杆等手段对文化产业实行间接调控，并进行合理引导。

文化事业与文化产业都是中国特色社会主义文化建设的重要内容和实现形式。党的十六大指出，“文化产业是市场经济条件下繁荣社会主义文化、满足人民群众精神文化需求的重要途径”，“发展各类文化事业和文化产业都要贯彻发展先进文化的要求，始终把社会效益放在首位”。在全面推进文化强国战略的时代背景下，推动文化事业繁荣和文化产业快速发展，要“两手抓、两加强”，要尊重两大规律——社会主义精神文明建设规律和社会主义市场经济规律；处理好两对关系——文化发展之“魂”与文化传播之“体”的关系、社会效益和经济效益的关系。在加快文化产业发展进程中始终要引导文化企业把社会效益放在首位，自觉担当社会责任，绝不能以牺牲社会效益、影响和谐稳定及国家安全来获取经济效益。

第四节　文化产业的分类

目前，在国际上的各种产业分类标准中，以英国著名经济学家费希尔在其 1935 年出版的《安全与进步的冲突》一书中提出的三大产业分类法最广为人知。三大产业分类法根据社会生产活动的历史发展顺序将全部经济活动划分为第一产业、第二产业和第三产业：第一产业为农业；第二产业为工业和建筑业；第三产业主要指服务业，即为生产和消费服务的部门，包括除第一、二产业之外的其他相关产业。除此之外，一些国际组织根据组织内部的产业划分原则也制定了自己的产业分类标准。文化产业属于第三产业，它包含的内容和门类非常丰富，是一个多系统、多组织构成的有机整体，长期以来没有一个规范科学的分类标准，现在的分类标准是在各种产业分类标准的基础上演化而来的。因为对文化产业进行分类有一定的难度和复杂性，加之文化产业概念的模糊性、不确定性和多义性，世界各国地域、经济、文化背景、产业政策等各不相同，所以与文化产业的内涵和外延相对应的文化产业分类标准和体系也不尽相同。

一、国外文化产业分类

随着文化产业的快速发展，各国政府纷纷采取措施，根据各自的国情和发展目标制定本国的文化产业分类体系，以应对文化产业发展带来的各种挑战和机遇。从世界范围看，文化产业从组织结构上基本可以划分为三类：一是生产与销售以相对独立的物态形式呈现文化产品的行业（如生产与销售图书、报刊、影视、音像制品等）；二是以劳务形式出现的文化服务行业（如戏剧舞蹈演出、体育、娱乐、策划、经纪业等）；

三是向其他商品和行业提供文化附加值的行业（如装潢、装饰、形象设计、信息咨询、文化旅游等)。不同国家和地区对文化产业的阐述不尽相同。世界各国及国际组织根据本国文化产业发展的实际状况，分别对本国文化产业进行了具体而宏观的行业划分。以下将分类做介绍：

（一）联合国教科文组织

最早建立文化产业分类标准的是联合国教科文组织，其定义如下：文化产业就是按照工业化的生产标准，经过生产、复制、流通和传播等主要环节的一系列活动，强调其知识产权的属性。联合国教科文组织 2009 年修订了《文化统计框架》，认为文化产业包括文化产品和文化服务的生产与分配。文化产品是指传递思想、符号和生活方式的消费品，包括书籍、杂志、电影、视频、音像、软件、多媒体、手工艺品和时装等。文化服务是为满足人们的文化兴趣或需求而提供的服务，包括授权工作以及与版权相关的其他服务、音像产品发行活动、宣传表演艺术和文化活动，还包括文化信息服务、（图书馆、文献中心、博物馆的）书籍、唱片和人工制品的保存。在此基础上，联合国教科文组织把文化领域分为文化和自然遗产、表演和庆祝活动、视觉艺术和手工艺、书籍和报刊、音像和交互媒体、设计和创意服务六个方面，另有旅游、体育和娱乐等相关领域，以及跨界的非物质文化遗产领域。可见，联合国教科文组织对于文化（创意）产业外延界定的核心是文化，几乎涵盖了所有与文化相关的活动。这样宽泛的定义符合联合国教科文组织保护人类文化遗产的目的和宗旨，以期通过文化（创意）产业盘活文化资源，以经济和产业手段保护人类文化遗产。

（二）欧洲

欧洲文化创意产业以英国、德国和法国为代表。

英国的创意产业涵盖了广告、建筑、艺术和古董市场、手工艺、设计、时尚设计、电影、互动休闲软件、音乐、电视和广播、表演艺术、出版和软件十三个门类。此外，旅游、酒店、博物馆与艺术馆、文化遗产与体育等也被认为是与创意产业相关的产业。

德国的文化创意产业总共有十一个部分，包括出版产业、电影产业、广播产业、音乐/视觉与表演艺术、新闻通讯、博物馆商店与艺术展览、文化商品零售、建筑事务所、设计产业九个文化类产业，另有广告、软件及游戏开发两个创意类产业。

在法国，文化产业所属的行业、门类，在经济综合分类（NES）中，其主要存在于消费品工业（industries des biens de consommation）和大众服务业（services aux particuliers）中，主要涉及行业、门类为视觉艺术、表演艺术、出版、印刷、视听等。法国文化艺术的创意、创新、生产、传播是文化产业发展的重要目的。从这一点来看，其与文化产业“内容的创造、生产和商业化”的标准不谋而合。从其会员行业分布来看，主要有时装与成衣、青铜、银器、皮草、水晶器皿、出版、装饰、瓷器、旅馆、餐饮、香水、葡萄酒等行业。

欧洲国家对于文化创意产业外延界定的核心是文化、艺术及设计。欧洲国家在发展文化创意产业的过程中，重视开发欧洲历史悠久的传统文化资源，重点发展相较于其他国家具有极大优势的艺术和设计等相关产业。另外，以文化为核心的外延界定也有保护欧洲文化安全的考虑，尤其是针对以美国为代表的文化产业大国的文化冲击，法国和德国均制定了保护民族文化和维护文化多样性的政策和法律。

（三）北美洲

美国版权产业（copyright industries）的发展围绕版权法展开，分为核心（core）版权产业、部分（partial）版权产业、非专用支持（non-dedicated support）版权产业和相互依存（interdependent）版权产业。核心版权产业是指版权产品的创作、生产、发行或展览，包括书籍、报纸、期刊、电影、音乐、广播、电视、软件、视频游戏等；部分版权产业是指某些产品的部分与版权产业相关，包括面料、首饰、家具、玩具和游戏等；非专用支持版权产业是指把版权或非版权产品分配给企业或消费者的相关产业，包括运输服务、电信、批发与零售贸易等；相互依存版权产业是指创造、生产、销售版权产业所需要的设备，包括音乐播放机、电视机、摄影机、电脑、录音材料、专用纸等的制造商、批发商和零售商。这四类版权产业中，核心版权产业的产值最高，部分版权产业的产值最低。可见，北美洲国家对于文化创意产业外延界定的核心是版权。北美洲的版权法律完善、版权保护制度健全，但其文化资源相较于欧洲和亚洲而言十分匮乏，所以并不需要考虑如何维护传统文化安全，以版权产业的方式界定文化创意产业更符合北美洲的实际情况，更利于北美洲文化创意产业的发展。

（四）亚洲

亚洲文化创意产业以韩国和日本为代表。

韩国文化产业包括出版、广播、广告、游戏、知识信息、角色、电影、音乐、文化产业解决方案、漫画、动画十一类文化产业。

日本的娱乐观光业包括文化艺术业、信息传播业、体育与健身业、休闲娱乐业和旅游观光业，后来又被称为内容产业，包括影像业、音乐业、游戏业、出版业和数字内容产业。其中文化艺术业包括电影制作及放映、展览、音乐及戏剧演出等，信息传播业包括报纸、杂志与图书出版、电视与广告、网络等。

可见，亚洲国家对于文化创意产业外延界定的核心是文化内容，在界定的过程中更加关注文化内容的生产。相较于联合国和欧洲在外延界定中强调的文化，亚洲国家在外延界定中强调的文化内容虽然也属于文化层面，但关注点更加聚焦。其关注的文化内容不是广义的文化，而是经过改造的可作为文化产品（或服务）的文本进行传播的文化。

不同国家或国际组织文化产业的内容与分类见表 2-1。

表 2-1 不同国家或国际组织文化产业的内容与分类

国家或国际组织	名称	内容与分类
联合国教科文组织	文化产业	文化遗产、出版印刷、音乐、表演艺术、视觉艺术、社会文化活动、体育和游戏、环境和自然
美国政府	版权产业	文化艺术业（表演艺术、艺术博物馆）、影视业、图书报刊、出版业等

续表

国家或国际组织	名称	内容与分类
加拿大政府	文化创意产业	信息和文化产业（影视、因特网、信息业）、娱乐和消遣（演艺、体育、古迹遗产机构、游乐、娱乐业）
澳大利亚政府	创意产业	自然遗产、艺术（文学和印刷、音乐创作和出版、广告设计、广播和电影）和其他文化娱乐等
法国政府	文化产业	文化建设、文化设施管理、图书出版、电影、旅游业
德国政府	文化创意产业	音乐、图书、艺术和电影、广播、表演艺术、设计等
英国政府	创意产业	影视、音乐、出版、互动休闲软件、软件等十三类
日本政府	娱乐观光业	电影、音乐、游戏软件、观光旅游、艺术设计等
韩国政府	文化内容产业	影视、广播、动漫、游戏、卡通形象、演出、文物等
印度政府	娱乐和媒介产业	电视业、电影业、广播业、唱片业和出版业

通过上述分析我们发现：联合国、欧洲与亚洲在界定文化产业的外延过程中关注的核心是文化（产品或服务）的生产阶段，北美洲关注的核心是文化（产品或服务）的传播阶段。此外，不同国家都会充分考虑本国的实际情况，例如会展业发达的德国将博物馆与艺术展览作为文化产业的一个单独门类，而英国仅仅将其界定为创意产业的相关产业。

根据澳大利亚麦觉理大学经济学教授大卫·索斯比（David Throsby）的同心圆模式，可以把文化产业划分为三个核心—外围的圈层：核心——极具文化内容、极具创造性的部门，如音乐、舞蹈、戏剧、文学、视觉艺术、工艺等；第二圈层——文化直接产业化部门，如电影、电视、广播、报刊和书籍；最外围——依附性的文化产品制造、服务部门，如建筑、广告、旅游等。由于文化产业涉及领域众多，单向度的核心—外围并不能完全概括文化产业的全部内容，从现实情况来看，文化产业又可以分为文化遗产、艺术、媒体和功能性领域几个主要方面。关于“文化产业”这个概念没有确切的、一致的定义，上述两个维度的划分，基本上体现了“历史传承”“美学符号传播”“创意、创新”这些最基本的元素，同时这也是文化产业赖以生存的基石。

我们认为，文化创意产业的逻辑内涵应该以精神价值、道德信仰、文学艺术、生活方式等为核心，拓展到影视、出版、传媒、设计、广告、动漫、游戏、旅游、体育、互联网以及音乐、舞蹈、美术等艺术门类，由此构成文化创意产业的核心内容。

二、中国文化产业分类

我国统计部门最早于 1985 年首次把文化艺术纳入第三产业统计项目中，开始借鉴发达国家发展相对成熟的产业分类标准，并制定符合中国国情的文化产业分类标准和体系。2002 年，党的十六大明确提出加强文化建设、推进文化体制改革，在国家文化产业发展形势下，在政府部门的高度重视下，制定科学的文化产业分类标准被正式提上议事日程。联合国教科文组织从文化产品的工业标准化生产、流通、分配和消费的角度进行的科学界定，为我国建立文化产业分类框架提供了重要参考。为适应我国文化产业的快速发展，制定科学规范的分类标准和体系，我国学术界对文化产业的分类也进行了系统研究，但划分类别上存在差异性。

（一）国家层面把文化产业与文化事业并列，强调新兴产业的发展

2003年9月，文化部在《关于支持和促进文化产业发展的若干意见》（以下简称《意见》）中首次阐述“文化产业”的概念：文化产业是“从事文化产品生产和提供文化服务的经营性行业。文化产业是与文化事业相对应的概念，两者都是社会主义文化建设的重要组成部分”。《意见》将文化产业分为演出业、影视业、音像业、文化娱乐业、文化旅游业、网络文化业、图书报刊业、文物和艺术品业、艺术培训业几大门类，认为文化产业是以产业为手段来发展文化事业，以文化为资源来进行生产经营，向社会提供文化产品和文化服务。国家统计局、文化部、广电部等部委组成的课题组的定义认为：文化产业是为社会公众提供文化、娱乐产品和服务的活动，以及与这些活动有关联的活动的集合。

2006年《国家“十一五”时期文化发展规划纲要》指出，文化产业包括影视、出版、发行、印刷、广告、演艺、娱乐、文化会展、数字内容和动漫十大类。

2009年7月，国务院出台《文化产业振兴规划》，提出重点发展文化创意、影视制作、出版发行、印刷复制、广告、演艺娱乐、文化会展、数字内容、动漫九类产业，其中文化创意产业仅包括要着重发展的文化科技、音乐制作、艺术创作、动漫游戏四类。

2009年9月，文化部发布《关于加快文化产业发展的指导意见》，重点发展演艺业、动漫业、文化娱乐业、游戏业、文化会展业、文化旅游业、艺术品和工艺美术、艺术创意和设计、网络文化、文化产品数字制作与相关服务十大类产业。

2012年《国家“十二五”时期文化改革发展规划纲要》提出发展壮大出版发行、影视制作、印刷、广告、演艺、娱乐、会展七类传统文化产业，加快发展文化创意、数字出版、移动多媒体、动漫游戏四类新兴文化产业。

2016年《中华人民共和国国民经济和社会发展第十三个五年规划纲要》提出加快发展网络视听、移动多媒体、数字出版、动漫游戏四类新兴产业，推动出版发行、影视制作、工艺美术三类传统产业转型升级。国家层面对于文化创意产业的外延界定越来越宽泛，扶持力度不断增强。国家层面对文化产业的促进策略，首先侧重的是以文化为核心的某些具体门类，之后重视的是创意在不同产业门类中的推动作用，强调以创意为核心推动多种产业之间的相互融合。

（二）学术机构的界定

2002年，中国第一部文化产业蓝皮书把文化产业的外延界定为：“从行业门类上，把文化娱乐业、新闻出版、广播影视、音像、网络及计算机服务、旅游、教育等看做文化产业的主体或核心行业；把传统的文学、戏剧、音乐、美术、摄影、舞蹈、电影电视创作甚至工业与建筑设计，以及艺术博览场馆、图书馆等看做文化产业正在争夺

的前沿；把广告业和咨询业等看做是它成功开拓的边疆。”与此同时，该蓝皮书还提出重点发展文艺演出业、影视业、音像业、文化娱乐业、文化旅游业、艺术培训业、艺术品业七大行业。

（三）统计部门主要着眼于可统计的文化产业及相关产业

1.《文化及相关产业分类（2004）》

2004年，为贯彻落实党的十六大关于文化建设和文化体制改革的要求，规范文化产业的统计范围，建立科学可行的文化产业统计，国家统计局会同多个部门广泛调研、共同研究，在《国民经济行业分类》（GB/T 4754—2002）的基础上制定颁布了作为首个国民经济分类指导标准的《文化及相关产业分类》。该分类首次明确了我国文化产业的统计范围、层次、内涵和外延，为启动和开展文化产业统计工作奠定了根基。分类的实施摸清了我国文化产业的“家底”，为反映文化产业在国民经济中的地位和对社会经济的作用提供了规范和标准。

2004年3月，根据《国民经济行业分类》，国家统计局对文化及相关产业的界定是：为社会公众提供文化娱乐产品和服务的活动，以及与这些活动有关联的活动的集合。根据这一定义，结合文化产业的发展情况，通常将文化产业划分为三个基本层次，即核心层、外围层、相关层。围绕这三个层次，文化产业主要包括九个大类，见表2-2。

核心层包括新闻、图书报刊、音像制品、电子出版物、广播、电视、电影、文艺表演、文化演出场馆、文物及文化保护、博物馆、图书馆、档案馆、群众文化服务、文化研究、文化社团、其他文化等；外围层包括互联网、旅行社服务、旅游景点文化服务、室内娱乐、游乐园、休闲健身娱乐、网吧、文化中介代理、文化产品租赁和拍卖、广告、会展服务等；相关层包括文具、照相器材、乐器、玩具、游艺器材、纸张、胶片胶卷、磁带、光盘、印刷设备、广播电视设备、电影设备、家用视听设备、工艺品的生产和销售等。

表2-2　《文化及相关产业分类（2004）》划分层次

基本层次	九个大类
核心层	新闻服务，出版发行和版权服务，广播、电视、电影服务，文化艺术服务
外围层	网络文化服务，文化休闲娱乐服务，其他文化服务
相关层	文化用品、设备及相关文化产品的生产，文化用品、设备及相关文化产品的销售

通过表2-2可以看出，2004年我国在文化产业的分类上比较宽泛，涉及的领域和门类较多，涵盖的内容十分庞杂，既有物质文化生产、制造和销售活动，又有精神文化生产、代理和经纪活动；既有公益性文化，又有经营性文化；既包括学术性人文社会科学研究，又包括商业活动，文化事业和文化产业交错混杂，并存发展。

2.《文化及相关产业分类（2012）》

2012年7月，为适应我国文化产业发展的新情况、新变化，国家统计局参照联合国教科文组织发布的《文化统计框架—2009》，根据《国民经济行业分类》（GB/T

4754—2011)，在《文化及相关产业分类（2004)》的基础上进行修订，颁布实施了《文化及相关产业分类（2012)》，对文化产业的定义进行了更为精准的界定——为社会公众提供文化产品和文化相关产品的生产活动的集合，并进一步说明了文化产品的生产活动（从内涵）和文化相关产品的生产活动（从外延）的范围指向。

《文化及相关产业分类（2012)》在修订中延续了原有的分类方法，调整了类别结构，增加了与文化生产活动相关的创意、新业态、软件设计服务等内容和部分行业小类，减少了少量不符合文化及相关产业定义的活动类别。该分类将我国文化及相关产业分为五层：第一层分为文化产品的生产和文化相关产品的生产两部分；第二层根据管理需要和文化生产活动的特点分为十个大类，即新闻出版发行服务，广播、电视、电影服务，文化艺术服务，文化信息传输服务，文化创意和设计服务，文化休闲娱乐服务，工艺美术品的生产，文化产品生产的辅助生产，文化用品的生产，文化专用设备的生产；第三层依照文化生产活动的相近性分为 50 个中类；第四层是具体的活动类别，共计 120 个小类；第五层是对于含有部分文化生产活动的小类设置的延伸层，共计 29 个，具体见表 2-3。

表 2-3　《文化及相关产业分类（2012)》主要内容

第一层	第二层	第三层
文化产品的生产	新闻出版发行服务	新闻、出版、发行
	广播、电视、电影服务	广播、电视、电影和影视录音
	文化艺术服务	文艺创作与表演、图书馆与档案馆、文化遗产保护、群众文化等
	文化信息传输服务	互联网信息、增值电信（文化部分)、广电传输等
	文化创意和设计服务	广告、文化软件、建筑设计、专业设计等
	文化休闲娱乐服务	景区游览、服务娱乐休闲、摄影扩印等
	工艺美术品的生产	工艺美术品的制造，园林、陈设艺术及其他陶瓷制品的制造，工艺美术品的销售等
文化相关产品的生产	文化产品生产的辅助生产	印刷复制、文化经纪代理、文化贸易代理与拍卖、文化出租、会展、其他文化辅助生产等
	文化用品的生产	办公用品的制造、视听设备的制造、鞭炮产品的制造、文化用家电的销售、其他文化用品的销售等
	文化专用设备的生产	印刷专用设备的制造，广电专用设备的制造，广播、电视、电影设备的批发，舞台照明设备的批发等

注：表中省略第四层、第五层的具体分类。

与 2004 年的《文化及相关产业分类》相比，修订突出表现在以下三个方面：一是把文化及相关产业的定义进一步完善为“为社会公众提供文化产品和文化相关产品的生产活动的集合”，并在范围的表述上对文化产品的生产活动（从内涵）和文化相关产品的生产活动（从外延）做出解释；二是为适应我国文化产业发展的新情况、新变化，对原有的类别结构和具体内容作了调整，增加了文化创意、文化新业态、软件设计服务、具有文化内涵的特色产品的生产等内容和部分行业小类，删除旅行社、休闲健身娱乐活动、教学用模型及教具制造、其他文教办公用品制造、其他文化办公用机械制造和彩票活动等小类；三是由于目前我国文化体制改革已取得新突破，文化业态不断融合，文化新业态不断涌现，许多文化生产活动很难区分是核心层还是外围层，因此本次修订不再保留三个层次的划分。新分类用文化产品的生产活动、文化产品生产的辅助生产活动、文化用品的生产活动和文化专用设备的生产活动四个方面来替代三个层次。其中文化产品的生产活动构成文化及相关产业的主体，其他三个方面是文化及相关产业的补充。根据2012年的分类标准可以概括出，文化产品的生产活动、文化产品生产的辅助生产活动和文化专用设备的生产活动成为文化及相关产业的主要内容，其中文化产品的生产活动构成文化及相关产业的主体，其他方面则是补充。

新修订的《文化及相关产业分类（2012）》基本上全面反映了近年来我国文化改革发展的客观进程和可喜成就，特别是新的四层次划分较为合理，对文化产业链条进行了新的提炼和梳理，更符合文化生产规律，更好地适应了我国文化产业快速发展的趋势。这既回应了社会各界对文化产业的热切关注，同时也澄清了以往在文化产业认识上的不确定因素，为我国政府和相关部门进行文化产业统计提供了重要的参考标准和行业导向，在我国文化产业发展史上具有里程碑意义。

3.《文化及相关产业分类（2018）》

伴随着实践发展，文化产业的基本分工越来越细，其构成体系呈现出动态调整的过程。为给深化文化体制改革和持续推进社会主义文化强国建设提供统计保障，建立科学可行的文化及相关产业统计制度，2017年6月30日，新的《国民经济行业分类》（GB/T 4754—2017）正式颁布。

为反映我国文化及相关产业生产活动情况并提供标准分类依据，为给文化及相关产业统计提供统一的定义和范围，为给发展文化产业、推进社会主义文化繁荣兴盛提供统计服务，2018年4月2日，我国出台《文化及相关产业分类（2018）》，这是在《文化及相关产业分类（2012）》的基础上，依据新的《国民经济行业分类》（GB/T 4754—2017）修订形成的，兼顾了文化管理的需要和可操作性，与联合国教科文组织《文化统计框架—2009》相衔接。与《文化及相关产业分类（2012）》相比，本次修订的变化突出表现在以下五个方面：

其一，强调了文化及相关产业是指为社会公众提供文化产品和文化相关产品的生产活动的集合，基本范围包括两个方面：一是以文化为核心内容，为直接满足人们的精神需要而进行的创作、制造、传播、展示等文化产品（包括货物和服务）的生产活动，具体包括新闻信息服务、内容创作生产、创意设计服务、文化传播渠道、文化投资运营和文化娱乐休闲服务等活动；二是为实现文化产品的生产活动所需的文化辅助生产和中介服务、文化装备生产和文化消费终端生产（包括制造和销售）等活动。为保持连贯性，本次发布的内容继续保留2012年三个产业类别的划分，即文化制造业、文化批发和零售业、文化服务业。

其二，新分类增设了分类编码，采用线分类法和分层次编码方法，将文化及相关产业划分为三层，分别用阿拉伯数字编码表示。第一层为大类，用01～09表示，共有

9 个大类；第二层为中类，用 3 位数字表示，共有 43 个中类；第三层为小类，用 4 位数字表示，共有 146 个小类。

其三，新增了符合文化及相关产业定义的活动小类，其中包括了互联网文化娱乐平台、观光旅游航空服务、娱乐用智能无人飞行器制造、可穿戴文化设备和其他智能文化消费设备制造等文化新业态。

其四，重点调整了分类的类别结构。分类的修订吸收了近年来文化体制改革的有关成果，突出了文化核心领域内容，体现了文化生产活动的特点，类别结构设置符合我国文化改革和发展管理的现实需要和认知习惯。为适应当前我国文化新业态不断涌现的新形势，更好地满足文化体制改革和文化发展规划的需要，在学习领会文化主管部门的相关政策文件和《国家“十三五”时期文化发展改革规划纲要》有关要求的基础上，新修订的分类将原来的大类由 10 个修订为 9 个，中类由 50 个修订为 43 个，小类由 120 个修订为 146 个。其中第 1～6 大类为文化核心领域，第 7～9 大类为文化相关领域。9 个大类，分别是新闻信息服务、内容创作生产、创意设计服务、文化传播渠道、文化投资运营、文化娱乐休闲服务、文化辅助生产和中介服务、文化装备生产、文化消费终端生产。

全部活动类别可进一步归纳为两个领域，即文化核心领域和文化相关领域，其中文化核心领域包括前 6 个大类，计 25 个中类和 81 个小类，文化相关领域包括后 3 个大类，计 18 个中类和 65 个小类。如国民经济某行业小类仅部分活动属于文化及相关产业，则在行业代码后加“*”作标识，并对属于文化生产活动的内容进行说明；如国民经济某行业小类全部纳入文化及相关产业，则小类类别名称与行业类别名称完全一致。全部小类对应或包含在《国民经济行业分类》（GB/T 4754—2017）相应的 146 个行业小类（含 18 个“*”标识的行业小类）中。

其五，新增分类内容处理原则。为确保新增分类的文化特征，本次修订对新增分类内容继续坚持如下处理原则：凡属于农业、采矿、建筑施工、行政管理、体育、国民教育、餐饮等活动均不纳入分类，如茶叶种植、国民教育系列中的艺术院校、咖啡馆和酒吧等服务；对于虽有部分活动与文化有关但已形成自身完整体系的生产活动不予纳入，如旅游、快递服务、互联网批发、综合零售等。

随着我国文化产业在实践中不断发展壮大，人们对文化的认识逐步深入，文化与其他领域加速融合，文化产业的涵盖范围也在不断发展变化，逐步完善文化产业的科学划分体系将是一个长期的过程。在建设中国特色社会主义文化的市场经济条件下，对文化产业内涵进行科学界定和系统划分，能够正确把握文化产业发展的态势，恰如其分地定位其在国民经济中的坐标，以便采取不同的营销策略，制定相应的法规政策进行有效的区别管理，推进我国文化产业持续健康发展。

关键概念

文化产业　创意产业　内容产业　版权产业　信息产业　数字产业　文化事业　文化产业分类

主要观点

文化产业是文化建设的重要组成部分，是文化与经济、高新技术紧密结合的产物，兼具意识形态属性和商品属性，属于知识密集型新兴产业，它具有文化性、产业性、创意性和科技性等特征。

创意产业和文化创意产业都关注创意者本身的主观能动性，强调个人创意、注重知识产权。文化创意产业具备原创性质，能够形成知识产权，具有创意产业的一般属性，是创意产业的子范畴。

文化创意产业与文化产业在产业定位、产业内容、文化要素等方面有相同之处，但在发展阶段、核心要素、文化产业链、文化产品等方面有不同之处。

文化产业是以文化资源为基础，以文化创意为核心，以高科技技术手段为支撑，充分发挥人的智慧，在完善的知识产权体系下，依托现代信息技术手段将文化创意产业与传统产业相结合，以文化艺术与经济科技的全面结合为自身特征的跨行业、跨部门、跨领域重组或创建，使人的才华充分发挥，进而创造财富与就业的新兴产业。

文化产业具有双重属性，是文化的经济化与经济的文化化，既具有文化的精神属性，又包含着经济的物质属性。

文化事业与文化产业同属于文化建设范畴，是文化的两种形态和重要构成部分，它们的终极目标都是服务社会，都要重视社会效益；它们的存在价值都体现在创造、传承和弘扬民族先进文化上。但二者在基本性质、目标追求、基本职能、资本来源、运营机制和调控方式上还存在不同。

随着文化产业的快速发展，各国各地区都根据各自的实际和发展目标制定了文化产业分类体系，不同国家和地区文化产业的分类不同。

我国经历了 2004 年、2012 年和 2018 年三次文化及相关产业分类标准的制定及修订。

2018 版分类标准将文化及相关产业划分为三层，第一层为大类，共有 9 个大类；第二层为中类，在每个大类下设置若干中类，共有 43 个中类；第三层为小类，在每个中类下设置了若干具体的活动类别，共计 146 个小类。

章章不一样
每章都精彩

延伸阅读

1. ［英］大卫·赫斯蒙德夫：《文化产业》，张菲娜译，中国人民大学出版社 2007 年版。

2. ［美］理查德·佛罗里达：《创意阶层的崛起》，司徒爱勤译，中信出版社 2010 年版。

3. 赵子忠：《内容产业论：数字新媒体的核心》，中国传媒大学出版社 2005 年版。

4. 钱穆：《中国文化史导论》，商务印书馆 1999 年版。

5. 胡惠林：《文化产业学》，高等教育出版社 2006 年版。

6. 王国荣：《信息化与文化产业》，上海文化出版社 2004 年版。

思考问题

1. 试论述文化产业的基本特征。
2. 简论文化创意产业与文化产业的联系与区别。
3. 试论内容产业的特征。
4. 分析信息产业与数字产业的区别。
5. 试论述文化产业的双重属性。
6. 试论述文化事业与文化产业的区别。
7. 分析我国 2018 年对 2012 年的文化及相关产业分类标准修订的主要内容。

第三章　文化产业政策

政策是国家政权机关、政党组织和其他社会政治集团为了实现自己所代表的阶级、阶层的利益与意志，以权威形式标准化地规定在一定的历史时期内应该达到的奋斗目标、遵循的行动原则、完成的明确任务、实行的工作方式、采取的一般步骤和具体措施。政策是立足于社会发展实际规律，治理国家、规范民众的一种规定。政策的制定者主要包括政治家、人民代表、专家学者等，政策的被作用对象是那些以属地原则为根本而确立的本国或本区域范围内的人。从外延来看，政策不仅包括一般意义上的法律、法规，还包括计划、指示、命令、决议等。

第一节　文化产业政策的体系和作用

一、文化产业政策的基本体系

（一）产业政策及其特征

产业政策就其性质来说，是一种结构政策，调整和优化产业结构是其最大的特点和优势。它主要通过各种政策手段，调整和优化行业结构、产品结构、产业组织结构、产业布局结构、产业技术结构、产业贸易结构等，通过对结构的调整和优化，获得巨大而持久的结构效益，为产业的持续、快速、健康发展奠定坚实的基础。

产业政策与一般经济政策相比具有以下特征：

（1）一般经济政策以整个国民经济为对象，不是针对某一特定产业，而是针对所有产业、所有经济活动，没有明确的指向性；而产业政策是针对某些特定产业和产品的经济政策，它具有明确的指向性、针对性。

（2）一般经济政策具有普遍性特征，对各类市场竞争者实行一视同仁和无差别的政策；而产业政策是一种差别性政策、倾斜性政策。制定产业政策需要分清哪些是需要限制的产业和产品，哪些是需要鼓励的产业和产品。

（3）一般性经济政策体现了需求管理的特征，而产业政策是一种供给管理政策。

由此可见，产业政策是政府用来调整、优化产业结构的主要途径，在产业发展中居于核心地位，具有其他经济政策无法替代的作用。

（二）中国文化产业政策体系

自 2009 年《文化产业振兴规划》颁布以来，中央立法机关及各行政部委出台了一系列文化产业政策，逐渐建构起一套具有中国特色的文化产业政策体系，包括整体性法规政策、宏观性扶植政策、产业部类和项目政策。这一体系以产业立法为基础，以战略规划为统领，以宏观扶持和部类政策为支撑。

1. 整体性法规政策

整体性法规政策，主要体现在国家和有关政府部门出台的关于文化产业的法规和总体产业规划方面。

（1）法律规章。我国文化产业法规体系主要由全国人大立法的单行法律、国家部门行政性法规规章、地方性行政法规条例三部分构成。目前由全国人大制定并颁布的与文化产业相关的单行法律主要集中于四大领域：知识产权保护、文物文化遗产及档案保护、促进文化与科技融合以及规范文化市场。如《中华人民共和国著作权法》《中华人民共和国商标法》《中华人民共和国专利法》《中华人民共和国电影产业促进法》《中华人民共和国非物质文化遗产法》《中华人民共和国公共文化服务保障法》等。由国务院及其直属部门颁布的行政性法规规章几乎涵盖了我国文化产业所有部类。

（2）战略规划。文化产业发展同其他产业一样具有一定的周期性。国家适应产业发展的周期性规律，根据本国文化产业发展的阶段特点和预期目标制定不同时长的文化产业战略规划，一般有长期规划、短期规划、年度计划之分。新中国成立以来，我国形成了以五年为期限，制定阶段性的产业发展规划的传统。因此，我国在发展文化产业上亦沿用了这一做法。由于我国文化产业起步相对较晚，直到国家“十五”计划纲要制定时，“发展文化产业”才首次被列入国家经济与社会发展战略规划。党的十七大以后，我国开始制定关于文化产业发展的专项规划。到目前为止，我国先后制定了《国家“十一五”时期文化发展规划纲要》《国家“十二五”时期文化改革发展规划纲要》《国家“十三五”时期文化发展改革规划纲要》《文化产业振兴规划》《丝绸之路文化产业战略规划》以及《文化部“十二五”时期文化产业倍增计划》《文化部“十三五”时期文化产业发展规划》等国家层面的文化产业战略规划，这些战略规划在保持总体方向不变的情况下，提出了阶段性目标和配套政策措施，业已成为推动我国文化产业快速健康发展的重要政策。

2. 宏观性扶植政策

宏观性扶植政策，包括专项政策、综合政策和重点扶植产业政策。专项政策包括体制机制改革扶持类政策，主要是以深化文化体制改革总政策为主要内容，以推进国有文化院团改革、促进小微企业发展、培育市场主体等为重点的相关政策；综合政策主要是为促进文化产业整体发展而从各方面提出的配套政策；重点扶植产业政策主要是根据当时国家文化产业发展的需要，针对不同产业部类特点和重点发展的项目有针对性地制定的扶植政策。

（1）体制机制政策。主要包括《关于加强文化市场管理工作的通知》（正式提出文化市场的概念），《全面建设小康社会，开创中国特色社会主义事业新局面》（第一次将文化划分成文化事业和文化产业），《中共中央关于深化文化体制改革推动社会主义文化大发展大繁荣若干重大问题的决定》，中共中央办公厅、国务院办公厅发布的《关于推动国有文化企业把社会效益放在首位实现社会效益和经济效益相统一的指导意见》等。

（2）财政经济政策。为了解决文化产业由于轻资产、重创意而出现的授信难、融资难、保险难的问题，国家各部委先后出台了解决文化产业发展中投融资问题的文件。如《关于金融支持文化产业振兴和发展繁荣的指导意见》《文化部关于鼓励和引导民间资本进入文化领域的实施意见》《关于深入推进文化金融合作的意见》等政策文件，推动形成了多元化、多层次、多渠道的文化产业投融资和信贷险体系。再如《国务院关于推进文化创意和设计服务与相关产业融合发展的若干意见》，为科技创新和文化产业的融合拓展了更大空间。此外，地方政府如江苏、广东、浙江、山东、湖北等地均出台从资金、人才、税收、技术等多方面支持文化与科技融合的政策。

（3）国际贸易政策。在加强文化产品进口管理方面，我国出台了中宣部、文化部等六部门《关于加强文化产品进口管理的办法》等政策文件，对文化产品进口实行特许经营，对经营单位实行文化产品进口经营许可证制度。在金融支持文化出口方面，我国出台了《国务院关于加快发展对外文化贸易的意见》等政策文件。

（4）人才政策。国家层面的文化产业人才政策以党中央、国务院颁布的《国家中长期人才发展规划纲要（2010—2020年）》和文化部颁发的《全国文化系统人才发展规划（2010—2020年）》为主要支撑。《全国文化系统人才发展规划》以加强七支文化人才队伍建设和实施九大重大人才工程为主要抓手，为文化产业发展提供人力资源支持。各地方政府也在文化产业人才培养、引进、流动、利用等方面积极进行探索，出台了相关政策和规划。

3. 产业部类和项目政策

文化产业有诸多不同行业门类，每行每业都有自身的特殊性规律。因此，除了要制定总体性政策以外，还需要针对不同产业部类特点制定针对性的产业部类政策。近几年，我国根据实际情况，出台一系列不同门类的文化产业政策，一方面是鼓励和规范相关市场，另一方面是扶持相关产业的发展。为推进文化创意产业和设计服务与相关产业融合，国家出台了《关于推进文化创意和设计服务与相关产业融合发展的若干意见》；为促进动漫产业发展，2008年文化部下发了《关于扶持我国动漫产业发展的若干意见》；为更好地支持民营文艺表演团体发展，2009年文化部印发了《关于促进民营文艺表演团体发展的若干意见》。这些政策从增强创新动力、强化人才培养、财税政策支持等方面提出了保障和助推文化产业发展的具体意见和操作方案。此外，国家和地方根据一定时期文化产业发展的重点项目出台相关扶植政策。如国家和地方为支持文化产业园区和发展平台建设，出台了一系列专项资金、税收优惠、土地保障等方面的支持政策。

二、文化产业政策的主要作用

在文化产业发展过程中，文化产业政策对加强文化产业管理、促进文化产业发展具有十分重要的作用。

（一）通过鼓励政策推动文化产业快速发展

在市场经济条件下，产业政策实质上是一种供给管理政策，即通过制定有利于某一产业发展的一系列优惠政策，吸引其他产业的过剩资本流向需要发展的产业，推动产业发展。近些年，国家和地方政府出台了一系列鼓励政策，如提供优惠的倾斜性的财政、税收、金融政策，从而促使更多的增量资本流向文化产业，提高该产业的供给能力，加快该产业的增长速度。比如，政府对文化企业提供财政、税收方面的优惠政策，直接降低企业的经营成本，提高文化企业的经济效益，增强企业资本积累的能力；政府通过为文化产业发展提供良好的法律支持和其他各种服务，为文化产业的健康发展创造良好的外部环境。文化产业政策的制定本身就表明政府对文化产业发展的重视和支持。

（二）通过调控政策引导文化产业结构调整

产业实践表明，结构效益在现代经济增长中具有重要地位，当代经济的增长和效益的提高主要是靠结构的及时转换取得的。文化产业政策对文化产业结构的调整和优化作用主要体现在：通过法律、行政、经济的手段，使文化产业政策客体的利益发生改变，来调整文化产业结构的方向、目标、规划，使生产要素向预定的方向流动，实现资源配置合理化。从长远来看，通过文化产业政策的引导，使文化产业结构得到调整和优化，能防止文化产业发展出现泡沫现象，避免文化产业发展的大起大落，为文化产业的可持续发展奠定坚实的基础。

（三）通过限制政策规范文化产业市场秩序

产业政策的功能既体现在对产业发展的激励上，也表现为对产业发展的限制和规范。作为产业政策重要内容之一的产业组织政策在某种意义上是一种秩序政策，其政策目标主要是调整政府与产业、企业与市场之间的关系。我国文化产业处于发展初期，其市场结构呈现行政性垄断和过度竞争并存的特征。一方面，不合理的行政性垄断和地区垄断妨碍了文化产业的健康发展；另一方面，过度竞争、无序竞争的混乱秩序又成为制约文化产业进一步发展的痼疾。因此，打破行政性垄断，治理市场环境，规范市场秩序，防止过度竞争，形成良好市场环境，建立一个统一、开放、竞争、有序的文化市场，已成为当前我国文化产业政策的重要内容。

（四）通过激励政策提升文化产业国际竞争力

随着经济全球化趋势的不断加强，我国文化产业发展既要引进来，又要走出去，参与国际市场的竞争。由于我国文化产业还处于起步阶段，在资金、技术、管理水平、商业运作以及企业实力等方面与西方发达国家相差甚远，面对激烈的国际竞争，政府的扶持必不可少。如通过财政、税收、出口补贴等方面的扶持，缓解我国文化产业的资金瓶颈，降低企业经营成本，使文化产品和服务具有价格竞争优势；通过采取更加积极的产业组织政策，培育若干具有国际水平的文化跨国公司，优化产业组织结构，提高文化产业和企业的竞争实力；通过为企业提供各种服务，为文化企业走出去创造有利的条件①。

三、制定文化产业政策应遵循的基本原则

我国文化产业处于发展的初期，需要制定科学、合理的文化产业政策予以支持和引导。文化产业政策的制定既要遵循产业发展的一般规律，又要考虑文化产业自身的特殊情况；既要立足于本国经济与社会发展的客观实际，又要符合世界文化产业的发展趋势。

（一）重视文化市场机制调节

文化作为产业必须走向市场，文化产业政策必须通过市场机制来发挥作用。市场经济条件下，作为独立的利益主体，文化企业的决策主要取决于价格、供求、竞争、利率等市场因素。政府制定的文化产业政策必须符合市场经济的规律，重视市场调节的作用，这是文化产业政策成功的关键所在。就政策手段而言，应主要采取经济手段，通过价格、工资、税收、利率等经济杠杆来引导文化企业的经济活动，达到调节资源配置、促进文化企业生产的目的。即使在市场“失灵”的领域（如公共文化产品和服务方面），政府的主导作用也要建立在对市场规律充分尊重的基础之上。相反，排斥市场机制的文化产业政策必将产生负面效应。过多的政府干预会使文化企业不能根据市场情况进行自主决策，缺乏生产的积极性、主动性和创造性。过多的保护、扶持会导致企业对政府过分依赖，缺乏活力和竞争力，产业组织合理化进程缓慢，以及寻租等腐败行为出现，最终表现为资源配置的低效。

（二）遵循文化产业发展规律

文化产业发展既具有一般产业的共性规律，又具有自身发展的特殊规律。文化产业政策必须建立在对文化产业发展规律全面、准确认识的基础之上。

首先，遵循一般产业共性规律。制定文化产业政策，需要对城乡居民的需求结构、需求变动趋势做出细化、量化的分析与研究，以使政策的制定具有针对性；制定文化产业政策，需要解决好既鼓励竞争，又防止过度竞争的问题；制定文化产业政策，应有利于推动产业结构的合理化，符合产业周期不同阶段的特点和要求。对尚处于起步阶段的文化产业，应当制定一种倾斜性、扶持性的政策。

其次，遵循文化产业自身的特殊规律。文化产业政策应尊重文化产业精神生产、艺术生产的规律，尊重作家、艺术家、哲学社会科学工作者等作为文化生产主体的创造性劳动，提供能够让他们充分发挥创造力的宽松环境，使其享受充分的创作自由；要充分利用我国丰富的文化遗产，做到古为今用、推陈出新。正确对待外来文化，既要反对民族虚无主义，又要反对民族保守主义和排外主义。我们的方针是，一切民族、一切国家的长处都要学，政治、经济、科学、技术、文学、艺术的一切真正好的东西都要学。

---

① 杨吉华：《论文化产业政策在文化产业发展中的地位和作用》，载《池州师专学报》2007年第2期，第67～70页。

（三）符合我国社会发展实际

改革开放以来，我国国民经济高速向前发展，是世界经济增长速度最快的国家之一，但与发达国家相比，在人均占有量、居民收入与生活水平方面仍存在着较大的差距。我国文化产业的发展目标、发展战略既不能落后于经济社会发展水平，也不能超越我国经济与社会发展的现状。一方面，目前我国文化产品和服务的有效供给不足，处于短缺状态，文化消费潜力允许文化产业以比目前更快的速度发展。另一方面，我国经济与社会发展水平还较为落后，人均 GDP 占有量、居民收入水平较低，这种现实决定了我国文化产业的发展速度不可能太快。从长远来说，我国文化产业的发展需要赶超，文化产业政策因此也具有赶超型特征，但这种赶超应建立在客观可能的基础上，短时间内赶上西方发达国家的文化产业水平是不切实际的。

（四）适应我国不同产业特点

文化产业是一个综合性产业，包括各种行业，产品更是千差万别。文化产业内部结构的复杂性和文化产品属性的多样性要求政府在制定文化产业政策时，要考虑不同行业和产品的差别，坚持区别对待，分类指导，不搞一刀切。各项政策措施要体现出不同产业、不同行业、不同产品的特点，既要有总的政策要求，又要针对各行业的具体情况，制定符合各行业实际的行业性政策法规。对于通俗、娱乐、盈利的文化行业和流行艺术，可让其在必要的规章制度约束及文化市场监督和管理之下，按照市场经济的运行机制自我生存、自我发展；对于非营利性的严肃、高雅的文化艺术，需要采取必要的经济资助、重点扶持等倾斜政策，使它们获得应有的生存条件和竞争手段，使其在市场经济条件下能够生存发展；对于属于私人的非公共性质的文化产品，应完全由市场机制进行调节；对于意识形态性很强的行业和产品，党和政府的分管部门必须加强领导、严格把关；对于意识形态性不强或非意识形态性文化产业或产品，可以放开发展①。

第二节　中国文化产业政策的形成与发展

改革开放以来，我国的文化产业经历了曲折而复杂的发展阶段，我国文化产业政策从无到有，再到初成体系，并随着经济的持续发展和市场的完善发育在不断调整变化，经历了不同寻常的发展历程②。

一、萌芽酝酿阶段（1978—1991）

改革开放初期，我国部分文化事业逐渐显露出其经济属性和产业属性，但是文化

① 钱正武、杨吉华：《我国文化产业政策的制定及其实施》，载《安徽师范大学学报（人文社会科学版）》2007 年第 1 期，第 6～11 页。

② 杨吉华：《改革开放以来我国文化产业政策实践的回顾与反思》，载《上海行政学院学报》2006 年第 6 期，第 77～81 页。

事业单位仍然具有浓厚的计划经济色彩，此时文化政策的基本取向体现为加强计划和严格管理。随着经济体制改革的逐步深入，部分国有文化单位也开始进行一些文化经济活动，“双轨制”开始萌芽。但是在这一阶段，文化经济政策多以文化内部各个行业管理条例的形式出现，政策基调仍以管制为主。例如，为了加强对经营性文化单位的管理，国家相继出台了《关于艺术表演团体的改革意见》《关于改进舞会管理问题的通知》《广告管理条例》等政策文件，通过加强计划和管理对文化经济行为进行有序引导。

1985 年，国家统计局《关于建立第三产业统计的报告》中，将文化产业纳入第三产业的范畴，文化以“产业”的身份出现在国民经济和社会发展之中。经济建设的浪潮扩展到了文化制造业和文化服务业，文化企业开始蓬勃发展。1986 年，在党的十二届六中全会上通过的《中共中央关于社会主义精神文明建设指导方针的决议》中，党和政府力图从宏观管理层面调动各种力量促进文化事业发展。在此阶段，由于受计划经济的限制，文化产品无论在数量上还是在质量上，其发展的程度尚在初期，没有形成产业规模。1987 年，文化部、财政部、国家工商总局联合颁布《文化事业单位开展有偿服务和经营活动的暂行办法》，使部分文化事业单位的多种经营合法化。1988 年，文化部、国家工商局联合发布《关于加强文化市场管理工作的通知》，第一次以国家主管部门文件的形式提出“文化市场”概念，“文化市场”被纳入政府行政管理的范畴。同时，其对文化市场的范围、管理原则和任务等作了相应的界定。1990 年，中共中央颁布了《关于进一步繁荣文艺的若干意见》。1991 年，国务院转发的《文化部〈关于文化事业若干经济政策意见〉的报告》中，正式提出了“文化经济”的概念。

此外，从 20 世纪 80 年代中后期开始，国家分期分批减少对媒介的事业经费投入，实行“独立核算、自负盈亏、照章纳税、财政不予补贴”的政策，逐步结束了这些单位依靠财政供给的历史，对于广播、电视、报纸等领域中的非核心业务（主要是广告业务和发行业务）的市场化、产业化进程产生了深远的影响。1989 年国务院批准在文化部设置文化市场管理局，全国文化市场管理体系开始建立，文化市场的发展和地位得到承认。

这一阶段文化的经济属性和文化的市场地位受到重视，文化产业开始产生，文化产品供给质量有所提高，文化产业发展虽处于刚刚兴起的阶段，但其发展势头却不可阻挡，向纵深化发展已经成为一种必然。

二、发展引导阶段（1992—2001）

在建立社会主义市场经济体制的宏观背景下，我国文化产业进入了快速发展的阶段，文化政策导向呈现以引导和培育为主的特点。

从宏观发展政策来看，在这一阶段，政府主要出台了一系列推动文化体制改革的政策措施和较为系统的发展文化事业的经济政策。

1992 年，党的十四大报告中明确提出要“完善文化经济政策”；同年，“文化产业”这个概念第一次出现在国务院办公厅编著的《重大战略决策——加快发展第三产业》

中。1992年6月，中共中央、国务院发布的《关于加快发展第三产业的决定》中，正式提出要以产业化为方向，加快发展包括文化生产和服务在内的第三产业，这是中国政府首次对文化产业进行“产业”性质的认可。1999年，全国人大九届二次会议审议通过的《政府工作报告》和《关于1989年国民经济和社会发展计划执行情况与1999年国民经济和社会发展计划草案报告》明确提出“推动文化、体育、非义务教育和非基本医疗保健的产业化”，意味着文化产业化第一次被列入我国国民经济和社会发展的计划纲要之中。2000年10月，中共中央十五届五中全会通过的《中共中央关于制定国民经济和社会发展的第十个五年计划的建议》提出“完善文化产业政策”，更进一步地明确了文化产业的概念和文化产业政策的概念。

从2001年起，文化从市场驱动开始转向产业驱动，文化产业集群开始在外围层和衍生层出现。2001年3月，全国人大九届四次会议将文化产业和文化产业政策概念正式列入十一五规划纲要，并要求完善文化产业政策，加强文化市场建设和管理，推动有关文化产业的发展。2001年10月，文化部《文化产业发展第十个五年计划纲要》提出：“要调整财政投入结构和投入方式，在逐步增加财政对文化投入的基础上，安排一定数量的财政预算资金、文化事业建设费作为加快发展文化产业的引导资金，逐步建立起符合社会主义市场经济规律的文化产业投资机制。”文化产业政策概念的提出，标志着我国政府开始有意识地利用政策推动产业发展，具有十分重要的意义。文化产业在经济发展中的重要地位被确认，文化产业逐步走上了与文化事业共同发展的道路。

从具体经济政策看，这一时期政府主要在金融、投资、财税等领域制定了文化产业各行业发展的相关优惠政策。

1993年，文化部、国家体委联合出台了《关于来我国从事文艺演出及体育表演收入应严格依照税法规定征税的通知》《关于继续对宣传文化单位实施财税优惠政策的规定》。国家税务总局在1994年和1996年出台了《关于境外团体或个人在我国从事文艺及体育演出有关税收问题的通知》和《关于对电影发行单位的发行收入不征营业税的通知》，通过这些政策切实解决了文化单位的一些实际经济困难。

1996年，国务院出台了《关于进一步完善文化经济政策的若干规定》，为进一步完善文化经济政策、拓宽文化事业资金投入渠道、推动建立适应社会主义市场经济要求的筹资机制和多渠道投入机制发挥了重要作用。1997年，财政部、国家税务总局印发《文化事业建设费征收管理暂行办法》的通知；2000年，国务院发布《关于支持文化事业发展若干经济政策的通知》，规定加大财税支持力度，建立健全专项资金制度，落实和加强各项文化经济政策。2001年10月，文化部制定的《文化产业发展第十个五年计划纲要》提出：“金融机构在独立审贷的基础上，适当向文化产业倾斜，安排一定的政策性贷款用于发展基础性和与科技、信息产业相结合的新兴文化产业。”“逐步扩大文化产业直接融资比重，有条件的文化企业可以利用企业债券、股票等融资手段加速发展。”2001年12月，国务院办公厅转发的原国家计委《关于“十五”期间加快发展服务业若干政策措施的意见》强调：“银行要适当增加对服务业的信贷支持，在独立审贷基础上积极向符合贷款条件的服务业企业及其建设项目发放贷款。有关部门要加强与银行的沟通，积极向银行推荐有效益的服务业项目。”“鼓励符合条件的服务业企业进入资本市场融资，通过股票上市、企业债券、项目融资、资产重组、股权置换等方式筹措资金。创造条件，逐步解决某些服务行业用水、用气、用电价格不合理问题。”此阶段的文化政策对文化市场的建立和文化产业的发展起到了不可替代的积极作用。

特别值得注意的是，这一时期，在保持发达地区文化产业快速发展的同时，为实现民族地区文化资源的合理配置与开发，我国政府通过制定特殊优惠的文化产业政策，引导民族地区文化产业走向协调发展的轨道，从而推动地方经济协调发展。例如，2000年2月，文化部和国家民委联合下发的《关于进一步加强少数民族文化工作的意见》指出，在实施西部大开发中，各地要按照文件的要求，采取切实有效措施，加强西部民族地区的文化工作，推动西部民族地区的文化事业发展。2000年5月，文化部出台了《关于实施西部大开发战略加强西部文化建设的意见》强调：“根据西部文化建设的需要，增加与西部大开发相关的艺术科研、文化科技课题的立项，增加科研经费的投入，促进文化科技成果在西部地区的推广应用。”

这一阶段，文化产业政策开始成为国家重要战略的组成部分，文化产业管理机构初步建立。1998年国务院机构改革，大幅度削减机构人员编制，但文化部却增设了文化产业司，以研究拟定文化产业发展规划和相关政策、法规，扶持和促进文化产业的发展和建设为主要任务，协调文化产业运行中的重大问题。这标志着中国文化产业已进入政府致力推动的新时期，文化产业政策出台环境进一步明朗。

三、调整完善阶段（2002—2012）

2002年11月，党的十六大召开，会议作出了深化文化体制改革的战略部署，提出了文化事业和文化产业的“二分法”以及“发展文化产业是市场经济条件下繁荣社会主义文化、满足人民群众精神文化需求的重要途径”的重要观点，强调要完善文化政策，支持文化产业发展，这标志着文化产业政策已逐步成为我国的战略性政策。2005年，国务院出台《关于深化文化体制改革的意见》，对文化体制改革做出重大决策，从战略高度明确“加快文化产业发展是提升我国综合国力的迫切需要”。2006年出台的《国家“十一五”时期文化发展规划纲要》，是我国首部关于文化发展的中期规划。该规划明确要求加快发展文化产业，激发民族生命力，增强民族凝聚力，提高民族创造力，在国际竞争中占据制高点，掌握主动权。

2009年7月，我国第一部文化产业中长期规划——由国务院办公厅发布的《文化产业振兴规划》出台，文化产业作为新兴产业被正式纳入国务院的产业规划体系，这标志着中国文化产业的战略地位得到进一步提高，成为助推社会转型、促进国家经济结构调整的新动力，标志着文化产业发展已上升至国家战略层面。该规划对文化创意、文化传播渠道、文化资源整合、文化产业基地、骨干文化企业、新兴文化业态、对外文化贸易、主题公园、重大文化产业项目进行了体系化的规制。2009年9月，文化部出台《关于加快文化产业发展的指导意见》，结合金融危机的时代背景，第一次全面提出了发展文化产业的紧迫性，并提出了文化产业发展的重点行业、主要任务以及保障措施。2010 年 1 月 21 日，国务院办公厅发布的《关于促进电影产业繁荣发展的指导意见》中明确提出“加强特种电影的研发”。2010 年，文化部办公厅下达关于印发《国家级文化产业示范园区管理办法（试行）》的通知，文化部印发《关于加强文化产业园区基地管理、促进文化产业健康发展的通知》。

2011 年，党的十七届六中全会提出把我国建设成为社会主义文化强国的目标。中共中央发布《关于深化文化体制改革推动社会主义文化大发展大繁荣若干重大问题的决定》，强调构建结构合理、门类齐全、科技含量高、富有创意、竞争力强的现代文化产业体系，形成公有制为主体和多种所有制共同发展的文化产业格局，发挥文化和科技相互促进的作用，深入实施科技带动战略，增强自主创新能力，扩大文化消费等，提出社会主义市场经济条件下为满足人民多样化精神文化需求，推动文化产业大发展大繁荣的现实路径。

2012 年 2 月，文化部印发的《“十二五”时期文化产业倍增计划》指出：“文化产业是社会主义市场经济条件下满足人民多样化精神文化需求的重要途径，是促进社会主义文化大发展大繁荣的重要载体，是国民经济中具有先导性、战略性和支柱性的新兴朝阳产业，是推动中华文化走出去的主导力量，是推动经济结构战略性调整的重要支点和转变经济发展方式的重要着力点。”该倍增计划提出了加大政府投入、完善政策法规体系、深化文化体制改革、规范文化市场秩序、加强产业公共服务、加强组织实施六个方面的保障措施，旨在加强对文化产业发展的政策保障和体制机制保障，全面创造有利于文化产业跨越式发展的良好环境。2012 年 5 月，《文化部“十二五”时期文化改革发展规划》强调推动文化产业成为国民经济支柱性产业，具体规定推动文化产业重点领域发展、优化文化产业布局、建设文化产业基地与园区和特色产业群、健全文化市场体系等七大措施。2012 年 6 月 27 日，科技部、中宣部、财政部、文化部、广电总局、新闻出版总署发布关于印发《国家文化科技创新工程纲要》的通知，强调要加强文化创意设计与展示自主核心技术和装备研发，形成整体技术集成解决方案；研发文化主题公园关键技术及装备，形成系统集成解决方案，提升主题公园创意设计自主创新能力和文化旅游应用服务效果。

微观政策层面，我国文化产业政策随着体制改革进行调整完善，在微观层面不断细化文化产业发展政策，概括起来主要有培育市场主体、引领产业发展方向、重点扶持文化产业、放宽文化产业准入、鼓励新兴产业发展、鼓励文化出口六个方面。

2003 年 9 月，文化部《关于支持和促进文化产业发展的若干意见》在对文化产业的战略意义、发展现状进行评价的基础上，提出了文化产业发展的主要措施。该意见指出：“争取一定数量的政府投资，作为文化产业引导资金，对重点文化产业项目的开发与运营，特别是内容产业文化产品的生产给予资金补助和信贷贴息等支持。拓宽文化产业融资渠道，形成多渠道投入机制。加强与金融机构的联系与沟通，积极推荐有发展前景、有良好效益的文化产业项目，争取银行给予信贷支持。”

2003 年 12 月，国务院办公厅下发《关于印发文化体制改革试点中支持文化产业发展和经营性文化事业单位转制为企业的两个规定的通知》，对通过股份制改造实现投资主体多元化的文化企业，符合条件的可申请上市等投融资问题制定了四项具体政策。试点地区可安排文化产业发展专项资金，并制定相应使用和管理办法，采取贴息、补助等方式，支持文化产业发展。文件包含了财政税收、投融资、资产管理及处置、工商管理、价格、收入分配、社会保障、人员分流安置和法人登记等方面的政策性的规定，这是推动文化产业发展的重要配套政策。此后，财政部、海关总署、国家税务总局等中央部门和各地方政府响应该通知精神，出台了更为详细的财政税收优惠政策。2004 年 10 月，文化部还出台了《关于鼓励、支持和引导非公有制经济发展文化产业的意见》。

2005 年 2 月，国务院下发了《关于鼓励、支持和引导个体私营等非公有制经济发展的若干意见》，为非公有制资本进入文化产业提供了政策依据，在加大信贷支持力度、拓宽直接融资渠道、鼓励金融服务创新、建立健全信用担保系统四个方面加大对非公有制经济的财税金融支持。同时期，国家出台了文化产品和服务进出口的政策，制定了支持文化单位体制改革的相关政策，为文化单位改制提供了政策支持；明确加大对非公有制经济的财税支持力度，要求扩大国家促进中小企业发展的专项资金，省和有条件的市、县设立财政专项资金。同年，财政部、海关总署、国家税务总局下发《关于文化体制改革中经营性文化事业单位转制为企业的若干税收政策问题的通知》和《关于在文化体制改革试点中支持文化产业发展若干税收政策问题的通知》，出台了具体的税收减免优惠政策。

2006 年 6 月，国务院办公厅转发《财政部中宣部关于进一步支持文化事业发展若干经济政策的通知》；2006 年 12 月，财政部、国家税务总局印发《关于宣传文化增值税和营业税优惠政策的通知》；2007 年 1 月，财政部、国家税务总局印发《关于广播电视村村通税收政策的通知》；2007 年 2 月，财政部、国家税务总局印发《关于宣传文化所得税优惠政策的通知》；2008 年，中宣部会同中央编办、发改委等 11 个部门，对 2003 年的文件进行修订、补充和完善，正式发布了《文化体制改革中经营性文化事业单位转制为企业的规定》和《文化体制改革中支持文化企业发展的规定》，成为指导文化体制改革、促进文化产业全面发展的根本性文件；2009 年 3 月，财政部、海关总署、国家税务总局印发《关于支持文化企业发展若干税收政策问题的通知》；2009 年 4 月，商务部、文化部、广电总局、新闻出版总署出台《进出口银行关于金融支持文化出口的指导意见》，财政部、国家税务总局出台《关于扶持动漫产业发展有关税收政策问题的通知》。

2009 年 9 月，《文化产业振兴规划》指出，鼓励银行业金融机构加大对文化企业的金融支持力度。积极倡导鼓励担保和再担保机构大力开发支持文化产业发展、文化企业走出去的贷款担保业务品种。支持有条件的文化企业进入主板、创业板上市融资，鼓励已上市的文化企业通过公开增发、定向增发等再融资方式进行并购和重组，迅速做大做强。支持符合条件的文化企业发行企业债券。2010 年 4 月，中宣部、中国人民银行、财政部等九部委联合制定的《关于金融支持文化产业振兴和发展繁荣的指导意见》，强调加大金融业支持文化产业的力度，推动文化产业与金融业的对接，“各金融部门要把积极推动文化产业发展作为一项重要战略任务，作为拓展业务范围、培育新的盈利增长点的重要努力方向，大力创新和开发适合文化企业特点的信贷产品，努力改善和提升金融服务水平，促进我国文化产业实现又好又快发展”。2011 年和 2012 年，《国务院关于印发进一步鼓励软件产业和集成电路产业发展若干政策的通知》，财政部、国家税务总局《关于软件产品增值税政策的通知》，财政部、国家税务总局《关于进一步鼓励软件产业和集成电路产业发展企业所得税政策的通知》，财政部、国家税务总局《关于出口货物劳务增值税和消费税政策的通知》，文化部《关于鼓励和引导民间资本进入文化领域的实施意见》相继发布。

2012 年 4 月，为进一步规范和加强文化产业发展专项资金管理，提高资金使用效益，结合近几年文化产业发展的实际情况，财政部对原专项资金管理暂行办法进行了修订，印发了重新修订后的《文化产业发展专项资金管理暂行办法》。

从宏观政策层面看，文化事业和文化产业“二分法”的提出，使文化产业被提上国家重大战略议程，进一步强化了文化产业政策推动文化产业发展的重要性，这标志着我国文化产业发展步入新阶段。文化经济政策是文化宏观管理的重要手段，这些政策的出台与实施，对文化产业起到重要的扶持、激励、引导和调控作用，为文化产业的发展奠定了坚实的基础。

四、高质量发展阶段（2012 年至今）

（一）文化产业发展宏观政策

2012 年 11 月，党的十八大之后，以习近平同志为核心的党中央，明确了中国特色社会主义事业“五位一体”总体布局，阐明了文化建设在推进中国特色社会主义事业发展中的重要地位和作用，提出要坚持中国特色社会主义文化发展道路，激发全民族文化创新创造活力，建设社会主义文化强国，推动文化产业高质量发展。

2015 年 9 月，中共中央办公厅、国务院办公厅发布《关于推动国有文化企业把社会效益放在首位、实现社会效益和经济效益相统一的指导意见》，指明了文化产业发展方向。2015 年 10 月，中国共产党第十八届中央委员会第五次全体会议审议通过了《中共中央关于制定国民经济和社会发展第十三个五年规划的建议》；2016 年 12 月，国务院印发《“十三五”国家战略性新兴产业发展规划》指出，数字技术与文化创意、设计服务深度融合，数字创意产业逐渐成为促进优质产品和服务有效供给的智力密集型产业，创意经济作为一种新的发展模式正在兴起。2016 年 12 月，文化部印发的《“一带一路”文化发展行动计划（2016—2020 年）》，以文化旅游、演艺娱乐、工艺美术、创意设计、数字文化为重点领域，支持“一带一路”沿线地区根据地域特色和民族特点实施特色文化产业项目。2017 年 1 月 24 日，中共中央办公厅、国务院办公厅印发《关于实施中华优秀传统文化传承发展工程的意见》，强调实施中华优秀传统文化传承发展工程的重要意义，要求做到深入阐发文化精髓、贯穿国民教育始终、保护传承文化遗产、滋养文艺创作、融入生产生活、加大宣传教育力度、推动中外文化交流互鉴，形成人人传承发展中华优秀传统文化的生动局面。该意见还提出加强“一带一路”沿线国家文化交流合作，鼓励发展对外文化贸易，让更多体现中华文化特色、具有较强竞争力的文化产品走向国际市场。

2017 年 4 月，文化部发布的《“十三五”时期文化产业发展规划》以文化创意、科技创新为引领，提升文化内容原创能力，推动文化产业产品、技术、业态、模式、管理创新，推动文化产业与“大众创业、万众创新”紧密结合，充分激发全社会的文化创造活力。2017 年 5 月 7 日，中共中央办公厅、国务院办公厅印发的《国家“十三五”时期文化发展改革规划纲要》指出，“十三五”时期是全面建成小康社会决胜阶段，也是促进文化繁荣发展关键时期。“十三五”期间，要大力促进、繁荣文化产品创作生产，加快现代公共文化服务体系建设，完善现代文化市场体系和现代文化产业体系，传承弘扬中华优秀传统文化，提高文化开放水平，推进文化体制改革创新，加强文化人才队伍建设，完善和落实文化经济政策。

这一阶段，我国还出台了一系列促进具体行业和产业发展的法规和政策。如为了促进电影产业健康繁荣发展，弘扬社会主义核心价值观，规范电影市场秩序，丰富人民群众精神文化生活，2016 年 11 月 7 日，我国颁发了《中华人民共和国电影产业促进法》，对电影创作、摄制，电影发行、放映，电影产业支持、保障，法律责任等方面进行了进一步规范。

（二）具体文化产业发展政策

其一，推动特色文化产业发展的政策。2014 年 2 月 26 日，国务院发布《关于推进文化创意和设计服务与相关产业融合发展的若干意见》，要求以打造品牌、提高质量为重点，推动生活日用品、家居用品等消费品工业向创新创造转变，增加多样化供给，引导消费升级。支持消费类产品提升新产品设计和研发能力，加强传统文化与现代时尚的融合，创新管理经营模式，以创意和设计引领商贸流通业创新，增加消费品的文化内涵和附加值，健全品牌价值体系，形成一批综合实力强的自主品牌，提高整体效益和国际竞争力。同年 3 月 20 日，文化部印发《关于贯彻落实〈国务院关于推进文化创意和设计服务与相关产业融合发展的若干意见〉的实施意见》，强调坚持注重创意创新、淡化行业界限，强调交互融合的大设计理念，不断提高创意设计能力，充分发挥创意设计对实体经济相关领域的促进作用。

2014 年 8 月 8 日，文化部、财政部发布《关于推动特色文化产业发展的指导意见》，提出以“传承文化，科学发展；因地制宜，突出特色；创意引领，跨界融合；市场运作，政府扶持”为基本原则推动特色文化产业发展，确定了发展重点领域、发展区域特色文化产业带、建设特色文化产业示范区、打造特色文化城镇和乡村等主要任务，明确了加大财税金融扶持、强化人才支撑、建立重点项目库、支持拓展境外市场等六项保障措施。2015 年 12 月，国家新闻出版广电总局印发了《关于大力推进我国音乐产业发展的若干意见》；2016 年 5 月，文化部、国家发展改革委、财政部、国家文物局印发了《关于推动文化文物单位文化创意产品开发的若干意见》。

其二，推动传统文化产业转型和新兴文化产业发展的政策。2013 年 7 月 5 日，国家新闻出版广电总局电影局发布《推动国产动画电影发展的 9 条措施》，在基金扶持、宣传推介、档期协调、咨询服务、奖项参评、人才培养、海外推广等多方面为国产动画电影营造了一个更好的创作环境，推进国产动画电影的品牌建设。2014 年 5 月，财政部、国家发展改革委、国土资源部、住房和城乡建设部、中国人民银行、国家税务总局、国家新闻出版广电总局联合印发《关于支持电影发展若干经济政策的通知》，明确加强电影事业发展专项资金的管理，加大电影精品专项资金支持力度，通过文化产业发展专项资金重点支持电影产业发展，对电影产业实行税收优惠、金融支持政策。

2014 年，国家新闻出版广电总局、财政部出台《关于推动新闻出版业数字化转型升级的指导意见》；2015 年，国务院印发《关于促进云计算创新发展培育信息产业新业态的意见》；2016 年，国务院发布关于印发《“十三五”国家战略性新兴产业发展规划的通知》；2015 年 3 月，国家新闻出版广电总局、财政部发布《关于推动传统出版和新兴出版融合发展的指导意见》；2017 年，文化部发布了《关于推动数字文化产业创新发展的指导意见》等，深入推进文化领域供给侧结构性改革，培育文化产业发展新动能，推动数字文化产业创新发展。

2016 年 3 月 8 日，国家依据《关于对优秀国产影片进行奖励的通知》对社会效益与经济效益相统一、制作技术和艺术创新的优秀国产影片继续给予奖励；2018 年 12 月 11 日，国家电影局印发《关于加快电影院建设促进电影市场繁荣发展的意见》。

其三，支持文化产业发展的经济政策。为继续推进国有经营性文化事业单位转企改制，促进文化企业发展，2014 年 4 月 2 日，《国务院办公厅关于印发文化体制改革中经营性文化事业单位转制为企业和进一步支持文化企业发展两个规定的通知》（国办发〔2014〕15 号），进一步对国有文化资产的财政税收、投资融资、资产管理、土地处置、收入分配、社会保障、人员安置、工商管理等多方面进行政策支持。2018 年 12 月 18 日，《国务院办公厅关于印发文化体制改革中经营性文化事业单位转制为企业和进一步支持文化企业发展两个规定的通知》（国办发〔2018〕124 号），深化文化体制改革，继续推进国有经营性文化事业单位转企改制。2019 年2 月 16 日，财政部、国家税务总局、中央宣传部发布《关于继续实施文化体制改革中经营性文化事业单位转制为企业若干税收政策的通知》（财税〔2019〕16 号）。

2014 年 4 月，国务院印发《进一步支持文化企业发展的规定》，要求中央、地方财政安排专项资金支持文化企业发展；落实和完善有利于文化内容创意生产、非物质文化遗产项目经营的税收优惠政策；对国家重点鼓励的文化产品出口实行增值税零税率；鼓励文化企业上市，多渠道融资。

2014 年 3 月，文化部、中国人民银行、财政部发布《关于深入推进文化金融合作的意见》；2014 年 4 月，文化部修订印发《国家文化产业示范基地管理办法》；2014 年 7 月，文化部、工业和信息化部、财政部发布《关于大力支持小微文化企业发展的实施意见》；2016 年 4 月，中国资产评估协会印发《文化企业无形资产评估指导意见》；2016 年 4 月，文化部、财政部发布《关于开展引导城乡居民扩大文化消费试点工作的通知》；2016 年 6 月，国家新闻出版广电总局、财政部共同印发了新修订的《国家出版基金资助项目管理办法》；2018 年 3 月，国家发展改革委、国土资源部、环境保护部、住房和城乡建设部、国家旅游局联合发布《关于规范主题公园建设发展的指导意见》。

2011 年，财政部、海关总署、国家税务总局印发《动漫企业进口动漫开发生产用品免征进口税收的暂行规定》。2013 年，财政部、国家税务总局发布《关于对部分营业税纳税人免征文化事业建设费的通知》；财政部、国家税务总局发布《关于暂免征收部分小微企业增值税和营业税的通知》；财政部、国家税务总局发布《关于延续宣传文化增值税和营业税优惠政策的通知》；财政部、国家税务总局发布《关于动漫产业增值税和营业税政策的通知》；财政部、国家税务总局发布《关于将铁路运输和邮政业纳入营业税改征增值税试点的通知》。

2014 年，国家税务总局重新发布《营业税改征增值税跨境应税服务增值税免税管理办法（试行）》；财政部、国家税务总局发布《关于小型微利企业所得税优惠政策有关问题的通知》；财政部、国家税务总局发布《关于进一步支持小微企业增值税和营业税政策的通知》；财政部、国家税务总局、中央宣传部发布《关于继续实施文化体制改革中经营性文化事业单位转制为企业若干税收政策的通知》；财政部、海关总署、国家税务总局发布《关于继续实施支持文化企业发展若干税收政策的通知》；财政部、国家税务总局发布《关于支持文化服务出口等营业税政策的通知》。

2016 年，财政部、海关总署、国家税务总局印发《关于动漫企业进口动漫开发生产用品税收政策的通知》，明确了执行动漫企业进口动漫开发生产用品免征优惠政策时涉及的有关问题。2018 年，财政部、国家税务总局发布《关于延续动漫产业增值税政策的通知》，继续实施动漫产业增值税政策，对动漫企业增值税一般纳税人自主开发的动漫软件实行出口免增值税、征即退等政策。

其四，加快发展文化贸易的政策。2014 年，国务院印发《关于加快发展对外文化贸易的意见》，要求加快发展传统文化产业和新兴文化产业，扩大文化产品和服务出口，对外文化贸易额在对外贸易总额中的比重大幅提高，我国文化产品和服务在国际市场的份额进一步扩大，我国文化整体实力和竞争力显著提升。2015 年，国务院发布《国务院关于加快发展服务贸易的若干意见》和《国务院关于加快实施自由贸易区战略的若干意见》，要求加快发展对外文化贸易，创新对外文化贸易方式，推出更多体现中华优秀文化、展示当代中国形象、面向国际市场的文化产品和服务。讲好中国故事、传播好中国声音、阐释好中国特色，更好地推动中华文化走出去。

近几年，在加快经济发展方式转变和提升经济发展形态的背景下，国家有关促进文化产业发展的重磅政策连续出台，这些政策各有侧重，有深化文化体制改革的，有推进相关产业融合的，有加快与科技融合的，有促进文化金融合作的，有扶持小微文化企业的，有推进特色文化产业的，有税收优惠的，有对外文化贸易的，还有知识产权保护的……层级之高、范围之广、数量之多、力度之大，前所未有。各级政府部门也根据各地客观情况积极制定若干支持文化产业发展的政策，鼓励和推动文化产业的发展，营造出一种保护创意产业发展的良好环境。这些政策措施为国家大力发展文化产业战略提供了重要支撑，有力地促进了文化产业的大发展。

第三节　中国文化产业政策的特征

为加快我国文化产业发展步伐，党中央、国务院及相关部门出台了一系列宏观和微观的扶持文化产业发展的政策及管理办法，初步形成了与推进文化产业成为国民经济支柱性产业的发展战略相配套的文化产业发展政策体系，文化产业政策在管方向、促发展，调结构、提质量，增效能、激活力等方面能起到重要的作用。纵观我国文化产业政策发展变化历程，可以看出我国文化产业政策的制定体现了如下特点：

一、强调政策的导向性

我国文化产业政策导向性鲜明，不仅重视文化产业的经济价值，而且极为重视文化产业的社会价值，并把文化社会效益放在首位，突出文化产业的政治导向和文化引领功能。

（一）政治方向

随着对文化产业理解的深入，人们越来越认识到文化产业的双重属性和双重作用，它不仅是经济基础的有机组成部分，而且具有很强的社会功能，其意识形态功能对上层建筑和社会发展产生重要作用；它不仅由经济基础决定，而且反作用于经济基础，对经济基础起促进或阻碍作用。因此，我国文化产业政策必须符合党和国家政治发展的方向。文化产业的发展要承担起相应的社会责任，促进世界观、人生观、价值观与经济社会的发展相统一，确保国家文化安全，必须以科学合理的文化产业政策进行引导与规范。如 2015 年 9 月，中共中央办公厅、国务院办公厅发布《关于推动国有文化企业把社会效益放在首位、实现社会效益和经济效益相统一的指导意见》，强调文化产业的社会价值的重要性，强调文化企业提供精神产品、传播思想信息、担负文化传承使命，必须始终坚持把社会效益放在首位、实现社会效益和经济效益相统一。

（二）产业方向

文化产业是文化作为产业经济形态的存在物，它在文化消费的过程中积累和增长经济财富，使得人们对文化的认识更符合文化发展的客观规律。我国在制定文化产业阶段性政策时，力图通过政策调控产业发展方向，促进产业发展。对那些在我国社会主义精神文明建设中发挥重要作用的，符合广大人民群众根本利益的，有利于提高人民文化素质，满足群众文化需求的先进文化产业，予以大力支持。对那些不利于社会主义精神文明建设，明显不适合我国国情，不是广大人民群众所能消费的一些高档娱乐场所和活动，运用财税杠杆进行有效的限制和压缩。通过深化文化体制改革推动文化资源向优势企业适度集中，形成以国有资本为主体，民营和其他社会资本共同参与的文化产业体系，坚定业界创业创新的信心，激发社会领域的投资活力。如“十三五”文化产业规划中，根据数字科技发展的形势，国家提出了大力支持数字产业发展的战略和具体政策。通过鼓励数字文化创意产业发展政策，激发“文化 +”潜能，促进产业新业态的形成，有效促进了文化与科技的深度融合。

二、重视党的领导和政府的主导

中国文化企业管理实行的是党委领导和政府管理有机结合，党委领导与法人治理相结合，内部激励和约束相结合，体现文化企业特点、符合现代企业制度要求的资产组织形式和经营管理模式。

（一）党的领导

中共中央办公厅、国务院办公厅印发的《关于推动国有文化企业把社会效益放在首位、实现社会效益和经济效益相统一的指导意见》明确指出："建立党委和政府监管国有文化资产的管理机构。按照依法规范的要求，探索建立党委和政府监管有机结合、宣传部门有效主导的管理模式，推动实现管人管事管资产管导向相统一。"各级党委宣传部门在执行党管意识形态的同时，承担起了国有文化资产的管理责任。

（二）政府主导

文化产业作为一种经济行为，其发展要与一定时期的国家经济和社会发展规划相适应，与国家的宏观经济政策相适应，与国家对文化在国民经济和社会发展中的定位相一致。由于文化的特殊功能和管理体制，我国文化产业发展具有十分明显的政府主导性。中国的社会环境和社会性质与西方国家不同，文化产业的发展路径也与其有很大差距，这使得我国文化产业政策从一开始就需要借助于政府这个"强有力的手"进行制定和推行。纵观我国目前所颁布的文化产业相关政策，无论是政策的提出还是政策目标的设计，都是在政府主管部门的直接主导下进行的。

三、重视政策的系统性和完整性

文化产业属性构成的复杂性和多重性，决定了文化产业政策是一个包含多层次、多方面内容的完整体系。在我国文化产业政策体系中，产业导向政策包括培育新型产业政策、扶植战略产业政策和调整产业结构政策等，文化产业战略和空间布局政策包括各阶段的文化产业规划和各区域文化产业发展的规划，文化经济政策包括文化产业的投入政策、融资政策、税收政策、土地政策等。

（一）中央与地方的关系

我国文化产业政策，反映在中央与地方的关系上，体现为中央统一领导下的分级分层管理，鼓励地方发挥主动性，探求地方政策改革。由于产业和产业之间存在着各种投入—产出关系，各种不同的文化产业主体之间也有各不相同的政策，甚至在同一个行业里，不同的市场主体还可能享受不同的产业政策。因此，各地在中央统一政策的大框架下，结合本地实际制定了一些内容更实际、更具体，也更有针对性和操作性的政策。特别是自《文化产业振兴规划》颁布以来，我国大多数省份都根据本省实际，确立了本地区的文化产业发展规划。如《上海市文化创意产业发展"十二五"规划》《浙江省文化产业发展规划（2010—2015）》《湖北省文化产业发展战略规划（2014—2025）》以及相配套的文化产业发展政策等。

（二）整体与行业的关系

我国大部分文化产业政策都是以行业法规形式出现的，具有行业特点，反映了行业发展规律和要求，比如《中华人民共和国广告法》《中华人民共和国电影产业促进法》《中华人民共和国知识产权保护法》《中华人民共和国著作权法》等。但有一部分不是针对某个行业，而是针对文化产业所有行业的总体性政策，如《国务院关于非公有制资本进入文化产业的若干决定》《关于文化领域引进外资的若干意见》《财政部、海关总署、国家税务总局关于文化体制改革中经营性文化事业单位转制为企业的若干税收政策问题的通知》《财政部、海关总署、国家税务总局关于文化体制改革试点中支持文化产业发展若干税收政策问题的通知》《国家“十一五”时期文化发展规划纲要》等。各文化产业的政策具有关联性，它们之间是一个科学有效、相互协调的文化产业政策体系。

经过多年的努力，我国初步形成了涵盖文化产业体制机制、财政金融、人才培养、国际贸易和产业融合等方面的政策体系，基本构建了一条中央和地方配合、党政合力支持、多部门协调的政策联通网。

四、注重文化产业的整体平衡

由于我国地域广阔，各地自然条件、人文环境、经济状况、资源禀赋不同，因而整体发展水平极不平衡，而且无论是在区域上还是在行业和层级上，差异性都在持续扩大。因此，联合国教科文组织在《理解创意产业》中特别提及中国，认为我国地域广阔，文化多样，适合“因城制宜”地采取措施，同时国家政策予以支持，这或许是更为有效地推动创意产业发展的方式。我国在制定文化产业政策时十分注意区域间的协调发展。2006 年 9 月，中共中央办公厅、国务院办公厅制定的《国家“十一五”时期文化发展规划纲要》指出：“促进区域文化产业协调发展。充分发挥产业带、产业园区和产业基地的带动与辐射作用。鼓励东部地区率先发展，中部地区加快文化产业崛起，西部地区结合地方特色和资源优势，着力增强文化产业自我发展能力，努力形成东中西优势互补、良性互动的区域文化产业协调发展新格局。”国家在保持发达地区文化产业快速发展的同时，加大了扶持中西部地区，特别是农村、少数民族地区文化产业发展的力度，促进文化资源配置向农村、中西部地区和少数民族地区倾斜。如 2000 年5 月，文化部发布的《关于实施西部大开发战略，加强西部文化建设的意见》中指出：“西部地区不仅有着丰富的自然资源优势，而且还有独特的文化资源优势。开发西部要充分涵养这些资源，加强对这些资源的保护、开发和利用，努力把文化资源优势变成文化发展的优势和经济发展的重要增长点。”并强调：“根据西部文化建设的需要，增加与西部大开发相关的艺术科研、文化科技课题的立项，增加科研经费的投入，促进文化科技成果在西部地区的推广应用。”我国政府出台的一系列优惠政策和措施，加快了各地区、各民族文化产业的发展，尤其是对西部省份和贫困地区的文化事业和文化产业发展起到了积极促进作用。

五、注重文化产业政策的整体性和协调性

在文化与经济整体转型的过程中，文化产业政策与我国的整体经济政策具有配套协调性，是随着我国经济目标、文化体制改革的发展而不断调整完善的。在文化产业刚刚兴起时，我国主要的文化生产来自政府的文化事业单位，由政府全部出资。这时的文化经济政策主要是以管制为主。在市场经济发展初期，文化产业慢慢地发展成为相对简单的中介机构、个人组织的文化生产和服务，如营业性舞厅、茶室、演唱会等，这时的文化产业政策开始积极鼓励非公资本进入文化市场，并且对文化产业发展项目及方向进行引导。随着经济体制改革的深入和生产技术的快速发展与应用，各种复杂的、专业化和组织化程度更高的公司制组织的文化生产应运而生，如网络公司、影视公司等，文化产业政策和相关法律法规政策不断完善。比如，在"互联网＋"持续带动文化产业不断向"文化＋"的方向拓展的新形势下，2017 年数字文化产业政策的出台，为互联网时代的文化产业发展提供了一条全新路径。再如，在国际化竞争趋势越来越明显、竞争越来越激烈的背景下，我国通过"一带一路"盘活困局，文化部出台的《"一带一路"文化发展行动计划（2016—2020 年）》等政策，着力推动我国文化产业走出去。

从近期来说，在文化产业政策制定、推广和实施过程中，要协调文化产业总体政策与行业政策之间，以及行业政策与行业政策之间的关系，保持产业政策的统一性、协调性。从长远来说，我国文化产业政策的制定必须与我国文化发展的进程保持历史连续性和极强适应性，并根据文化产业发展的不同阶段来制定政策目标、选择政策工具，确定不同的发展重点。

第四节 中国文化产业政策存在的问题

文化产业发展既关系到我国经济增长和结构调整，又关系到国家文化软实力的建设。从国家硬实力来看，文化产业是新的经济增长点；从国家软实力来看，文化产业发展事关中国文化在世界的话语权和影响力。目前，我国已出台的文化产业政策对文化产业的发展以及对整个国民经济结构的调整都带来了深远影响，但随着改革进程的不断深入和文化产业的蓬勃发展，我国文化产业政策体系不健全不完善的问题逐渐暴露，影响和束缚了文化产业的进一步发展。主要问题表现在以下方面：

一、文化产业管理体制存在问题

从国家宏观治理体制来看，传统的文化事业单位实行的是政府办文化和管文化合一的体制，随着文化产业的发展和文化体制改革的深入，我国政府开始实现从办文化向管文化转变，但由于相应的改革配套措施未能同步到位，实际上并没有完全达到预期的效果。近年来，为了加强文化产业社会导向的管理，我国国有文化企业的管理转到党委宣传部门。党委宣传部门在执行党管意识形态的同时，也承担起国有文化企业

管理的各方面的责任——管人、管事、管资产和管方向相统一。实际上这种文化产业管理体制与真正实现管办分离、把企业作为市场竞争主体还有一定的距离。

从企业管理模式来看，由于我国现有的国有文化企业大多数是由国家事业单位转制而成，因此基本上实行事业单位企业集团化管理的模式，这种管理模式的集团形式（政府行为）大于内容（市场配置），强化资源的高度垄断，形成了集团内的高度集权。一些企业利用其特殊的社会公益性质和意识形态功能，利用与行政机构的传统联系，在资源整合改革的名义下，垄断资源，操纵市场，牟取暴利。文化集团没有发挥出期望中的改革效应，实现规模经营和边际效应增长加速。原有体制下的市场主体仍然处于各自为政的状态，文化产业的体制性障碍和结构性矛盾并没有在产业化、集团化过程中得到有效解决。

二、文化产业没有出台专门的法律文件

经过多年的努力，我国已初步形成从国家到地方并涉及各个领域的文化产业法规保护体系，文化产业已被纳入法治化的轨道。尽管如此，无论是与西方文化强国的文化立法进程相比，还是与我国文化产业自身的实践需要相比，我国的文化产业立法都显得滞后。另外，这种滞后还反映在文化产业行政立法的系统性和协调性不强，文化产业的中央立法与地方立法协调性不强，文化产业法律法规与国际接轨不足等方面。具体表现为：目前，中国的大部分文化产业政策文本还停留在规范性文件的层面上，上升到行政法规和部门规章层面的政策比较少，除《中华人民共和国著作权法》《中华人民共和国专利法》《中华人民共和国广告法》等少数几部法律外，其他上升到法律层面的行业政策几乎没有。我国文化产业迫切需要制定一部权威的文化产业促进法来引领文化产业的发展。反观其他高度重视文化产业发展的国家，如韩国出台了《文化产业促进法》和《文化产业振兴基本法》，日本则发布了《文化艺术振兴基本法》等。

三、文化产业政策体系的系统性、协调性不足

我国文化产业政策的系统性和协调性不足问题，突出反映在历时态文化产业政策存在非连续性，共时态文化产业政策出现离合现象，上位政策与下位政策不相一致。比如，我国已有文化产业政策中有一部分是为了解决当时某一行业某一时期的特殊问题而临时制定的，由于没有考虑到政策的长远影响，导致在后来发展的过程中相关政策目标改变频繁、内容变化过快，影响政策功能的发挥。再比如，一个文化产业门类涉及多个管理部门，相关部门只能根据其职能管辖范围出台政策，带有明显的部门倾向，人为割裂产业链条，对产业整体发展把握不足。有些部类政策与其他部类政策之间也处于一种离合的状态，不仅没有实现政策之间互补的初始目标，反而有时会产生政策之间“打架”的现象，从而影响文化产业政策的成效。

现有的文化产业政策，在政策内容上，存在重国有企业轻民营企业的现象，如将文件的适用范围限制于文化体制改革试点地区，将政策服务对象限定于转企改制的文

化企业，排斥民营企业适用优惠政策。国有企业凭借自身优势超越民营企业获得扶持政策的大量支持。在政策适用标准上，由于门槛高，获得扶持的多为大型国企，很多具有发展潜力的成长型企业和中小微企业难以进入扶持范围。扶持方式单一，直接奖励的政策虽然多，但要求高，很难获得，而引导性、鼓励性的扶持政策，由于操作性不强，落实成效往往不佳。如何有效推动政策的系统性、协调性和落实落地值得深入研究。

四、文化产业政策体系的市场性不强，与国际接轨力度不够

中国文化产业政策体系具有浓郁的管制性特征和计划色彩，其中多数属于选择性产业政策。表现出对特定重点产业的扶持，以及对产业内特定企业、特定技术、特定产品的选择性扶持与人为调控。这种选择性产业政策在中国文化产业发展的第一阶段即初级阶段发挥了重要的积极作用，在一定程度上实现了中国文化产业的“后发赶超”。但随着中国文化产业逐渐迈入成熟发展阶段，其弊端日益显现出来：投资审批、核准政策及市场准入等干预微观经济的产业政策扭曲了市场竞争机制，降低了整个产业经济的活力；片面强调产业集中度、产业规模，导致企业脱离自身需求和能力片面寻求扩大规模，并导致大量低效率的兼并重组；发展战略性新兴产业政策实施中，过于注重补贴生产企业，导致部分新兴产业过度投资，并频繁遭遇国外反补贴调查和制裁等。

中国文化产业的战略定位为“综合国力的重要标志”，中国文化产业的各项政策是先从文化事业的市场化转变入手，将文化事业逐步推向市场。2000 年中国正式提出发展文化产业后，也制定了许多与文化市场相适应的文化产业发展政策，特别是加入 WTO 后，针对 WTO 的操作规程，改善了一些计划经济体制下文化事业与 WTO 贸易条款相出入的规定，试图实现文化政策与国际接轨。这些政策改革与实施对于文化事业的市场化转变以及文化市场的国际化起到了很大的作用，但是，与其他政策的国际化程度相比，文化产业政策仍然比较落后。

五、部分文化产业政策存在偏差

一是部分文化产业政策中的公众利益诉求缺失。党和政府是文化产业政策制定的领导者，相关主管部门及其所属研究机构是文化产业政策设计和制定的主要力量，人民群众、文化中介机构、企业等直接或间接参与文化产业政策制定的机会并不多，机制也不畅通，这使得在部分文化产业政策制定过程中，公众利益诉求得不到应有的反映。

二是部分文化产业政策对文化产业的双重属性认识不足，社会效益体现不够。比如，个别出版企业为追求经济效益，热衷于炒作一些低俗的娱乐文化，传播一些野史和名人隐私，甚至出版具有暴力和色情内容的文化垃圾，迎合少数人的低级趣味，这些行为没有得到及时制止和应有的惩罚。

三是部分文化产业政策实行“双重标准”。中国现有的诸多文化产业政策都属于特

惠型政策，即以对改革企业进行资助为主，并没有面向所有文化市场主体，其中一些政策在对待国有文化企业与民营文化企业上也有较大区别，这就导致改革企业与非改革企业、国有企业与民营企业在文化市场上并不能开展完全公平的竞争。

四是部分文化奖励政策存在重数量轻质量的问题。如个别影视动画扶持政策以生产原创动画的分钟数设置奖励门槛，导致动漫企业重数量而轻质量。再如，以动漫作品是否在中央电视台等主流媒体的黄金时间段播出作为能否获奖的标准之一，导致实践中出现企业免费甚至给予播出渠道重金以换取奖励的现象。

六、财政政策资助力度不够，投入方式单一

一是财政投入总量相对不足。从绝对量上看，仍难以满足产业发展资金需求；从相对量上看，对文化产业的财政支持占国家财政总支出的比重偏低。

二是财政投入方式单一，未能充分引导金融机构和社会资本，财政资金的杠杆作用和放大效应不明显。

三是财政资金投入公平性不高。对不同文化产业门类、不同地区、不同所有制和规模的文化企业特别是民营文化企业、小微文化企业支持力度不一，存在不均衡、不平等问题。

四是财政资金的投入使用、绩效考核、信息公开、意见反馈、项目及规模监督约束机制不完善，财政资金的使用绩效难以衡量，政策执行效率不高。

七、税收政策体系性不强，公平性不足，受惠面不广

一是政策较为零散、不成体系，且多为临时性政策，没能形成兼具长期性、广泛性和专业性的政策体系；税收政策调控手段单一，尚未形成综合税率、纳税期限、征收管理、减免税、出口退税、成本核算、税项扣除、亏损弥补、投资抵免等多种手段的优惠调控体系。

二是缺乏清晰的整体行业引导规划，具体政策的优惠幅度、力度、范围、受惠对象均相对较小，在引领产业发展方向、促进产业结构调整上的作用不够突出。

三是重点不突出，如对应鼓励的创新创造、高新技术的研发运用、对内容原创产品的支持等重点在税收政策上体现不够充分，尤其缺少对小微文化企业具体可行的财税扶持政策，国家针对小微企业享受税收优惠政策条件过高，使得大量小微文化企业实际上难以享受税收减免优惠政策。

八、金融政策存在融资难、手续繁的问题

一是文化产业自身存在的规模偏小、资产偏轻、融资担保能力偏弱、相应风险担保机制不健全等局限，导致金融机构对文化企业的支持力度不够。

二是现行的文化产业金融政策偏重宏观指导，缺乏可执行的具体内容和程序性指导意见，直接融资应用有限。比如尽管近年来国家制定了一系列拓宽小微企业融资渠道的金融政策，但由于缺乏可操作性，小微企业银行信贷支持瓶颈问题至今仍没有解决。

三是政策公平性有待提高。国有企业，大型企业，经济效益好、有发展前景的企业容易获得融资支持，而中小文化企业、民营企业、新兴文化产业则难以获得金融支持。

四是针对文化产业的金融创新不足。政策设计路径因循传统工业产业的融资模式，在创设文化产业特有的信贷、担保、融资产品和模式方面探索较少，对众筹、风险投资、创业基金、联合担保、资产证券化等新型融资方式引入不够，未能推出符合文化产业特点的融资政策体系。

九、土地政策操作性差和针对性不强

一是政策过于笼统宏观，可操作性差。由于相应的土地使用、基础设施建设和市政配套服务政策缺乏具体的实施细则，优惠政策仅停留于表面，政策服务对象没能得到实质优惠。

二是部分政策执行效果欠佳。如支持文化产业园区发展的相关土地政策实施效果不佳，部分园区实际运营效率低下，“空心化”现象较为普遍。

三是政策针对性不强，未能有效调节文化产业发展空间分布不均衡问题。如在文化资源丰富、文化氛围浓厚的文化产业发达地区往往存在土地资源有限的发展硬约束，而中西部等文化产业成长地区土地供应充足却由于软环境的欠缺难以吸引资源集聚。

十、监管政策不完善和评估体系不健全

文化产业的监管政策主要包括：保持文化产品和服务内容积极健康的内容管理政策，保证文化市场规范有序的市场监管政策，保证文化安全和文化资源合理配置的准入政策。目前，我国文化产业监管政策主要存在政策实施主体、实施细则不明确；政策执行监管不严、落实不到位等问题。产生这一系列问题的主要原因有：从管理依据来看，多数是行政管理条例和地方规章制度，缺乏更高层级的法律依据；从管理主体来看，主要是以政府管理为主，行业自律、多方治理机制还需进一步建立；从管理方式来看，存在政府行政干预过多，长官意志和行政命令式的管理等问题，如在产业准入方面仍然设置了较多的审批程序、行政许可、特许经营等限制性措施，不利于形成公平开放的市场体系。

我国文化产业监管还缺乏有效的事前规避、事中监督和事后绩效评估。

一是政策执行中相应环节，如专项资金的申报、评审存在信息不对称、过程缺乏公示等问题，评审结果容易受领导或专家个人意志左右，出现权力寻租。

二是政策重制定轻执行，政策实施情况、资金使用情况、项目收益情况均缺乏过程监督和绩效评估机制。

三是独立的监测体系尚未建立。要尽快建立和完善文化产业监测指标体系，形成有效的动态数据监测体系，及时反映阶段性政策效果，为政策调整提供依据。

四是健全的审计核查、监督管理和责任追究制度尚未建立，第三方机构和社会公众也无从监督，使得政策实施效果不佳。

第五节 健全文化产业政策的建议

文化治理能力的现代化和文化产业政策的规范化是文化产业发展的重要保障，从制度层面进一步夯实文化产业发展的保障基础，从经济层面进一步明确文化产业发展的功能定位，把文化产业纳入国家战略格局中，是确保文化产业高质量发展的根本。目前，在国家层面的文化产业发展目标和路线方针已明确的前提下，建立与之相适应的有针对性、可操作、能落地的财政、税收、金融、土地、人才等配套经济政策，调整文化产业布局和结构，支持文化产业发展显得更为迫切。

一、坚持高起点制定文化产业政策

推动文化产业高质量发展，进一步完善文化产业政策体系，加强规划引导和服务支撑至关重要。从文化产业发展实际出发，正确认识文化产业发展规律是文化产业政策制定的首要前提，进一步培育市场主体，优化产业结构和区域布局是文化产业政策体系建设的重要着力点；坚持市场引导和政府支持并存，坚持综合运用各种财政手段，区分不同地区、不同行业、不同发展阶段的特点，明确重点方向、明确扶持环节，是文化产业政策制定的基本原则和关键。为此，有学者提出要构建功能型、创新型、开放型和双赢型的文化产业政策体系①。

（一）构建功能型的文化产业政策体系

功能型的文化产业政策有两个特点：一是非专向性，不预先圈定赢家，而是把产业政策的注意力放在为产业发展提供良好的大环境上；二是非贸易扭曲性，对产业实行前期保护而非后期保护②。构建功能型的文化产业政策，关键就是要理顺政府与市场的关系，政府要进一步简政放权，减少对微观文化市场领域的干预，构建与发挥市场决定性作用相适应的文化事业管理模式和产业运营机制。

（二）构建创新型的文化产业政策体系

其一，要转变观念，推动国家文化产业发展战略和重大规划以创新为出发点和立足点；其二，加快文化与科技的融合，大力推进文化科技创新，切实提高文化领域自主创新能力，增强我国文化发展的核心竞争力；其三，加强对中华优秀传统文化的研究阐发、传承传播，推动优秀传统文化成果创造性转化、创新性发展；其四，加快体制改革和强化制度建设，不断优化文化创新环境；其五，建立健全文化创意人才培养机制，造就一支富有创造活力的文化人才队伍。

---

① 陈宇翔、郑自立：《中国文化产业政策的架构、效能与完善方向》，载《南京社会科学》2016 年第 1 期，第 143～148 页。

② 杨吉华：《对改革开放以来我国文化产业政策绩效的几点思考》，载《攀登》2007 年第 1 期，第 88～91 页。

（三）构建开放型的文化产业政策体系

其一，要积极构建政府主导、企业主体、市场运作、社会参与的文化产业对外开放模式；其二，要推动形成引进来与走出去并重的文化产业对外开放格局；其三，要完善文化开放促进政策体系，做好做实中国文化产品和服务走向世界的保障；其四，要运用全球眼光，学会用国际语言讲好中国故事、传播好中国声音、阐释好中国特色。

（四）构建双赢型的文化产业政策体系

中共十八大报告提出，要坚持把社会效益放在首位，社会效益和经济效益相统一，推动文化事业全面繁荣，文化产业快速发展。要构建双赢型文化产业政策体系必须处理好以下三方面的关系：把握文化的双重功能，处理好娱乐消费与教化引导的关系；把握文化的双重属性，处理好政府引导与市场推动的关系；把握文化的双重格局，处理好公有制为主体与多种所有制共同发展的关系。

二、依法依规推进文化产业法治建设

（一）树立法治意识，尊重法律权威

政府在制定文化产业政策时要尊重法律权威，履行法律所赋予的职能，法无明文授权的领域则禁止进入。在目前党和政府共同主导文化产业发展的现实情况下，要推动法律法规与党的规章的协调统一。

（二）大力推动基本文化法律建设

要在现有的关于文化产业发展的法律法规和政策的基础上，构建我国文化产业发展的法制支持体系。应当尽早出台文化产业促进法，以法律形式确定我国文化产业发展的框架、原则、体制等基本制度，作为我国文化产业发展基本法统领文化产业发展的法律法规体系。梳理完善现行文化产业法律法规制度，对促进文化产业发展的框架性、原则性内容进行细化立法，系统构建与文化产业相关的法律制度。

（三）强化文化产业政策程序性保障

其一，在政策制定程序上要规范有序。要明确划分政策的中央事权和地方事权，政策制定不能越级越位，中央和地方政策的出台实施均要遵循政府规范性文件的审查标准，做到依法行政、合法有据、公开透明。

其二，在政策类型体系上要全面系统。既要有宏观规划导向类政策，也要有具体部署落实类政策；既要有针对文化产业整体发展的政策，也要有单独产业门类扶持政策；既要有整体普惠类政策，也要有针对单一主体的特惠类政策。

其三，在政策调节手段上要拓展思路。在扶持类政策上，要综合运用财政、土地、税收、金融等多种手段，引导为主，投入为辅；在管理类政策上，要加强司法与行政手段的相互结合与配合，形成社会综合治理机制。

其四，在政策颁布形式上要因事而定。对于具体政策，考虑到政策对象、执行主体和时效性等因素，可以采取部门规章的形式确保政策尽快出台并发挥作用；而综合性、长期性和宏观性较强的政策，则考虑用更高层次，提升权威性并获得更多部门支持。

（四）促进政策制定过程的开放透明公开

其一，在文化产业政策制定之前，要做好充分的调研和数据搜集工作。

其二，在文化产业政策制定过程中，要注重广泛征求公众意见，注重开放透明公开；积极引入非利益攸关方加入，确保政策制定的客观性和公正性。

其三，在政策讨论阶段，在符合相关保密规定的情况下，应考虑适时举办公开的政策听证会，听取包括政策服务对象、基层政府部门和社会公众等在内的各方意见，确保政策的科学性和可行性。

其四，在政策制定完成后，在综合考虑政策实行范围和不违反相应法律法规的前提下，应当及时向社会公开政策内容，并由相关政策制定主体做好相应的政策解读和执行信息公开。

其五，在政策执行过程中，在允许的范围内，要扩大执行主体范围，引入协会、中介组织等社会力量参与，尊重行业自治。

其六，在政策效果评估中，建立公正高效的政策绩效评估体系，着力改变目前重制定、轻评估的现状。

其七，要重视政策终结，进一步推动整体产业政策体系的立、改、废，形成政策调整退出机制，促进文化产业政策体系自身的新陈代谢。

三、实行分行业、分地区的分类指导

（一）分行业指导，推动文化产业重点领域发展，构建现代文化产业体系

文化产业是由门类众多的子产业构成的一个动态发展的产业体系。在文化产业发展的不同阶段，政府制定政策的思路和原则也必定有所不同。在产业发展之初，产业政策的主要落脚点在于凝聚共识、宏观引导。随着产业发展进入新阶段，文化产业各个门类之间在生产方式、传播途径、交易环境等方面的区别越来越明显，产业发展的政策需求差异也越来越大。要推动构建结构合理、门类齐全、科技含量高、竞争力强的现代文化产业体系，就需要加强分行业指导，逐步完善符合文化产业各门类特点和发展需求的政策措施，改造提升演艺、娱乐、文化旅游、工艺美术等传统文化产业，加快发展动漫、游戏、网络文化、数字文化服务等新兴文化产业。

（二）分地区指导，实施差异化的区域文化产业发展战略，优化区域产业布局

目前，我国文化产业发展的区域布局还不是很合理。一方面，区域之间、城乡之间发展不平衡问题突出；另一方面，又存在一哄而上、同质化竞争、重复建设等现象。文化产业发展不是一刀切、齐步走，要正确认识产业发展的资源禀赋差异和发展思路的适应问题。我国疆域广阔、文化多样，这就决定了必须实施差异化的区域文化产业发展战略。从现阶段看，要鼓励东部地区优化产业结构，倡导文化创新，提升文化品质，实现跨越发展；支持中部地区完善产业政策，扩大文化消费，规范市场秩序，加快产业崛起；引导西部地区发挥资源优势，突出区域特色，培育消费市场，带动产业

发展。支持经济发达地区加快发展动漫游戏、创意设计、网络文化、数字文化服务等行业，培育科技型文化产业集群；引导中西部地区及限制开发的主体功能区，依托当地丰富的文化资源，重点发展演艺、文化旅游、艺术品、工艺美术、节庆会展等文化产业，走特色化、差异化、集聚化发展之路。

四、综合运用多种经济政策手段支持文化产业发展

实现文化产业成为国民经济支柱产业的目标，需要财政、金融、税收等多种政策手段在产业链的各个环节发挥作用。从当前来看，完善产业政策体系需要争取发改、财政、税务、金融、科技、国土、商务、教育等部门的支持，出台具有可操作性、相互衔接的配套政策，从产业发展的各个环节实现政策效应。

（一）财政支持政策

财政政策与文化改革发展具有内在统一性，支持文化事业、文化产业发展是财政的重要职能之一。必须坚持财政政策与文化产业发展相协调的政策目的，强化财政专项资金和基金政策的灵活性，拓宽文化产业资金投入来源，设立覆盖多领域、多层次的文化发展专项资金和基金。

1. 加大政府投入力度

保证公共财政对文化建设投入的增长幅度高于财政经常性收入增长幅度，提高文化支出占财政支出的比例。扩大文化产业发展专项资金和文化产业投资基金规模，合理确定支持方向，提高文化产业发展专项资金的使用效率。建议在中央财政文化产业发展专项资金之外，单列文化产业发展引导资金，增强文化产业主管部门对产业发展的引导和扶持职能，支持具有示范带动作用的重大文化产业项目建设，加大对公共技术、投资融资、人才培养、展示交易、信息咨询等公共服务平台建设的支持力度。重点支持新闻出版业数字化转型升级、影视产业发展、文化与科技融合、特色文化产业发展、对外文化贸易、传统媒体与新兴媒体融合发展等方面。

2. 提高财政投入效益

中央财政文化产业发展专项资金要进一步扩大重大项目实施范围，合理确定中央与地方、一般项目和重大项目资金分配比例，做到既统筹全局又突出重点。建立专项资金分配量化标准体系，在地方转移支付中全面引入因素分配法，加大对地方优秀文化产业投资基金的支持力度。健全项目评审机制和标准，规范资金使用，加强绩效考核。建立公众申请、专家评审、公开透明的管理模式，形成灵活多样的财政专项资金和基金政策机制。对已经推出的政策和扶持资金的使用情况进行监督。

3. 创新政府投入方式

通过政府购买服务、项目补贴、以奖代补等方式，鼓励和引导社会力量提供公共文化产品和服务，促进文化产业发展。大量运用财政贴息和补助政策，文化企业在银行的贷款利息，财政可以全部或部分承担。扩大政府采购范围，对政府采购要继续提高规模和比重，拓宽范围。发展绿色采购、中小企业采购、技术创新采购，政府通过购买公共服务，包括购买文化产品、组织电影放映、剧团下乡，推动文化产业发展。

4. 实行多元化投入

通过政府的扶持，引导更多、更好的社会资本进入文化产业的发展中。探索股权投资机制，财政资金为了扶持文化产业和文化企业的发展，在企业当中应占有一定比例的股份，旨在把社会资本调动起来，发展文化产业。同时，可借鉴成熟资本市场的运作方式，发起设立文化产业投资基金，建立多渠道的社会投入机制，更好地扶持文化产业发展。

（二）税收优惠政策

完善税收政策是推动文化产业发展的重要策略，要根据形势的发展，不断调整和完善国家在促进科技进步和自主创新、促进科技成果转化方面已经相继实施的一系列税收政策。进一步完善非营利性文化组织的税收政策，减轻其税收负担，促进公益性文化产业发展。

建议对文化产业领域税收政策进行专题研究，对工艺美术、娱乐业、互联网上网服务等税负过重的行业予以税收减免；对鼓励发展的文化产业门类实施税收优惠；对以文化内容创意生产、文化与科技融合、非物质文化遗产项目经营为主业的企业，出台单独的企业认定办法，经认定后享受高新技术企业同等的税收优惠政策；考虑到小微文化企业自身特性及其对激发整个经济社会发展活力方面的重要作用，建议研究出台单独针对小微文化企业的税收优惠政策，确定合理的税收优惠标准。税收优惠，应以产业优惠为主，区域优惠为辅，要减免文化产业相关税收，通过投资抵免、加速折旧、加计扣除、减计收入、延期纳税等手段促进文化产业的发展。

（三）金融支持政策

加大金融业支持文化产业发展的力度，推动文化产业与金融业的对接，是培育新的经济增长点的需要。完善文化产业发展的金融支持政策，就要以风险分担为原则，制定差异扶持金融政策，对不同类企业、不同类业务实行差异扶持。要鼓励建立文化产业投资风险基金，制定无形资产评估质押贷款等办法，为文化企业上市融资提供便利。根据文化产业发展的特点，制定文化产业类企业不良贷款、呆账自主核销的办法与措施。

建议将金融改革与文化创新发展有效结合起来，探索适合文化产业特点的新型金融产品、服务及配套的政策办法。支持商业银行创新信贷服务，加大文化产业信贷投放。鼓励无形资产质押为主要担保方式的组合贷款、信用贷款以及其他非抵押类创新模式贷款，开展融资租赁、应收账款质押、知识产权质押、股权质押等产品创新。鼓励符合条件的文化企业通过上市以及发行企业债券、公司债券、短期融资券和中期票据等方式融资。鼓励商业银行向基层延伸，为小微文化企业提供金融服务。

有条件的地区尽快建立由政府主导的市场化运作的文化金融公共服务平台，即文化金融服务中心，统揽有关文化金融合作及服务的事宜，使之可以快速运转起来，通过引导、项目对接、信息服务、业务培训、信用增进、资金支持等方式服务于文化企业和金融机构。

财政要大力支持担保事业的发展，想办法把小微文化企业与银行的关系打通。财政资金可以对担保公司进行注资，同时可以考虑设立担保风险补偿金，在担保公司遇到困难和危机的时候，帮助担保公司缓解难题，使得小微文化企业从银行中顺利得到资金。

（四）土地保障政策

积极协调有关部门，争取将文化产业设施建设用地纳入城市规划、土地利用总体规划和年度计划，在国家土地政策许可范围内，争取优先保证文化产业集聚发展用地。建议在城市建设用地分类中新增文化及相关产业规划用地类别，编制文化及相关产业用地规划，定向用于文化及相关产业发展，并明确后续土地、规划等管理实施办法。地方各级政府应当结合实际情况，将文化产业用地纳入城乡发展规划、土地利用总体规划，在国家土地政策许可范围内，优先保证重要文化产业设施和项目用地。对文化产业等符合国家发展导向的产业，给予地价优惠支持，鼓励和引导社会资本投入文化产业，增加文化产业总量。支持以划拨方式取得土地的单位利用存量房产、原有土地发展文化产业，在符合城乡规划前提下土地用途和使用权人可暂不变更，连续经营一年以上，符合划拨用地目录的，可按划拨土地办理用地手续，不符合划拨用地目录的，可采取协议出让方式办理用地手续。鼓励各地将城市转型中退出的工业用地优先用于发展文化产业，在新农村建设和新型城镇化建设中适当考虑文化产业发展用地。探索农村集体土地的流转经营，在确保土地所有权不变的情况下，允许其办理各种审批手续，发展文化产业。

（五）文化出口优惠政策

进一步落实国家鼓励和支持文化产品和服务出口的优惠政策，在市场开拓、技术创新、口岸通关等方面给予支持。对国家重点鼓励的文化产品出口实行增值税零税率等政策。鼓励金融机构探索适合对外文化贸易特点的信贷产品和贷款模式以及支持重点企业扩展的融资方式等。

关键概念

经济政策　产业政策　税收政策　财政政策　土地政策　金融政策　专项基金　政策导向　政策调控　政策体系

主要观点

产业政策体系，包括整体性法规政策、宏观性扶植政策、产业部类和项目政策，这一政策体系以产业立法为基础，以战略规划为统领，以宏观扶持和部类政策为支撑。

产业政策主要通过各种政策手段，调整和优化行业结构、产品结构、产业组织结构、产业布局结构、产业技术结构、产业贸易结构等，通过对结构的调整和优化，获得巨大而持久的结构效益，为产业的持续、快速、健康发展奠定坚实的基础。

文化产业政策的制定既要遵循产业发展的一般规律，又要考虑文化产业自身的特殊情况；既要立足于本国经济与社会发展的客观实际，又要符合世界文化产业的发展趋势。

改革开放以来，随着经济的发展和市场的日渐完善，我国的文化产业经历了曲折而复杂的发展阶段，文化产业政策从无到有，再到初成体系。

我国文化产业政策的制定体现了如下特点：强调政策的导向性、重视党政结合的主导性、重视政策的系统性、注重文化产业发展的平衡性、注重文化产业行业发展的协调性、注重文化产业发展的动态性。

随着改革的不断深入和文化产业的蓬勃发展，我国文化产业政策体系不健全不完善的问题逐渐暴露，影响和束缚了文化产业的进一步发展。

目前，在国家层面的文化产业发展目标和路线方针已明确的前提下，建立与之相适应的有针对性、可操作、能落地的财政、税收、金融、土地、人才等配套政策，调整文化产业布局和结构，支持文化产业发展显得更为迫切。

延伸阅读

章章不一样
每章都精彩

1. 贾康、苏京春：《新供给经济学》，山西经济出版社 2015 年版。

2. 范周：《文化经济研究》，知识产权出版社 2016 年版。

3. 张京成、沈晓平、张彦军：《中外文化创意产业政策研究》，科学出版社 2013 年版。

4. 胡惠林：《文化政策学》，上海文艺出版社 2003 年版。

5. 胡惠林：《中国文化产业发展战略论》，经济科学出版社 2014 年版。

6. 张书勤：《文化产业政策与法规》，中国政法大学出版社 2018 年版。

7. 赵阳：《文化产业政策与法律概论》，中山大学出版社 2018 年版。

8. 黄飚：《文化行政学》，上海文艺出版社 2003 年版。

9. 熊澄宇等：《中国文化产业政策研究》，清华大学出版社 2017 年版。

10. 魏鹏举：《中国文化产业投融资体系研究》，云南人民出版社 2014 年版。

11. [澳] 戴维·索罗斯比：《文化政策经济学》，易昕译，东北财经大学出版社 2013 年版。

12. [美] 康芒斯：《制度经济学》，于树生译，商务印书馆 1997 年版。

思考问题

1. 简论文化产业政策体系的主要内容。
2. 简论产业政策与经济政策的主要区别。
3. 试论我国文化产业政策的主要特征。
4. 结合实际论述我国文化产业政策存在的主要问题。
5. 浅谈完善我国文化产业经济政策的建议。

第四章　国有文化资产管理

党的十九大报告强调："要完善各类国有资产管理体制，改革国有资本授权经营体制，加快国有经济布局优化、结构调整、战略性重组，促进国有资产保值增值，推动国有资本做强做优做大，有效防止国有资产流失。""要深化文化体制改革，完善文化管理体制，加快构建把社会效益放在首位、社会效益和经济效益相统一的体制机制。……健全现代文化产业体系和市场体系，创新生产经营机制，完善文化经济政策，培育新型文化业态。"这是在新的历史起点上，以习近平同志为核心的党中央对国有企业和文化资产体制改革作出的重大部署，为新时代国有文化资产体制改革指明了方向、提供了根本遵循。全面深化文化体制改革，完善国有文化资产管理体制，推动国有文化企业做大做强，对于进一步解放和发展文化生产力、逐步提升我国文化软实力、维护国家文化安全具有重要的现实和战略意义。

第一节　国有文化资产管理的内涵与意义

一、国有文化资产与国有文化资产管理

国有文化资产是指在从事文化产品生产、经营以及提供文化服务的经营性文化企业和公益性文化事业单位中，国有独资、国有控股（含绝对控股、相对控股）和其他混合所有制经济中的国有经济成分，包括有形资产和无形资产、经营性资产和非经营性资产、固定资产和流动资产等各项资产。具体来说，主要包括文化企业与事业单位中的财政性拨款以及该拨款所带来的由政府享有追溯权的收益。其中，政府投入资产，经过长期生产文化产品所形成的文化品牌、文化版权等无形资产也属于国有文化资产范畴。

国有文化资产是推动社会主义文化大发展大繁荣的重要物质基础，是国有资产的重要组成部分。

国有文化资产与其他资产的根本区别在于其兼有意识形态属性和商品属性，即政治属性和经济属性，具有不同于一般经营性国有资产的特殊性和复杂性。政治属性主要体现在国有文化资产是国家长期投资、经营的宝贵财富，可以为国家履行政治职能提供物质基础，是维护国家正常运转的重要保障之一。经济属性主要体现在国有文化资产作为资本的一种形态，具有保值与增值的内在要求，可以为文化繁荣发展提供经济支撑。

国有文化资产管理体制是指政府关于国有文化资产中代表国家履行出资人职责的

出资人机构设置、各级管理机构职能的划分和职能体系的设立以及国有文化资产管理的方式、方法和规章制度的总称。加强国有文化资产管理，应当探索建立有别于其他资产的科学管理体制。

我国国有文化资产具有资产规模大、资产类型多样的特点，在资产属性上既具有经济属性，又具有意识形态属性。对于这种多种形态、双重属性的国有文化资产，在管理中既要考核文化资产的保值增值情况，又要努力实现文化社会效益的最大化，同时还要处理好非经营性资产和经营性资产的关系，因而相比于普通的国有资产管理工作更加复杂。

二、我国国有文化资产的现状

国有文化资产是我国国有资产的重要组成部分，国有文化企业是我国国有经济的一支新生力量，是实施国家文化发展战略和维护国家文化安全的战略性资源，是推动社会主义文化大发展大繁荣的重要物质基础和经济支撑，是解放和发展文化生产力的重要条件。

企业是市场经济活动的主要参与者，企业发展状况是反映国家经济实力和市场竞争力的重要标志。改革开放以来，我国企业数量总体上呈快速增长的势头，在全部法人单位中的占比不断提高。1992 年，党的十四大明确提出建立社会主义市场经济体制，实行多种经济成分长期共同发展，在发挥公有制主体作用和控制力的同时，私营企业、股份合作企业、港澳台商投资企业、外商投资企业等非公有制经济开始蓬勃发展，逐步成为社会主义市场经济的重要组成部分，在促进生产力发展、满足人民多样化需要、增加就业等方面发挥着日益重要的作用。

1996 年，全国共有企业 262.8 万个，2017 年，企业数量增加到 1809.8 万个，增长了 5.9 倍，年均增长 9.6%，占全部法人单位的比重从 59.7%增加至 82.2%，提高了 22.5 个百分点。党的十八大以来，商事制度改革全面推进，通过改革市场准入制度、优化营商环境，从源头上为经济发展注入了新活力，企业数量进入爆发式增长阶段，从 2012 年的 828.7 万个迅速增长到 2017 年的 1809.8 万个，5 年间增长了 118.4%，年均增长 16.9%。改革开放以来，民营经济经历了从小到大、不断发展的过程，企业数量显著增长。从登记注册类型看，1996 年，全国共有私营企业 44.3 万个，2017 年增加到 1436.9 万个，增长了 31.4 倍，年均增长 18.0%，私营企业占全部企业数量的比重从 16.9%增加至 79.4%。从控股情况来看，2017 年，私人控股企业 1620.4 万个，占全部企业数量的比重为 89.5%。改革开放以来，我国港澳台商投资企业和外商投资企业从无到有，数量稳步增加。从登记注册类型看，1996 年，全国共有港澳台商投资企业 5.7 万个，外商投资企业 5.4 万个，2017 年，港澳台商投资企业 13.0 万个，外商投资企业 13.7 万个，分别增长了 1.3 倍和 1.5 倍。

1993 年，党的十四届三中全会确立了建立产权清晰、权责明确、政企分开、管理科学的现代企业制度的国有企业改革方向。随着改革的深入，国有经济布局和结构调整力度加大，大多数国有企业进行了公司制改革，企业改制和产权转让逐步规范。从登记注册类型看，1996 年，国有企业有 44.2 万个，2017 年减少到 13.3 万个。国有企业虽然数量上有所减少，但作为国民经济发展中坚力量的定位没有改变。在做大做强国有企业方针的指引下，形成了一批具有较强竞争力的国有大型企业，且集中在关系国家安全和国民经济命脉的重要行业和关键领域，国有资产保值增值、经济效益明显，为国民经济持续、快速、健康发展做出了重要贡献。

2018 年 12 月，财政部、中宣部联合发布的《国有文化企业改革发展报告（2018）》显示，截至 2017 年年底，全国国有文化企业共计 16014 户，同比增长 7.9%；资产总额达 45662.2 亿元，同比增长 23.6%；全年实现利润总额 1481.2 亿元，同比增长 7.8%；净利润达 1287.8 亿元，同比增长 7.6%。其中，中央文化企业共计 3878 户，同比增长 7.4%；资产总额达 11585.7 亿元，同比增长 24.4%；全年实现利润总额 579.6 亿元，同比增长 11.7%。同期，地方国有文化企业共计 12136 户，同比增长 8.1%；资产总额达 34076.5 亿元，同比增长 23.4%；实现利润总额 901.6 亿元，同比增长 5.5%。2014—2017 年国有文化企业资产总额变化如图 4-1 所示。

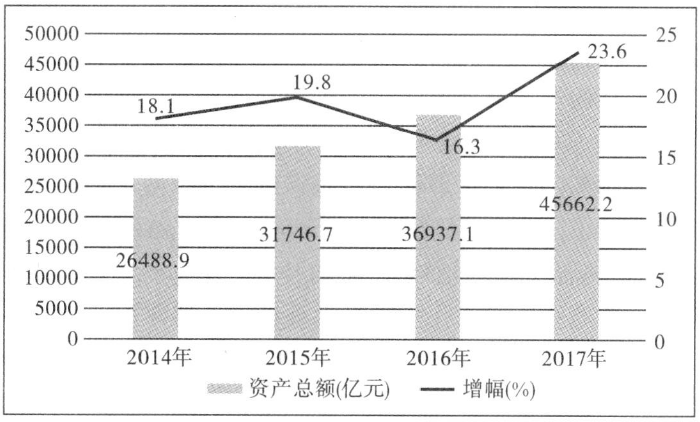

图 4-1　2014—2017 年国有文化企业资产总额变化

三、加强国有文化资产管理的意义

党的十八大站在全面建设小康社会、夺取中国特色社会主义新胜利的战略高度，提出要健全国有文化资产管理体制。党的十八届三中全会提出，要建立党委和政府监管国有文化资产的管理机制，实行管人、管事、管资产、管导向相统一。深化国有文化资产管理体制改革，做强做优做大国有文化企业，对坚持和发展中国特色社会主义、实现“两个一百年”奋斗目标具有十分重大的意义。

国有文化资产管理的目标是增强国家对文化意识形态领域的主导和控制能力、推动文化产业的发展、保障国家文化安全。中国特色社会主义是改革开放以来党的全部理论和实践的主题，公有制为主体、多种所有制经济共同发展的基本经济制度是中国特色社会主义制度的重要组成部分。深化国有文化资产管理体制改革，防范风险，保值增值，提高效率，增强活力，发展文化产业，是坚持和完善基本经济制度的根本要求，也是坚持中国特色社会主义文化发展方向的必然要求。在新的历史起点上，全面深化文化体制改革、完善国有文化资产管理体制，对于进一步解放和发展文化生产力、推动国有文化企业做大做强具有重要现实和战略意义。

第二节　中国国有文化资产管理体制改革历程

新中国成立以来，尤其是改革开放以来，随着我国文化产业重要性日益凸显，我国国有文化资产管理机构也经历了从建立行政性的专门国家监管机关，逐步调整到成立政府特别设立的出资人监管机构，由纳入统一监管体系，向实现专业化管理转变。根据我国整体的文化以及文化产业体制变迁历程，依据国有文化资产监管主体的调整变化过程，我国的国有文化资产管理体制大概经历了初步确立、曲折探索和深入完善三个体制变迁阶段。

一、从国有文化资产管理部门化到以财政部门为主导的监管体系的初步确立（1978—1988）

新中国成立以来，我国政府国有资产管理职能与社会管理职能、一般经济管理职能混在一起，没有明确的资产管理机构和办法，政企不分，企业主管部门作为监管主体，对企业资产、财务、人事和投融资事项进行全面管理，成为国有资产所有者的实际代表。这种资产管理部门化的管理体制曾起到过积极作用，但存在管理分散、资产部门垄断的问题，影响了国有资产优化组合和流动，阻碍了经营效率的提高。

自 1978 年开始，随着我国文化体制改革的开展，文化产业开始步入新的历史发展阶段，各级党委以及政府对国有文化资产开始重视，将其作为一个重要的事项提上了议程。在这一阶段，建立了以财政部门为主导的监管体系，初步发挥国有文化资产的经济属性，完成重大的国有文化资产的方向性改革。在这一阶段，文化资产管理由财政部门下设的国有文化资产监督管理办公室（以下简称文资办）负责，其主要是在财政部门的监管与授权下履行职责，行政性指导与控制的特点尤为突出，整个文化市场仍然处在国有控制的情况之下。

二、从接受主管部门、同级财政部门和国有资产管理局的管理，到财政部门成为本级政府国有资产监管主体的探索阶段（1988—2003）

为了提高国有资产的运行效率，1988 年 1 月，国务院成立国家国有资产管理局，把国有资产管理职能从政府社会管理、一般经济管理职能中分离出来，进行专业化管理。国家国有资产管理局是国务院管理国有资产的职能机构，由财政部归口管理，主要任务是对我国境内和境外全部国有资产，重点是企业国有资产实施管理，行使国家赋予的国有资产所有者代表权以及国有资产监督、收益和处置权。各级国有资产管理局存在期间，文化企业国有资产在服从国家统一政策前提下，接受主管部门、同级财政部门和国有资产管理局的管理。而这也为国有文化资产的管理带来新的发展动力，标志着文化资产的运行体制进入一个新的阶段。在这一阶段，国有文化资产运行体制主要的变化是去行政化，重视其经济属性和提高运营能力，更多地向市场经济靠拢，降低文化资产在管理上的行政属性。但新设立的国家资产管理局，在文化资产管理这一块由于产权界定不清晰，权责不明，其很多职能与当时的其他相关部门存在重合。因而，1998 年政府机构改革时，国家国有资产管理局被撤销，其原承担的企业国有资产（国有资本金）的基础管理职能划入财政部，此后，各级国有资产管理局陆续撤销，财政部门成为本级政府国有资产监管主体。文化企业国有资产实行财政部门—主管部门—企业分级管理的体制。

2000 年，国家在第十个五年计划的规划建议书中首先提出了“文化产业”的概念，国有文化资产的重要性也开始凸显。2003 年，为加强对全国非金融性营利性国有资产的管理，国家设立了国有资产管理委员会，代表国家统一履行出资人职责，管理国有资产。全国范围内初步形成了国务院和地方人民政府分别代表国家履行出资人职责，国家统一所有，政府分级代表的新型国有文化资产管理体制。

在法律规章方面，初步建立了包含法律、行政法规、部门规章等规范性文件在内的法律体系。例如，1995 年由国有资产管理局制定出台的《行政事业单位国有资产管理办法》《行政事业单位国有资产产权登记实施办法》等对事业单位中的国有资产包括国有文化资产，进行了产权的界定、登记以及管理的立法性尝试；2003 年由国务院公布的《企业国有资产监督管理暂行条例》对国有资产的监督管理进行了更加具体的规定。

这一阶段，国有文化资产在很大程度上实现了资产的独立性，并开始积极发挥一直被抑制的经济属性，同时国家的国有文化资产监督管理部门对国有文化资产尝试并制定了很多具有标志性意义的法律法规以及规章制度等，形成了一个包含国有文化资产的界定、登记、监管、运营在内的一套比较完善的法律体系。

三、从建立行政性的专门国家监管机关，到建立党委和政府监管国有文化资产的管理机构的完善阶段（2003 年至今）

随着我国对国有文化资产管理体制改革的不断深入，国有文化资产的数量与质量不断增加和提升，国有文化资产的发展呈现出比较蓬勃的发展态势。我国国有文化资产管理体制在坚持国有文化资产的国有属性不丢失、国有文化导向的引导与指导地位不改变的原则基础上，不断适应新形势和契合市场经济的需求。

2003 年 6 月，我国启动了文化体制改革试点。深化文化体制改革是党的十六大作出的战略部署，自 2003 年以来，经过党中央和国务院相关职能部门的共同努力，逐步形成了文化体制改革配套政策体系框架，为文化体制改革全面推进提供了强有力的支撑和保障。《国务院办公厅关于印发文化体制改革试点中支持文化产业发展和经营性文化事业单位转制为企业的两个规定的通知》（国办发〔2003〕105 号），与作为其修订和延续的《国务院办公厅关于印发文化体制改革中经营性文化事业单位转制为企业和支持文化企业发展两个规定的通知》（国办发〔2008〕114 号），对国有经营性文化事业单位转制为企业过程中涉及的国有文化资产授权经营、资产处置、收入分配、社会保障、财政税收、投资和融资等问题作出了明确的政策规定。

2005年12月，国务院颁布了《中共中央、国务院关于深化文化体制改革的若干意见》（中发〔2005〕14号），文件重点强调了资产管理在文化体制改革中的重要性，以及文化资产管理改革的必要程序，要求文化资产管理单位在体制改革过程做好资产评估和产权登记，以确保能够明确出资人的身份和权利，防止国有资产的流失，完善资产的经营责任制。并提出了“按照权利、义务和责任相统一，管资产和管人、管事相结合的要求，抓紧制定《国有文化资产管理办法》，加强对国有文化资产的监督管理”。随着各项改革措施的推进，新闻出版、广播影视、文化艺术领域的国有企事业单位占有和使用的国有资产总量不断增加，资本运作方式发生了新的变化。在此背景下，财政部、中宣部、文化部、广电总局、新闻出版总署于2007年9月共同印发了《关于在文化体制改革中加强国有文化资产管理的通知》，明确由财政部门履行国有文化资产的监管职责，党委宣传部门负责国有文化资产重大变动事项的审查把关，对国有文化资产的领导体制以及相关领导的考核评价机制等相关问题给出了明确的规定。

2008年9月，为进一步加强对国有文化资产的管理，财政部、中宣部和新闻出版总署印发了《关于中央出版单位转制和改制中国有资产管理的通知》。2008年10月，国务院办公厅发布《关于印发文化体制改革中经营性文化事业单位转制为企业和支持文化企业发展两个规定的通知》，明晰了文化体制改革中资产管理的有关规定和政策措施，用于指导全国规范国有文化资产管理体制。

随着文化体制改革的全面展开，一大批经营性文化事业单位整体转制为企业，按照中央关于政府机构不能办企业的要求，出现了出资人缺位的问题。2009年，随着中央经营性文化事业单位改革尤其是中央各部门各单位出版社体制改革全面展开，理顺中央文化企业国有资产管理体制被提上了议事日程。经中央批准，国务院授权财政部履行中央文化企业国有资产出资人职责。

2010年7月，中央文化体制改革工作领导小组印发了《关于完善中央文化企业国有资产监管工作机制的通知》（文改发〔2010〕4号），明确成立中央文化企业国有资产监督管理领导小组，领导小组下设办公室，即文资办，设在财政部，承担日常事务，具体负责中央文化企业国有资产监管的日常工作。这标志着国有文化资产管理体制改革向前迈出一大步。

2011年10月，党的十七届六中全会通过《中共中央关于深化文化体制改革推动社会主义文化大发展大繁荣若干重大问题的决定》，又进一步强调国有文化资产管理体制改革的方向是完善管人管事管资产相结合的管理体制，明确要求建立党委和政府监管国有文化资产的管理机构，加强国有文化资产管理的政策动力再次得到提升。

2011年年底，文资办圆满完成机构筹建，各项工作全面启动。先后制定了《中央文化企业国有资产监督管理暂行办法》《关于做好中央文化企业国有资本经营预算支出管理工作的通知》《中央文化企业国有资产产权登记管理暂行办法》《中央文化企业国有资产评估管理暂行办法》《中央文化企业负责人“双效”业绩考核办法（试行）》以及《中央文化企业负责人薪酬管理办法（试行）》等具体管理制度，明确文化类企业国有资产监督管理职责、管理程序等，保障国有资产出资人的合法权益。

中央文化企业国有资产监督管理领导小组及文资办的成立，是贯彻党的十七届六中全会精神的重要举措，是深化文化管理体制改革的重大创新，是落实中央关于加强国有文化资产管理总体要求的有效途径，体现了中央对国有文化资产管理工作的高度重视，对完善管人管事管资产管导向相结合的新型管理体制、进一步推动文化企业改革发展具有重要的意义。

党的十七届六中全会以后，北京、山西、湖南、陕西、浙江、云南等省、自治区、直辖市也都成立了国有文化资产监管专门机构，在对文化企业国有资产实施出资人管理方面发挥了重要作用。

党的十八大站在全面建设小康社会、夺取中国特色社会主义新胜利的战略高度，提出要健全国有文化资产管理体制。2012 年 12 月，财政部印发《中央文化企业国有资产评估管理暂行办法》（财文资〔2012〕15 号），在资产评估核准、资产评估备案、管理与监督等方面进行了详细的规定。

2013 年，党的十八届三中全会通过的《中共中央关于全面深化改革若干重大问题的决定》提出推进文化体制机制创新的目标，明确了按照政企分开、政事分开的原则，推进政府部门由办文化向管文化转变，推动党政部门与其所属的文化企事业单位进一步理顺关系，提出建立党委和政府监管国有文化资产的管理机构，实行管人管事管资产管导向相统一。这为国有文化资产管理体制机制改革指明了方向。

2014 年 4 月，国务院办公厅印发《文化体制改革中经营性文化事业单位转制为企业的规定》（国办发〔2014〕15 号），要求国有文化资产管理按照政企分开、政事分开的原则，推动政府部门由办文化向管文化转变，推动党政部门与其所属的文化企事业单位进一步理顺关系。要建立党委和政府监管国有文化资产的管理机构，实行管人管事管资产管导向相统一。要求经营性文化事业单位转制为企业，要认真做好资产清查、资产评估、产权登记等基础工作，依法落实原有债权债务。资产变动事项经主管部门审核同意后，报同级国有文化资产管理机构审批，并按有关规定办理。其中，涉及重大国有文化资产变动事项的，应由文化行政主管部门审核后报请党委宣传部门审查把关。国有资产监督管理机构监管企业所属的经营性文化事业单位转制为企业，应当报该国有资产监督管理机构审批，并按有关规定办理资产变动等事项。

2015 年 9 月，中共中央办公厅、国务院办公厅印发了《关于推动国有文化企业把社会效益放在首位、实现社会效益和经济效益相统一的指导意见》，提出加强国有文化资产管理、有效行使出资人权利，是党委和政府加强对国有文化企业干部管理、导向管理的重要依据，是确保国有文化企业坚持把社会效益放在首位、实现社会效益和经济效益相统一的制度保障。该指导意见还要求建立党委和政府监管国有文化资产的管理机构，建立健全两个效益相统一的评价考核机制，强化国有文化资产监管运营，确保国有资本保值增值，确保社会效益的落实。

2017 年 3 月，中宣部、财政部联合印发《中央文化企业国有资产监督管理暂行办法》（以下简称《办法》）。《办法》明确规定，中宣部、财政部切实加强对中央文化企业国有资产监管工作的领导，推动实现管人管事管资产管导向相统一；加快推动中央文化企业深化改革，实现政企分开，建立健全有文化特色的现代企业制度，依法行使企业法人财产权和经营自主权，成为合格的市场主体；中央文化企业自觉接受国有资产监督管理部门依法依规实施的管理和监督，接受社会公众的监督，勇于承担社会责任，始终把社会效益放在首位，努力实现社会效益和经济效益相统一。此外，《办法》还对中央文化企业国有资产基础管理、重大事项管理、负责人管理等工作作出明确规定。《办法》是加强中央文化企业国有资产监管工作的纲领性文件，对理顺国有资产监管体制、规范国有资产管理工作，推动中央文化企业国有资产监管法制化、规范化、科学化发挥了重要作用。

为保障国有资产的合法权益，防止国有资产流失，根据中央“放管服”改革要求，2017 年 7 月，财政部印发了《关于中央文化企业国有资产评估管理的补充通知》（财文〔2017〕93 号），进一步规范财政部代表国务院履行出资人职责的中央文化企业及其各级子企业国有资产评估管理工作。一是在中央文化企业公司制改造、股权流转等涉及资产评估的工作中，要求企业和评估机构落实《中华人民共和国资产评估法》《资产评估基本准则》等有关规定，提高资产评估质量。二是按照“谁批谁备、谁管谁负责”的原则，财政部下放部分资产评估管理事项给中央文化企业，推进国有资产监督管理职能的转变，提高国有资本运营和配置效率。三是按照放得下、接得住、管得好的原则，进一步明确管理主体责任和备案流程，建立资产评估专家评审库，运用中央文化企业国有资产监督管理平台实现网络化管理与服务。下一步，财政部将进一步精简中央文化企业出资人监管事项，改进监管方式，以管资本为主，加强中央文化企业国有资产监督管理工作。

2017 年 10 月，财政部下发《关于进一步规范中央文化企业国有资产交易管理的通知》（财文〔2017〕140 号，以下简称《通知》），进一步规范财政部代表国务院履行出资人职责的中央文化企业国有资产交易行为，促进国有资产合理流动，推动文化领域供给侧结构性改革，防止企业国有资产流失。《通知》指出，为促进国有资产合理流动，防止国有资产流失，中央文化企业在发生产权转让、增资、资产转让三种国有资产交易行为时，应当在上海市和深圳市两个文化产权交易所交易，严格控制以非公开协议方式进行国有资产交易。《通知》明确规定，涉及中央文化企业内部资产转让或文化行业特殊资产转让，确需在国有及国有控股、国有实际控制企业之间非公开协议转让的，应当由转让方逐级报中央文化企业审核批准。财政部下达中央文化企业的国有资本经营预算资本性支出，属于政府以增加资本金方式对国家出资企业的投入，无须进场交易。此外，根据文化行业准入要求，中央文化企业国有产权转让或增资行为进场交易，可以设置与准入要求对应的受让方或投资方资格条件，但不得出现具有明确指向性或者违反公平竞争的内容。所设资格条件应当经《通知》第三条中规定的相应机构批准。除国家法律法规或相关规定另有要求外，资产转让不得对受让方设置资格条件。

从我国国有文化资产管理体制改革发展历程来看，受我国文化体制改革阶段性的影响，文化资产管理也经历了以下变化：第一，监管机构从建立行政性的专门国家监管机关，到建立党委和政府监管国有文化资产的管理机构；第二，立法层次从起步性、过渡性的部门规章，逐步提升到包括国家法律、行政法规、部门规章、规范性文件在内的法律体系；第三，资产的存在形式从国有文化企业到国有资本，经营性国有资产的存在形态从实物形态逐步变革到价值形态。

第三节　中国国有文化资产监管模式分析

在政府政策的引导下，我国国有文化产业呈现出蓬勃发展的态势，对国有文化资产管理体制机制的改革更加迫切。文化体制改革推动了我国文化管理体制的优化调整，各地纷纷就文化事业与文化产业如何建立新的管理体制进行研究、摸索，部分省市也在国有文化资产管理机构的设置方面进行了一定探索。国内学者以各地实践为依据，根据管理职能分工的不同，将国有文化资产管理概括为四种模式，见表 4-1。

表 4-1　国有文化资产管理模式一览表

管理模式	资产出资人	监管机构	代表省市
财政部门主导下的管理体制	各级财政部门	文化企业国有资产监督管理领导小组办公室	湖南省、陕西省、四川省、云南省、山东省、甘肃省等
宣传部门主导下的管理体制	各级宣传部门	国有文化资产监督管理办公室	上海市、湖北省、河北省、广东省等
国有文化资产监督管理办公室主导下的管理体制	省（市）文资办	省（市）国有文化资产监督管理办公室	北京市、海南省
国有文化资产经营管理公司主导下的管理体制	经营管理公司	国有文化资产经营管理公司	重庆市

一、财政部门主导的管理体制

如前所述，我国的中央国有文化资产管理就是采用这一模式。中央文化企业国有资产监督管理领导小组办公室（简称中央文资办）挂靠财政部，组成人员由宣传部和财政部联合派遣。中央文资办设有综合处、一处、二处和三处四个处室，主要有四方面职责：一是负责起草国有文化企业资产监管的法律、法规草案；二是对中央文化企业负责人实施管理；三是承办中央文化企业的资产清查、统计、评估等基础性监管工作；四是对各地方国有文化资产监管工作进行指导。中央文资办对国有文化资产进行战略统筹，并对其运营管理进行监督，从宏观的角度主要负责国有文化资产的重大政策问题、重大资产变动事项、大型文化企业的负责人管理等内容，从而实现国有文化资产在管理与运营过程中的集约化和对国有文化的主导性作用。其主要职责是对中央国有的文化资产采取集中监管。中央文资办名义上对中央国有文化资产进行监管，实际上并不直接参与管理，而是把自身的权力赋予中央文化企业的主管部门。中央文资办对国有文化资产的管理范围较窄，仅对中央国有文化资产有监管权，对地方国有文化资产并无管理权限，这必然阻碍中央文资办对国有文化资产的监管。

湖南、陕西、四川、云南、山东、甘肃等省份比照中央模式，纷纷在财政部门设立国有文化资产监管的专门机构，由各级财政部门履行国有文化资产出资人职责，同时设立国有文化资产监督管理办公室负责具体的资产监管工作。此外，江苏省虽未专门设立国有文化资产监督管理办公室，但明确规定由各级财政部门代表本级人民政府对文化企业履行出资人职责，各级财政部门是政府对文化企业国有资产实施监督管理的职能部门。财政部门主导下的国有文化资产管理体制是建立新型国有文化资产管理体制的探索，是大多数省市进行国有文化资产专门管理机构探索的选择，也是国有文化资产管理体制改革进程中比较稳妥的操作模式。

在国有文化资产的管理体制改革背景下，这一模式既有创新性，同时也有局限性。一方面，在国有文化资产的监管上，不再由之前的多个文化相关部门共同对国有文化资产进行管理和监督，整合多个部门的行政职能，使得国有文化资产的行政化极大地弱化了，并使得国有文化资产能够以更低行政运行成本和更高行政监管效率实现管理和运营，更加符合文化产业的高速发展现实；另一方面，文资办的设立与长期监管国有文化资产的多种部门存在行政重合，导致国有文化资产的合法出资人仍然不够明晰，国有文化资产的委托代理关系存在混乱的情况，同时对国有文化资产的监管有余，而激励机制缺乏，国有文化资产在运营方面，仍然存在对公益性文化资产和经营性文化资产的区分不够的问题，从而在资产的保值增值方面仍有改进的空间。

二、宣传部门主导多部门联合监管模式

宣传部门主导下的国有文化资产管理体制即以宣传部门为出资人代表，对国有文化资产履行出资人职能，实施具体监管工作，这一模式的典型代表是上海市。2004 年 4 月，由上海市委宣传部牵头组建了上海市文化领域国有资产监管工作小组，上海市国资委、财政局等部门共同参与，市委宣传部代表政府履行国有文化资产的出资人职责。2004 年6 月，在文化领域国有资产监管工作小组之下组建了国有文化资产监督管理办公室，并赋予其具体的监管职责。值得一提的是，上海市委宣传部将分类管理思想引入国有文化资产管理领域中，对上海市文化领域的经营性国有资产和非经营性国有资产进行分类管理，根据资产性质的不同，建立相应的监督管理制度和考核体系。

宣传部具有协调文化产业发展及宣传文化事业的改革和发展职责，在统筹与协调方面具有一定优势，为其成为国有文化资产的出资人机构奠定了良好的组织基础。同时，采用分类管理制度，区分经营性与非经营性文化资产并进行资产监管，符合国有文化资产管理属性，有利于促进国有文化资产的保值增值。以上海为代表的宣传部门主导模式下的国有文化资产监管制度体系架构，对各省市监管模式的建立具有较强的示范性，湖北、河北、广东等省份也相继建立了以宣传部门为主导的国有文化资产监

管体制。

这一模式由不同的政府部门联合设置单独的国有文化资产监督管理小组，可以确保政企分开，有效地解决了政府、文化企业的利益冲突，便于政府、企业各行其是，各司其职。但是，这一模式由于没有强调政府出资人的职责，对国有文化资产的管理还停留在完成基本的保值目的基础上，对于国有文化资产的增值意识还较为薄弱。

三、国有文化资产监督管理办公室主导模式

围绕以国有文化资本运作和资产监管为中心的新体制的合理化的构建目标，2012 年 5 月，北京市组建国有文化资产监督管理办公室作为国有文化资产的专业化监管机构，其性质是北京市政府的直属机构。相比于财政部门、宣传部门主导下的国有文化资产专门管理机构，北京市国有文化资产监督管理办公室的部门设置更加全面，职责分工更加明确。办公室下设综合处、政策法规处、规划发展处、产权管理处等 16 个处室，对国有文化资产监督管理的各项职责进行了详细规定，体现了管人管事管资产管导向的有效结合。借鉴北京市的做法，2013 年 8 月，海南省政府授权省属经营性国有文化资产监督管理领导小组及其办公室作为国有文化资产的出资人代表，并明确其管理职责，使国有文化资产监管逐步走上规范化、制度化管理的轨道。

四、国有文化资产经营管理公司主导模式

公司化、集团化管理模式的特点是：通过对国有文化资产进行整合，由政府出资组建文化资产经营管理有限责任公司，享有出资人的权利，在资产的运营过程中，对国有文化资产进行分类，实行集约化、集团化运营。国有文化资产管理部门通过监管国有文化资产、调控文化资产投资方向、审定投融资策略以及考核文化企业的绩效等实现国有文化资产的保值增值。这一模式以重庆、广州和深圳为代表。

重庆市的监管模式是一种具有前瞻性的管理体制。为了厘清宣传部、财政部、国有文化资产监管机构等部门之间的关系，推进文化事业单位转企改制为现代企业制度，2005 年，重庆市在对国有文化资产进行整合的同时，组建了重庆市国有文化资产经营管理有限责任公司，该公司为国有独资公司，负有国有文化资产的出资人权益，同时以社会主义市场经济中的独立主体身份，参与文化产业的市场活动。该公司明确了各部门之间的职能定位，市委宣传部对公司的经营方向、重要人事、重大事项进行监管并实施领导；市财政局对公司的实际经营情况进行监督管理；公司负责考核授权文化单位的资产保值增值情况，指导国有文化单位的现代企业制度建设。重庆市成立国有文化资产经营管理公司的改革实践是我国国有文化资产监管的新途径，该公司的成立对于理顺财政、宣传、国有文化资产监管机构等部门与国有文化企业之间的关系，推进国有文化资产的市场化运营起到了重要作用。这在国有文化资产合法出资人问题上给出了比较成功的解决方案。

广州市根据其自身文化产业的现状，不仅重视扩大文化产业的规模、提高文化产业的质量，而且特别重视实现文化产业发展的集约化、集团化，因此广州市在请示国

有文化资产管理局的前提下，根据文化产业各个行业的不同特点，打造了一批文化产业集团，如广播电视、报业出版、新华书店等，并在此基础之上建立了一套新的国有文化资产监督管理体系。

2004年，深圳市针对深化国有企业和国有资产管理体制改革中存在的问题，依据国务院《企业国有资产监督管理暂行条例》，对国有资产管理体制进行了调整，撤销了三家资产管理公司，由国资委对市属国有企业直接行使出资人的权力。将原有的国资委（国资办）—资产经营公司—国有企业三个层次的国有资产监管体系，调整为国资委—独资和控股国有企业两个层次。在国资委的层次实现了政资分开、政企分开，由国资委作为出资人，对市属国有文化企业行使出资人的权力，实现了管人管事管资产相结合。

这一模式在国有文化资产管理体制与运营机制方面进行了大胆改革：一方面充分发挥了市场主体在市场经济中的主体性作用，使得国有文化资产有了明确的出资人，有效解决了国有文化资产出资人缺位的问题；另一方面转变了政府职能，解决了政府、文化企业的利益冲突，便于政府、企业各行其是，各司其职；其三还有效整合和合理配置了资金、劳动力、技术等要素，通过在资产的运营过程中对国有文化资产进行分类集团化运营，实现规模经营、集约化发展，初步实现了文化资产在运营上的市场化集约目标。

从中央到各省市的国有文化资产管理体制机制改革，在过去实践的检验下，总的来看都取得了一定的成绩，并积累了大量的实践经验，但不同的模式有不同的优点与不足。前两种政府监管模式——中央与上海模式都是从党委与政府管理的角度尝试组成更加有效率的行政机构，实施对国有文化资产的监管与统筹。略有不同的是，中央主要由财政部门下设的文资办对中央所属的国有文化资产履行监管的职责，上海则不仅仅是市政府的财政局，还包含了市党委的宣传部，协同市国资委联合成立领导小组，对国有文化资产进行监管。这种模式可以更加高效、更加专门地对国有文化资产实施监管，从而结束国有文化资产有史以来的监管混乱局面。第三种以北京为代表的综合性、专业化管理模式的特点是监管机构直属市政府，权威性、综合性强，部门设置更全面、专业性更强，管理效率更高。最后一种是以重庆、广州和深圳为代表的公司化、集团化管理模式：党委或政府整合国有文化资产，并出资成立国有文化资产经营管理有限责任公司，以市场主体的身份参与到文化产业之中，实行自主经营、自负盈亏，政府对国有文化资产实施放权管理，更加契合社会主义市场经济的基本经济制度。尽管全国各省市在国有文化资产的管理方面都取得了不同的成功经验，但在国有文化资产出资人的明晰、国有文化资产的保值增值目标管理、更加有效率的保障和激励机制的设计方面还需进一步探索。

第四节 国有文化资产管理体制改革面临的新形势

了解中国文化产业发展的新情况和文化体制改革的新取向，对于完善国有文化资产管理体制，明确国有文化资产监管专门机构的定位和工作努力方向具有重要意义。

一、文化产业快速发展，国有文化企业迅速扩张，迫切需要深化国有文化资产管理体制机制改革

近年来，特别是党的十八大以来，随着我国经济结构的调整和发展方式的转变，在党和政府政策的大力推动和扶持下，我国国有文化资产总量大幅增长，文化产业增加值逐年提升，文化产业发展活力凸显，呈快速增长态势，文化及相关产业成为当前经济增长的一个亮点，总量持续快速增长，比重日益上升，在推动经济发展、优化经济结构中发挥着越来越重要的作用，朝着成为国民经济支柱产业的方向迈出了新的步伐。

改革开放后，尤其是2003年文化体制改革以来，随着文化体制改革的深入，国有文化资产管理体制改革稳步推进，国有文化资产出资人代表制度基本建立，我国大量经营性文化单位转企改制，国有文化企业数量迅猛增加，国有文化企业已经成为一支重要的市场力量。国有文化资产总量不断壮大，国有资产利润水平、竞争能力都得到较大提升。

2018年12月，财政部、中宣部联合发布的《国有文化企业改革发展报告（2018)》显示，截至2017年年底，全国国有文化企业共计16014户，比2014年的13313户增长20.29%；资产总额达45662.2亿元，比2014年的26488.9亿元增长72.38%；全年实现利润总额达1481.2亿元，比2014年的1122.5亿元增长31.95%；净利润达1287.8亿元，比2014年的977.7亿元增长31.72%；户均资产总额为28514万元，比2014年的19897万元增长43.31%。

在转企改制过程中，文化单位转企改变了原有的与主管部门的资产所有权关系，资产、财务和预算关系逐渐松散，出资人关系成为政府和企业间的新纽带，加强对出资人代表的管理，构建与我国社会主义市场经济体制相适应的国有文化资产管理体制与机制成为时代的迫切要求。

二、破解国有文化企业小、散、弱的现状，迫切需要创新国有文化资产管理体制机制

近些年，我国文化企业发展较快，成效明显。截至2018年年底，全国文化企业共309.28万户，占全部企业数量的8.9%；2018年，全国新登记文化企业共52.21万户，同比增长6.9%①。2018年，全国共有文化骨干企业6.0万家，比2012年增长64.3%，2013—2018年年均增长8.6%；从业人员为845万人，比2012年增长20.9%，年均增长3.2%；实现营业收入89257亿元，比2012年增长58.6%，年均增长8.0%。

随着文化产业及相关领域的供给侧结构性改革力度不断加大，文化市场主体创新

① 雒树刚：《国务院关于文化产业发展工作情况的报告》，中国人大网，http://www.npc.gov.cn/npc/c30834/201906/d6205ca4de0b49c6994b7427880b143b.shtml.

创业活力不断被激发，骨干文化企业得以做强做大做优，新型文化业态得以培育，我国文化产业继续保持快速增长势头。

据对全国规模以上文化及相关产业6.0万家企业调查，2018年上述企业实现营业收入89257亿元，比上年增长8.2%。文化及相关产业9个行业中，有7个行业的营业收入实现增长。其中，增速超过10%的行业有3个，分别是：新闻信息服务营业收入为8099亿元，比上年增长24.0%；创意设计服务营业收入为11069亿元，增长16.5%；文化传播渠道营业收入为10193亿元，增长12.0%。文化企业的规模化、集约化水平进一步提升，文化产业发展后劲较足，将继续保持快速增长的势头。

我国国有文化企业发展虽然已经取得了较大成绩，但是从具体分析来看，国有文化企业的规模和实力仍然呈现小、散、弱的状况。《国有文化企业改革发展报告(2018)》显示，截至2017年年底，全国国有文化企业共计16014户，资产总额为45662.2亿元，全年实现利润总额1481.2亿元，净利润为1287.8亿元，户均资产总额为2.8亿元，户均利润为925万元，户均净利润为804万元。

2018年9月，由中国企业联合会、中国企业家协会发布的“中国企业500强”榜单显示，国家电网有限公司以2.4万亿元营收位列榜首。中国石油化工集团公司、中国石油天然气集团有限公司分别居于第二、第三名，营收分别为2.21万亿元及2.20万亿元。国家电网有限公司、中国石油化工集团公司、中国石油天然气集团和中国工商银行股份有限公司4家的营业收入与全国6.0万家文化骨干企业的营业收入相等，另外，仅国家电网有限公司1家的营业收入就是中国第十一届文化企业30强主营收入总计4164亿元的5.6倍。国有文化企业仍然需要通过深化改革释放活力，通过整合做强做大做优。数量庞大的文化企业并没有产生预期的收益，总体来看，经营性文化产业规模小、科技含量和产业附加值不高，某些经营性文化产业营业利润甚至为负。

由于管理体制的原因，国有文化企业分散在不同的政府部门，对主管部门依存度高，企业资产规模小，市场竞争能力弱，生产经营没有脱离对传统资源的依赖。在出资人没有完全到位以及主管主办体制下，企业兼并重组面临的行政阻力大，市场难以发挥有效调节作用。破解国有文化企业小、散、弱的格局，迫切需要创新国有文化资产管理体制机制。

一是解决当下管理体制难题。近年来，国有文化资产管理体制在文化体制改革浪潮中不断得到调整，管理水平逐渐提升。但是，各地方政府在管理实践中探索出了各具特色的监管模式，这些模式的探索在取得一定管理成效的同时，也带来了国有资产统一管理的难题。同时，监管主体的不统一与多个管理机构间权责利的不一致，导致部门间职责权限不清、职能交叉、相互扯皮等问题广泛存在，严重影响了国有文化资产的运营管理效率。因此，有必要优化当前的国有文化资产管理模式，统一监管主体，理顺各监管机构之间的权责关系。

二是深入推进文化体制改革。国有文化资产管理在文化管理领域中具有重要地位，国有文化资产管理体制改革是文化体制改革的有机构成部分。随着文化强国战略的实施，国有文化资产总量不断攀升，资产规模不断扩大，传统的政府主导办文化、党政部门过多介入下属文化企事业单位的管理模式已经不再适应国有文化资产的发展要求，我国的文化管理体制已经逐渐从办文化向管文化、从小文化向大文化纵深演替。与此相应的，国有文化资产运作与管理方式也需要作出调整。在新的发展阶段，必须进一步深化国有文化资产体制改革，推动国有经济、国有资本和国有文化企业布局优化、结构调整和战略性重组，实现质量更高、效益更好、结构更优的发展。因此，研究国有文化资产管理体制中的弊病并进行体制优化设计，对于深化文化体制改革具有重要意义。

三是推进国有文化企业市场化改革。文化体制改革的一项重要成果就是将文化事业单位转企改制，使得大量经营性文化资产从传统的管理体制中脱离出来，释放国有文化资产的活力。转企改制要求相应的管理机制也要进行企业化改革，但当前的国有文化企业在管理中依然残留着许多传统管理方式的弊病，事业单位企业化管理的尴尬身份就是这种管理弊病的典型表现。一些已经转企改制的国有文化企业虽然在性质上已经属于市场主体，但在现实中依然受到过度的行政管控，管理方式仍然具有事业单位管理痕迹。因此，优化国有文化资产的管理模式，是推进国有文化企业改革、提升资产经营效益的现实需要。

第五节　国有文化资产管理体制存在的问题及其原因分析

当前，文化体制改革已经进入攻坚克难的关键阶段，国有文化资产管理体制改革的滞后与文化产业的快速发展之间的矛盾日益突出，这已成为制约文化产业发展的重要因素，仍然需要通过深化改革释放活力，通过建立科学的国有文化资产管理体制，切实提高文化领域管理效能和服务水平，不断解放和发展文化生产力，增强国家文化软实力。

一、国有文化资产管理体制存在的主要问题

（一）国有文化资产产权主体分散，权责明晰的出资人缺乏

公有产权（包括国有产权）的制度安排必须符合以下几个要求：产权主体要明确，产权边界要清晰；产权必须能自由流动；企业内部产权结构安排必须合理等。在我国，国有文化资产存在多层次的委托代理关系。全体人民是国有文化资产的终极所有者，国家则代表人民履行所有者权利，各级政府代表国家作为文化资产的最终委托人。在进一步的委托代理关系中，根据计划体制下行业分工—专业分类的传统行政体制设计理念，政府又将国有文化资产分置于不同的行业部门或机构内，因此，产权主体呈现分散化的格局。在全国范围内并没有最终成立统一的、合法的、权威的国有文化资产出资人机构，国有文化资产的产权分散在政府的多个管理部门。很多省份和地市的国有文化资产的出资人一直处于空缺的状态，部分省市尽管存在国有文化资产的出资人，却由于产权界定不明晰，在管理中存在管理混乱、运营权责不明的状况。

就投资主体来看，国有文化企事业单位中的国有文化资产有政府投资的资产、宣

传部门投资的资产，还有部门和单位投资的资产，由于国有文化资产出资人的多元，国有文化资产出资人职能被多个管理部门行使。行使国有文化资产出资人职能的有两到三个甚至更多的管理部门，却没有一个法定的、统一的国有文化资产出资人机构，容易造成产权不清晰，无法更好地发挥国有文化资产的经济效用，无法拓宽投融资渠道，更难以建立健全文化市场体系。有的省市国有文化资产出资人机构挂靠在宣传部门，有关国有文化企业重大事项的决策、国有文化资产的流动导向等重要问题由宣传部门和文化主管部门共同敲定，国有文化资产出资人机构的职权行使从某种意义上被架空；还有的省市成立了省市文化体制改革和文化产业发展领导小组办公室（简称省市文资办），然而其与政府机构未能完全分离，职能行使更多地表现为协助政府组织企事业单位绩效考核、协调推动重大文化项目的建设等等，其独立的出资人地位并未落实。不管是由多个政府部门统一设立单独的文化资产办公室，还是由单独的部门下设独立的文化监管委员会，都没有一个部门真正对国有文化资产从资本投入、资产经营到资本收益、资本积累全程负责，无法按照“谁所有、谁负责”的资产管理要求对国有文化资产进行监督管理。

国有文化资产的合法出资人不仅需要拥有对国有文化资产的所有权，而且由于国有文化资产在管理中需要顺应党委和政府在国有文化资产管理中的导向，这就使得设置国有文化资产的出资人需要权衡的方面比较复杂。只有在明确了出资人的前提之下，才可以实现对国有文化资产的管理与运营。因此，合法、权责明晰的出资人的设置，即由谁来行使国有文化资产的出资人职能就成为亟待解决的问题。

（二）国有文化资产监管部门重叠、管办不分、权责不明

目前，我国还没有建立一套科学完整的国有文化资产监管体制，现行国有文化资产管理体制中政企不分、政资不分问题依然存在，国有文化资产监管还存在越位、缺位、错位现象。如前所述，由于产权主体不明确，现行的国有文化资产产权的主体——政府部门与国有文化企业之间的权限范围划分不清，造成各政府职能部门各自争利，争夺国有文化资产的控制权，最终形成了国有文化资产产权条块分割、各自为政的局面，阻碍了文化资产的合理流动和有效配置。

长期以来，在所有者缺位的情况下，国有文化企业的资产和人事权分散在党委和政府的多个管理部门之中，出资人的所有权分散重叠在文化、新闻出版、宣传以及广电等多个管理部门之中，从而形成了“齐抓共管”多头管理的格局。由于党委、政府与国有文化企事业单位之间的权力划分缺乏明晰的制度性边界，责任主体不明、职责不清，表面上似乎形成了多部门负责制，但实际上却为多部门管理的越位与缺位埋下了隐患。各政府部门按照本部门的要求甚至自身的利益，利用出资人的身份对国有文化资产进行干预，不仅为国有文化企业制定发展计划并进行管理监督，还直接参与文化企业的日常生产管理。原本企业“办文化”的职责也日渐转移到政府手里，政府俨然成为集管办于一体的“大家长”。这种管办不分的后果表现在以下方面：其一，对于政府各管理部门，当国有文化资产盈利时，各部门蜂拥而上争夺利益，而当国有文化资产管理环节出现问题时，各部门相互推卸责任，没有部门对国有文化资产流失和政

策管理失误真正负责；其二，对于国有文化企业，由于各部门都向国有文化企业发号施令，国有文化企业无所适从，只能在夹缝中生存，被迫左右逢源，应付各个管理部门。这导致国有文化生产经营单位生产热情不足，无法成为自负盈亏、自主发展的市场经济主体；其三，对于文化产业发展，国有文化企业的经济决策受制于归口管理部门，地方政府和各部门出于自身利益打破了管理的连贯性和统一性，人为割裂了企业间的经济联系和产业链条，从而打破了正常的市场秩序，降低了国有文化资源配置和文化企业的运营效率，无法更好地发挥其经济属性，建立健全文化市场体系；其四，对于政府和管理者个人来说，在国有文化资产的配置过程中，政府各部门乃至管理者个人为了谋求自身利益，对国有文化资产资源分配和资产处置进行过多干预，而非利用市场机制自发促进资产配置的优化，甚至会导致文化产业出现大量"寻租"现象，形成一个恶性循环，推动政府利用行政权力谋求超额经济利益。这种管办不分的国有文化资产管理机制必然造成整个国有文化资产管理体制的僵化，不利于我国文化产业形成比较优势，应对世界文化市场变动潮流的冲击。

（三）国有文化企业现代企业制度不健全，公司法人治理结构不完善

目前，我国国有文化企业的现代企业制度仍处于初建时期，企业法人治理结构仍在探索阶段，在实践探索的过程中出现了大量问题，主要表现在四个方面：

第一，国有文化企业中的行政化色彩浓厚，对政府的依赖性过强。目前我国国有文化企业相当一部分董事、经理甚至独立董事都是由政府直接任命的，企业的经营决策都要向政府报批，他们关注的重点往往不是企业的经营绩效，而是政府的政策走向，造成的后果只能是政企无法分离，国有文化企业经营绩效的提高难度较大。与此同时，受我国原有计划经济体制的影响，我国国有文化企业过分依赖政府，为求得政府的产业保护和财政补贴，甚至不惜与政府进行不良博弈，导致国有文化企业惰性的滋长。

第二，董事会过分集权，规模过大。董事会具有召集股东大会、作战略决策、任命国有文化企业高级管理人员和一般事务管理的权力，如此多的权力交由董事会行使很容易造成董事会过分集权，干预企业日常经营活动的管理，不利于董事会和经理层之间的制衡。同时，我国国有文化企业的董事会存在规模扩大的趋势，规模过大的董事会降低了决策制定效率，同时也不利于经理层执行决策。

第三，所有权虚化，内部人控制现象突出。我国的国有文化资产属于全体人民，但客观条件决定人民不可能亲自对国有文化资产进行监督与管理，即使少部分公民有这种觉悟，但由于信息不对称等原因，监督也是不充分的。我国目前还没有建立统一的国有文化资产出资人机构，出资人的缺失导致国有文化资产所有权虚化，国有文化企业的控制权落到经营管理者手中，即出现了内部人控制现象，造成国有文化资产流失，全体国民利益受损。同时，国有文化企业内部对经理层缺乏充足的激励和约束，更加助长了经理层违背股东利益的动机。

第四，监事会地位不被重视，发挥的监督作用有限。现代企业制度的公司治理结构中，监事会与董事会应该处于同等地位，监督董事会和经理层的日常决策和管理，并对股东大会负责。但是目前我国的国有文化企业中，监事会规模小、地位低，往往

被看成董事会的一个附属机构，无力发挥应有的作用。同时，监事会与董事会和经理层藕断丝连，主观上也不愿行使职责。

（四）国有文化资产经济属性有待明确，事业与产业分类管理不规范

国有文化资产从本质上来说虽然是资产，但它却不是一般意义上的资产。从其基本属性来说，它集政治属性和经济属性于一身；从资产运用范围来说，其既可以用在公益性事业领域，也可以用于经营性产业之中。

长久以来，人们对国有文化资产政治与经济的特殊双重属性特点认识不足，往往十分重视政治属性而忽视其经济属性。人们普遍认为文化资产首先应该是为人民提供服务的，不应该将其变为营利的工具。文化资产要实现社会效益和经济效益的双丰收，对国有文化资产的监督管理不仅要考核文化资产的保值增值情况，还要考核文化企业的社会效益实现情况。然而，要建立科学的国有文化资产的绩效考核和评价体系却十分困难，尤其是在文化宣传教育功能、确保意识形态控制力、维护主流价值观与国家文化安全等社会效益指标方面，难以确立一套系统的指标体系并赋予其合理的权重比例，加之社会效益显现的滞后性，导致大多数的国有文化企业虽然建立了绩效考核机制和评价激励机制，但大多仍停留在“软约束”层面，难以将其“硬化”。

在文化产业发展的初始阶段，公益性与经营性国有文化资产并没有区分，而是统一由国有文化资产管理部门进行管理。随着社会主义市场经济的发展以及文化体制改革的深入，国有文化企业与国有文化事业单位中的国有文化资产逐渐开始区分，分别运营与管理。但是由于对国有文化资产的公益性与经营性特性认识不够，产生了在国有文化资产的管理与运营中不亏即盈利的思想，国有文化资产的监管部门在对国有文化企事业单位的监督考核中，更多地强调了国有文化资产的公益性属性，忽略了国有文化资产的经营性属性，因而未能彻底对国有文化资产进行分类分开运营和管理，甚至出现部分经营性国有文化企业仍然在国有文化事业单位中管理，对国有文化资产的保值增值目标无动力驱动，无法取得预期的良好成效。在对国有文化资产的管理中，我们一定要区分非经营性资产和经营资产：在经营性文化产业中，要加强经营性文化资产的整合，促进经营性文化资产的市场化、企业化运作；而在公益性文化事业中，要加强公益性文化事业单位的改革，实现国有文化资产的保值目标。

（五）国有文化资产监管政策法规体系不健全，资产进入、退出机制未建立

当前，对国有文化资产的保护、国有文化资产的监管、国有文化企业资产保值增值、国有文化企业产权转让管理等都缺乏相应的法律制度规定。随着我国市场经济体制的日益完善和国家法治进程的不断推进，需要进一步完善相关法律法规，以确保国有文化资产监管有法可依。比如，对国有文化资产出资人的界定应以法律的形式规定下来，对产权主体的权利义务等在法律法规上给予规范和肯定，使该产权主体自然成为该项资产的直接责任主体，同时在法律中列示其职责范围，当出现产权责任之争的时候，可以以相关法律法规为依据，明确各方职责，保护合法权益、惩戒违法行为。

在进行国有文化资产管理体制改革时，政府任何一项政策的出台都可能会触犯既得利益者的利益，会出现政策执行不到位或结果背离政策初衷的情况。这时更需要法律法规的帮助。如此，国有文化资产管理体制的改革政策就能得到法律的保证。

由于文化资产的意识形态属性一直被放大，而文化资产的经济属性一直被忽略，出于文化安全等因素的考虑，我国文化产业中的国有文化资产在运营中的准入和退出存在很高的壁垒。长期以来，由于党委和政府对文化的意识形态作用高度重视，国有文化资产的运营只能是在体制内文化事业单位和文化产业企业中进行，不允许非体制内的企业、组织和个人进入国有文化领域，也不允许国有文化资产的出资人将国有文化资产向更高投资回报率的其他国有文化资产营运组织以及产业转移。历史上的这一规定一方面保障了文化阵地的纯洁性和话语权，同时也为文化产业的存在提供了政策保障，然而在文化产业投入更加多元和大力发展文化产业的今天，这一壁垒阻碍了国有文化资产的流转，使得国有文化资产出现不良资产以及部分国有文化企业出现投资不足的现象。同时，文化产业的高资本化特点，也使得民间资本往往很难进入这一高速发展的产业之中，而国有文化资产相比民间资本，往往具有较低的资产利用率，导致文化产业中的文化企业总体呈现明显的“国企病”。国有文化资产退出的高壁垒，也间接导致大量分散的民间社会资本进入文化产业壁垒的加高。

因此，为了实现文化产业的繁荣发展、国有文化资产的保值增值，政府有必要在政策上逐渐取消对经营性文化产业的准入门槛，允许国内的各种社会资本对文化产业进行投资，甚至允许海外资本对国内的经营性文化资产开展投融资，从而为我国后发展的经营性文化产业注入丰富的资金支持。

（六）文化资产评估与定价体系不完善，现代企业化激励机制缺失

国有文化资产的运营体系由于缺乏对文化资产客观公正的评估与定价，从而导致国有文化资产在运营体系中资产营运组织与出资人以及独立第三方机构之间存在资产评估差异以及定价区别，从而出现无法统一资产价值评估的问题，这为国有文化资产的运营带来了价格——市场微观经济的核心的一系列问题。但是国有文化资产包含了有形资产以及无形资产，而且无形资产所占比例较高，导致对国有文化资产的无形资产定价存在人为的差异。由于文化企业普遍有固定资产较少且资产结构轻型化的特点，而金融的信用贷款融资又涉及对国有文化资产的评估与定价，这时候金融机构对资产的评估定价往往低于国有文化资产营运组织的评估预期。这一矛盾的存在，使得国有文化资产营运组织在取得融资时往往只能取得远远低于预期的融资额度。

现在的国有文化资产运营管理普遍缺乏科学的绩效考评体系和激励机制。国有文化资产营运组织内部的激励机制，是建立在对企业运营绩效考评机制基础上的，但由于目前正处于文化体制改革全面深入的阶段，至今还没有建立一套完整的、科学的国有文化资产运营考核评价体系和标准，无法对数量庞大的国有文化资产运营进行科学的、可行的绩效管理。这里说的企业运营绩效考评体系，主要包括反映企业财务效益状况、资产运营状况、偿债能力状况和发展能力状况四个方面的内容。在进行绩效管理时要制订科学的、合理的企业经营业绩考核标准，内容包括计量指标评价标准和定

性指标（非计量指标）评价参考标准两类。国有文化资产运营绩效考评体系和激励机制的建立，有利于文化企业适应激烈的市场化竞争，防止国有文化资产流失，从而实现国有文化资产保值增值的目标。

二、国有文化资产管理体制存在问题的原因分析

通过对我国国有文化资产管理体制存在的主要问题和深层次原因的分析，我们可以发现构建普适性的国有文化资产管理体制机制需要解决的诸多问题，从而更有针对性地制定出相应的措施改革国有文化资产管理体制，最终推动文化产业的大发展。

（一）国有文化资产管理体制存在问题的最根本原因在于产权不清

由于对国有文化资产产权的长期忽视，由谁来主导国有文化资产发展的问题没有得到解决，直接责任人的缺失导致国有文化资产管理的权责不明，这才为政府有关部门提供了空档，最终形成多头管理、职能交叉、管理缺位等问题。

（二）国有文化资产管理体制存在问题的最客观原因是国有文化产业单位多、体系复杂，管理起来相当困难

在政府管理的文化系统里，行政机关、事业单位、企业单位等并存，各自体制不同，形态上千差万别。其中，单位有全额拨款、差额拨款、自收自支或企业化管理等各种经营方式，而经营类的单位还有全资、控股或参股的子公司与分公司等运营体制。如何把各种模式都合理地归置到国有文化资产管理体制下，建立模式多样的管理体制就显得尤为必要和复杂。

（三）国有文化资产管理体制存在问题的最主观原因是国有文化资产的双重属性

文化资产具有意识形态属性和经济属性的双重属性，而文化资产存在经营性资产和非经营性资产之分，由于对此认识不足，这成为国有文化资产监管的难点，特别是给监管部门实现社会效益优先、社会效益和经济效益相统一的目标带来挑战。

（四）国有文化资产管理体制存在问题的内在原因是管理体制的不健全

目前国有文化资产管理体制还不够完善、不健全，才导致国有文化资产在实践过程中存在着文化资产的出资人不明晰、国有文化资产监管机构职责不明晰，以及绩效考核为核心的激励机制不完善等诸多问题。

（五）国有文化资产管理体制存在问题的外在原因是国有文化资产运营体系不成熟

目前，我国国有文化资产运营体系建设还处在初级阶段，运营体系中的各个市场主体还未完全形成，主体间相互关系还不稳定，国有文化资产营运组织的内部也还未完全形成适应市场的机制体系，因此，在运营体系上存在着国有文化资产进入退出壁垒、国有文化资产营运组织内激励机制缺乏，以及国有文化资产的评估和定价困难等问题。

第六节　国有文化资产管理体制创新探索

一、明晰国有文化资产的出资人及产权

2015年8月，中共中央、国务院印发《关于深化国有企业改革的指导意见》；2015年9月，中共中央办公厅、国务院办公厅印发《关于推动国有文化企业把社会效益放在首位、实现社会效益和经济效益相统一的指导意见》；2016年7月，中宣部、中央网络安全和信息化领导小组办公室、财政部、文化部、国家新闻出版广电总局五部门联合出台《关于深化国有文化企业分类改革的意见》。这些文件强调文化企业国有资产管理必须坚持社会效益与经济效益相统一，按照管人管事管资产管导向相结合的要求，公共管理职能与国有资产出资人职能相分离，所有权与经营权相分离，企业依法自主经营，组建国有文化资产监督管理机构，这指明了国有文化资产管理体制改革的方向和路径。

（一）明晰产权主体，建立责任明晰的委托代理关系

明晰产权主体，建立责任明晰的委托代理关系，实现国有文化资产从国家到专业化国有文化资产监管机构，再到国有文化企业的授权与经营，是明确国有文化资产产权主体及出资人、优化国有文化资产管理体制的重要环节。国有文化资产管理体制首先在政府和国资委两者之间形成了委托代理关系，即政府委托国资委作为国有文化资产的产权主体，代表政府行使出资人职责，由于国资委是独立于政府部门的特设机构，这就避免了政府对国有文化资产管理产生的越位与缺位。在第一层委托代理关系之后，国资委再以出资人，即股东的角色组织形成国有文化资产管理公司，管理公司与国资委之间形成第二层委托代理关系。国有文化资产管理公司以出资代理身份，委托国有文化经营公司对其持有产权的国有文化资产进行企业化的经营，这样，国有文化资产便形成政府—国资委—国有资产管理公司—国有文化企业四大主体的三层次委托代理关系的管理体制。三层次的委托代理关系的管理体制，不仅使国有文化资产得以抽离政府的行政式、多头式管理，也让国有文化资产获得了相对自由的发展空间。目前，文化企业国有资产管理进入实施出资人专业化管理新阶段，对国有文化资产出资人进行产权界定，实现国有文化资产的出资人机构在全国范围内的合法化成为首要任务。

（二）明确职能划分，实现委托人向代理人的权力授予

根据委托代理理论，委托代理的核心环节是授权，因而在实际的委托代理中，要通过明确的职能划分和层层衔接的委托环节，实现委托人向代理人的权力授予。建立新型国有文化资产管理体制，需要理顺新形势下行政部门与其所属文化企业的关系，处理好企业出资人机构和原主管主办部门的关系，建立符合宣传文化工作和现代企业制度要求的国有文化资产宏观管理体制和国有文化企业微观运营机制。对国有文化资产的产权界定需要明晰国有文化资产各相关部门的权限范围，并对设置的出资人机构

在管理职能上与文化部等国家机关的区别进行明确，同时明确出资人机构与文化企事业单位的产权界限，出资人负责的是企事业投融资、资产重组、产权转让等重大战略性决策的决定以及对文化企事业单位的监督，而文化企事业单位的所有者则主要负责现代公司内部运营机构的运行。科学界定国有文化资产出资人监管的边界，建立监管权力清单和责任清单，国有文化资产监管机构依法、统一对国有资本投资、运营公司和其他直接监管的企业履行出资人职责，实现以管企业为主向以管资本为主的转变。在产权界定清楚之后，形成对国有文化资产的明晰的产权制度，从而有效遏制多头管理出现的国有文化资产重复浪费以及低附加值情况，并有效保障国有文化资产的社会效益与经济效益的双重目标。

二、创新国有文化资产管理机制，实行分类管理

根据文化的功能区分，我国国有文化资产分为公益性的文化事业和经营性的文化产业两大类，文化资产的双重属性决定了国有文化资产分类管理的必要性，在进行国有文化资产管理体制改革时，要按照公益性、经营性不同的功能定位，以产权改革为核心，加快推进公益性企业化管理事业单位、经营性文化单位的分类改革，要建立分类管理机制。因此，创新国有文化资产管理方式重点是要进行分类管理。

应当按照社会公共管理职能与出资人职责相分离的原则，凡属出资人的具有私权利性质的职责权利和义务，都归属于各级国资委；凡属履行社会公共管理的公权力性质的职能，都归属于各级文化管理部门。具体而言，即将国有文化企业的资产收益、参与重大决策和选择管理者三大权利交由国资委；将党对意识形态的领导工作和宣传业务交给各级宣传部门；将行业管理、市场监管、社会效益评价等社会公共管理职能交给文化主管部门，由此建立以国资委为主导的各部门分工协作的经营性文化资产管理体制。

公益性的文化产业主要还是依靠政府行政体制组织生产，而国有经营性的文化产业部门就可以进行完全的市场化改革，依据市场组织生产活动。对于非经营性的国有文化资产，因关系到社会舆论的导向、国家和社会的稳定，其社会效益远远大于经济效益，可由监管办直接管理；对于公益性文化事业，政府主导并不意味着政府大包大揽，对于文化事业单位提供的一部分公共文化服务，政府完全可以放手交由市场提供。比如，变以人定费、以费养人为以事定费、以费养事，根据公共文化单位提供的公共文化服务数量与质量来拨付经费。另外，凡是可以通过采购提供的公共服务，政府可以采取“花钱买服务”的办法，用市场化的方式组织生产和供给，以降低公共服务的单位成本，提高公共服务的质量。对于经营性国有文化资产，就应充分发挥其经济属性，不断壮大国有文化资产总量，可由国有文化资产投资运营公司管理。对于经营性文化产业，政府必须完全退出该领域，将其推向市场，利用价格规律、供求关系实现文化产品和服务生产的多元化。政府应理顺与经营性文化企业之间的关系，避免用行政化手段干预文化企业的生产运营，使其能够真正成为独立经营、自负盈亏的市场经济主体。政府的放手并不意味着文化管理的无为，由于文化资产的特殊性，政府必须

要统筹好放与管的关系，做一个宏观的引导者和监管人。

（一）建立党政监管“四管”相统一的管理机构

有效行使出资人权利，是党委和政府加强对国有文化资产管理的重要依据。党的十八届三中全会提出，要建立党委和政府监管国有文化资产的管理机构，实行管人管事管资产管导向相统一。根据现代产权制度理论，结合国有文化资产管理体制改革的发展趋势，探索以国有资产监督管理委员会为领导，建立统一的专业化国有文化资产管理公司为具体管理机构的新型国有文化资产监管体系。

（二）实行“文化例外”的国有文化特殊管理股制度

践行“文化例外”的文化企业市场化改革原则，借鉴西方文化企业管理经验，积极探索在国有文化企业实行特殊管理股制度，打破“一股一票”的企业治理原则，通过双层股权设置，或者“黄金股”设置让国家利用较少的资产比例对大量的国有文化企业实行有效控制，既满足国有文化企业生存发展的融资需要，又保障国家对意识形态领域的控制。

（三）完善社会效益优先、双效统一的考核评价体系

一方面，以国有文化资产管理公司为考核对象，建立目标考核制度，以目标责任书的形式，规定国有文化资产管理公司的目标考核指标，通过建立定期与不定期考核相结合、长期激励与短期激励相配套的绩效考核机制，对国有文化资产管理公司的绩效进行考核，并根据考核结果采取相应的奖惩措施，形成政府监管的激励作用。另一方面，在国有文化资产公司内部也要建立激励约束机制。通过构建与绩效相挂钩的薪酬制度、与业务能力相挂钩的职务晋升制度以及物质奖励与精神奖励相结合的激励措施，对国有文化资产管理公司内部员工进行相应的激励，提高国有文化资产管理人员的工作积极性，进而提升国有文化资产的管理效率。

三、建立分类分层的国有文化资产管理体系

按照国有文化资产经营和非经营的不同特征，区分文化事业和文化产业的不同领域，明确投资机构和企业的权益，逐步形成国家统一所有、政府分级代表的科学管理体系。

（一）构建我国非经营性文化事业单位分层管理体系

我国是社会主义国家，国有文化资产属于全体人民所有，人民将全部的国有文化资产委托授权给政府监督管理，这其中包括国有文化事业单位内的文化资产。财政部门作为政府的行政机构，接受人民的委托监督文化主管部门的工作，并定期抽查管理文化事业单位，而文化事业单位的具体监管工作则交由文化主管部门。在由财政部门主导的文化事业管理体系的委托代理链条中，人民是终极委托人，享有国有文化资产的所有权，而文化事业单位是最终代理人，承担文化资产保值增值的职责。财政部门和文化主管部门既是国有文化资产的监管主体又是监管客体。财政部门作为文化事业单位的监管主体，其并不是要包揽文化事业单位大小一切事务，其具体的职责行使主

要有三个方面：第一，将文化资源的配置环节与预算制度紧密结合，严格管理。在文化资产的使用环节上，对文化事业单位重大文化资产变动事项进行审批把关，建立文化资产信息资源库，及时、动态地掌握文化事业单位内文化资产的变动情况和全国范围内文化资产的布局结构，约束文化事业单位的行为，防止文化资产流失；在文化资产的处置环节做好资产清查和审核评估工作，防范文化资产在处置环节流失。第二，在充分调研的基础上，依照国有文化资产的绩效考核标准，结合文化事业单位自身的特点，制定出文化事业单位绩效考核指标体系。第三，以主导者的身份协调各文化主管部门的工作，财政部门只是宏观监管者，具体的文化事业管理职能交给各文化主管部门行使。

（二）将经营性文化资产纳入“大国资”的国有资产管理体制框架，实行多层委托代理体系

经营性国有文化资产管理模式的有效性主要取决于该管理系统中国有文化资产出资人机构与国有文化资产经营公司之间、国有文化资产经营公司和文化企业之间以及文化企业内部各管理层级之间的委托代理关系。应按中国国情构建“三层两级，党委领导”的国有文化资产管理模式。“三层”即国有文化资产管理的三个层次——国有文化资产出资人机构、国有文化资产经营公司（投资公司）和文化企业（国有独资文化企业、国有控股文化企业和国家参股文化企业）；“两级”即国有文化资产的两级管理——国有文化资产由中央和地方政府两级管理；“党委领导”即保持党委对国有文化资产导向的领导权。经营性文化资产的委托人是中央和地方各级国资委，而国有文化资产的受托者有两种情况：对于大型的具有垄断性质的文化企业集团公司，比如报业集团、传媒集团等，应该精简机构设置，缩短委托代理层级，省去国有资产控股公司这一委托代理环节，企业集团就是实际的经济运营主体，是最终的受托者；对于中小型的国有文化企业，因为其数量大、分布散，需要国有资产运营机构充当中间的委托代理人，最终的受托人是中小型国有文化企业。作为经营性文化产业的监管人，这种监管是意识形态和市场行为规范的监管，而不是资产监管。要牢牢把握我国社会主义先进文化的前进方向，及时纠正文化发展过程中出现的庸俗化、娱乐化、西方化等问题，匡正社会风气；加强文化市场的监管，对文化企事业单位在微观运行上出现的违法、违规问题，及时查处、严惩不贷，以保证文化企事业单位在规范、有序的市场环境中健康发展。

（三）非经营性国有文化资产管理模式的创新

非经营性国有文化资产管理模式的有效性取决于公共文化机构主管部门与公共文化机构之间以及公共文化机构内部各管理（治理）层级之间的委托代理关系，必须建立科学的公共文化机构的治理结构，以及公共文化机构主管部门对公共文化机构的激励和监督机制，以利于公共文化机构国有资产更好地服务于社会公众，实现更大的社会效益。非经营性国有文化资产主要存在于公共文化机构中，应探索构建“两层两级，社会参与”的公共文化机构国有文化资产管理模式。“两层”是指公共文化机构国有文

化资产的管理的两个层次，包括公共文化机构主管部门和公共文化机构；“两级”是指公共文化机构国有文化资产分中央和地方两级管理；“社会参与”是指公共文化机构的国有资产应由政府主管部门、公共文化机构和社会公众三方参与管理，更好地服务于社会公众，更好地满足社会公众日益增长的对美好生活的向往。

四、完善文化企业国有资产管理新体制，统筹好放和管的关系

国有文化资产的监管主体与传统的国有资产管理体制有所不同，国有文化资产管理秉持“谁出资、谁监管”的原则，按照政企分开、政事分开、政资分开、所有权与经营权相分离的基本原则和改革方向，按照“三个有利于”的原则，推动政府部门由办文化向管文化转变，实现当前条件下出资人制度和主管主办制度的有效衔接，建立与中国特色社会主义市场经济以及宣传文化管理工作相适应的国有文化资产管理新体制。

（一）应明确国有文化资产管理体制改革的大方向是企业化和市场化，改革的着力点则在于产权制度

对于国有文化资产管理体制改革，政府也应出面设立独立的类似于国资委（也可以是其他名称）的机构，作为国有文化资产的出资人，代表国家履行出资人职责。其中，国资委作为国有文化资产的出资人，为避免政府部门对国有文化资产的过度干涉，必须明确规定国资委是独立于政府行政机构的特设机构，不受政府职能部门的直接管理。国资委是国有文化资产新的产权主体，国资委作为政府为国有文化发展而特设的机构，领导层应由政府机关行政人员、具有经营管理经验的企业家以及文化学科相关的专家共同组成。同时，国资委作为现代企业制度下的出资人，拥有与股东地位相当的股东权。

（二）要处理好国有文化资产管理机构与文化企业的关系，防止国资委缺位和越位情况的发生

国资委要保证国有文化资产出资人职能到位，依法行使出资人权利，履行出资人义务。要谨记国有文化企业股东这一角色定位，将出资人权利明确限定为资产收益、参与重大决策和选择管理者，只能以股东的身份参与股东大会，而不能取代股东大会，更不能代替董事会，其管人、管事的权力只能通过股东大会对董事或监事人员进行推举或对国有文化企业的经营方案和计划进行投票表决，绝不直接干预文化企业日常的经营活动和国有文化企业经营管理人员的选用。在管理方式的选择上，用市场化的手段取代传统的行政式命令，与国有文化企业签订委托经营合同，实行经营目标管理，通过奖惩机制，赏罚分明，有效激励和鞭策文化企业不断改善经营管理方式，促使国有文化资产保值增值目标的实现。

（三）要统筹好放和管的关系，做到简政放权和加强监管齐推进、相协调

国资委作为国有文化资产最明确的出资人机构，要把握国有文化资产的大体运营方向，依法确立国有文化企业的市场主体地位，建立健全现代企业制度；创新文化行

政管理方式，强化政策调节、市场监管、社会管理、公共服务职能，综合运用法律、行政、经济、科技等多种手段，对国有文化资产实行科学、依法、有效的管理，确保国有文化企业依法自主经营，激发企业活力、创新力和内生动力。

五、健全以管资本为主的国有文化资产监督机制，实行全方位全过程监管

（一）以管资本为主加强国有资产监管

以管资本为主加强国有资产监管，是完善国有资产管理体制的方向和重点。以管资本为主加强国有文化资产监管体制机制改革重点应做好以下工作：

1. 以管资本为主推进国有文化资产监管机构职能转变

准确把握履行出资人职责的定位，建立监管权力清单和责任清单，实现以管文化企业为主向管文化资本为主的转变。该管的要科学管理，绝不缺位，重点管好国有文化资本布局、规范文化资本运作、提高文化资本回报、维护文化资本安全；不该管的要依法放权，绝不越位，将依法应由文化企业自主经营决策的事项归位于企业，将延伸到子企业的管理事项原则上归位于一级企业，将配合承担的公共管理职能归位于相关政府部门和单位。

2. 以管资本为主改革国有文化资本授权经营体制

改组组建国有文化资本投资、运营公司，作为国有文化资本市场化运作的专业平台，依法自主开展国有文化资本运作，对所出资的企业行使股东职责，按照责权对应原则切实承担起国有文化资产保值增值责任。

3. 以管资本为主推动国有文化资本合理流动、优化配置

以市场为导向、以企业为主体，优化国有文化资本布局结构，增强国有文化经济整体功能和效率。

4. 以管资本为主推进经营性国有文化资产集中统一监管

稳步将党政机关、事业单位所属企业的国有文化资本纳入经营性国有文化资产集中统一监管体系，加强国有文化资产基础管理，建立覆盖全部国有文化企业、分级管理的国有文化资本经营预算制度。

（二）全方位全过程全覆盖实施监督

加强对国有文化资产的监督，必须充分运用法律制度、社会力量等多种手段实现对监管机构、对国有文化企事业单位监督的全方位全过程全覆盖。

1. 强化内部监督

完善国有文化企业和事业单位内部监督体系，实现国有文化企事业单位内部审计监督全覆盖，建立审计部门向董事会负责的工作机制，强化内审结果运用。加强对权力集中、资金密集、资源富集、资产聚集的部门和岗位的监督，强化内部流程控制，防止权力滥用。

2. 强化外部监督

强化国有出资人监督，主要是国有文化资产监管机构设立稽查办公室，开展由国有文化资产监管机构依法委派总会计师的试点，加强和改进外派监事会制度，加强审计、纪检监察监督和巡视工作，整合监督力量，建立监督工作会商机制，提高监督效能。

3. 强化社会监督

推进国有文化资产和国有文化企业信息公开制度，及时回应社会关切，有效保障社会公众对国有文化资产运营的知情权和监督权，实行阳光国有文化资产管理。

4. 严格责任追究

建立健全国有文化企事业单位违法违纪违规经营责任追究体系，建立健全国有文化企事业单位重大决策失误和失职、渎职责任追究倒查机制，建立健全国有文化资产的监督问责机制，坚决遏制侵吞、贪污、输送、挥霍国有文化资产等腐败现象，严厉查处违法违纪问题。

六、建立现代国有文化企业制度，规范国有文化企业法人治理结构

建立并完善现代企业公司制度是国有文化企业的改革方向，在我国文化产业快速发展的新形势下，完全由政府主导的模式不再能有效地推进国有文化产业的深入发展，加快推进国有文化企业现代公司制度的实践步伐显得十分必要和紧迫。

针对当前国有文化资产管理体制中政府管办不分、政企不分的现实问题，要从制度规范上建立起各级管理机构的职能边界，将国有文化资产的所有权与经营权相分离，切实实现政企分开。逐步理顺和明晰产权关系，建立起两个层次的产权关系，即国有文化资产监管运营机构与各集团之间的产权委托经营关系，各集团与其所属成员单位之间的投资经营与资产使用关系；形成“三级管理”，即国有文化资产监管机构管理、资产运营机构管理以及企业管理的新机制；实现党委、政府及其职能部门管理国有文化资产的“三大转变”，即从实物形态管理向价值形态管理转变，从静态凝固管理向动态流动管理转变，从行政权和所有权合一的条条管理向分层次的专司管理转变，使原来的上级约束、行政约束和外部约束变成法律约束、经济约束和内部约束。

（一）确立国有文化资产企业内部法人治理结构

为实现对国有文化资产的市场化、企业化改革，在明确了出资人机构的情况下，应建立以委托代理关系为纽带的国有文化现代企业制度。在以国资委为出资人的前提下，将原来的国有文化事业单位转企改制，组建国有文化经营公司，转制后的国有文化经营公司则成为自主经营、自负盈亏的企业法人，享有足够的经营自主权。国资委作为国有文化资产的股东，履行出资人职责，对经营性文化资产享有监督管理的权利。要建立和完善公司董事会和监事会组织机构，除了一小部分的董事和监事必须由政府任命之外，大部分董事、企业高级管理人员和监事应该向社会公开招聘，建立层层考核机制，签订短期聘任合同。不断完善国有文化资产决策运营机制和国有文化资产保

值增值机制，规范经营行为。

（二）规范董事会和经理层的职权和规模

由于不同国有文化企业经营的具体项目不同，董事会和经理层的职权应该明确列出并写入公司章程。董事会的职能侧重于监督和指导，经理层的职能侧重于管理。一般来说，事关国有文化企业发展方向的战略性决策应由董事会做出，日常经营决策权则下放至经理层。公司章程中应该明确规定内部董事、外部董事和独立董事的工作职责，防止董事之间职责权限的交叉扯皮，也防范董事会的越位和缺位。董事会的规模应该经股东大会讨论决定，董事人选的确定和人数的变动也要经过股东大会商议通过后才能执行。

（三）提高监事会在公司治理结构中的权力和地位

加强监事会的独立性，保证国有文化企业监事会三分之二的人选不是通过政府选派和股东大会任命的，切断监事会与董事会、经理层的联系，使监事会脱离董事会和经理层的控制。在股东大会表决许可的条件下，允许监事会规模适当扩大。

七、探索科学有效的激励约束机制，激发经营者的积极性和活力

现代国有文化企业制度的推进最主要是对国有文化资产实行绩效管理。

（一）要建立科学可行的国有文化资产绩效管理体系

按照分类管理、体现特点、试点先行、逐步推开的思路，分文化行业研究制定经营业绩考核制度，促进文化企业负责人落实经营责任。企业绩效考核体系应明确考核对象、考核内容和考核标准。考核对象包括企业及其领导班子成员，考核内容主要包括财务效益状况、资产运营状况、偿债能力状况和发展能力状况四个方面，考核标准包括计量指标评价标准和定性指标评价标准两类。国资委与相关企业签订相应的目标任务书和指标契约，完成的具体目标和指标由政府相关部门和国资委与企业共同商定，详尽规定指标完成情况及相应的奖惩措施。最后，按履约结果给予相应奖惩。

（二）要建立合理有效的激励机制

激励机制应包括物质激励和精神激励，形成激励和约束相配套的合力，激发企业负责人的创造力和积极性。在物质激励中，要研究制定薪酬管理制度，建立股票和期权激励制度；年薪最可能使得经营者关注文化企事业当年的短期效益，而股票和期权等物质激励方式则有效地弥补了经营者只关注短期利益的缺点，这种长期和短期物质激励结合的方式就把经营者的利益和文化企业的持续发展捆绑到一起，有利于国有文化企业的长期发展。在精神激励中，要研究制定绩效与职位升迁和行政性奖励挂钩的制度，经营者的声誉是在长期的工作中慢慢实现的，体现其自身的各种能力，在充分考虑经营者的社会地位和管理权力，注重关怀激励和目标导向的基础上，使得经营者的积极性充分被激发，从而提高文化企事业的整体效益。通过制定相应的激励与约束机制，实施对国有文化企业高管人员实行企业经营绩效与经营者利益相挂钩的多元化

激励计划，推动企业领导人员积极主动、廉洁高效地履行职责。

（三）构建灵活高效的现代市场化运营机制

一方面要建立现代化市场运营机制，要以市场为导向进行企业经营机制的改革，赋予国有文化企业经营自主权，构建分工合理、运转高效的现代化企业运营机制；强化国有文化资产的市场化经营程度，推动国有文化资产走向自我良性运转的轨道。另一方面要建立文化资源市场，充分利用和开发现有的各种文化资源，按照经营物资超市的原则，组建文化产品及文化服务公司，用市场手段促进文化要素尽快形成商品，按商品交换规律发展。

八、完善国有文化资产保障机制

（一）完善国有文化资产管理法律法规体系

由于文化产业的发展滞后，我国现今文化产业的相关法律法规还不完善。为了促进我国文化产业的积极发展，我国立法机构对国有文化资产与文化产业的相关法律法规制度的体系建设刻不容缓。要加大文化立法力度，形成与国家法律法规相配套、协调统一的国有文化资产管理的法律框架。按照立法程序，抓紧推动开展企业国有文化资产法修订工作，出台相关配套法规，为完善国有文化资产管理体制夯实法律基础。为加强对国有文化资产的保护，出台国有文化资产法；为加强对国有文化资产的监督管理，出台国有文化资产监督管理暂行条例等；为加强国有文化资产知识产权保护，完善知识产权等无形资产保护法；为加强文化产业融资的法律监管，制定与新兴文化产业融资模式相适应的法律法规。要研究制定文化企业国有资产管理基础制度，初步构建规范的制度框架体系，明确文化类企业国有资产监督管理职责、管理程序等，保障国有文化资产出资人的合法权益。总之，要通过一系列法律法规的建立和法律体系的完善，使我国的国有文化资产管理逐步走上制度化、规范化、法制化的道路。

（二）建立健全国有文化资产监管法律法规体系

一方面，要完善法律制度规范。建立国有文化资产监管体系，是关涉国家制度设计的重大问题，因而需要法律制度的权威保障，应通过体系完备、内容健全的法律框架，实现国有文化资产监管的规范化、法制化。另一方面，要建立国有文化资产监督的长效约束机制。依靠社会力量的监督，规范国有文化资产监管行为，加强对国有文化资产的监督管理，需要中介机构、新闻媒体、社会公众等社会力量参与监督管理，唯有如此，才能防止国有文化资产监管者寻租，减少国有文化资产的流失。

（三）出台和落实支持文化产业发展的配套政策

综合利用产业政策的引导和支持功能，为国有文化资产管理体制改革提供环境条件。进一步减少行政审批事项，大幅度削减政府通过国有文化企业行政性配置资源事项；加快推进价格机制改革，严格规范政府定价行为，完善市场发现、形成价格的机制；推进行政性垄断行业成本公开、经营透明，发挥社会监督作用；进一步出台税收减免、低息和政府贴息贷款支持等优惠政策，间接扶持经营性文化产业的发展。鼓励社会资本和私人资本进入文化产业，对于直接投资文化产业的企业或组织给予减免相关税收的优惠，对赞助或者捐赠文化产业的企业减免其应纳税额，对新成立的文化企业免征或者少征一定时限的部分税种等。

落实和完善国有文化企业重组整合涉及的资产评估增值、土地变更登记和国有文化资产无偿划转等方面的税收优惠政策，切实明确国有文化企业改制重组过程中涉及的债权债务承接主体和责任；完善国有文化企业退出的相关政策，依法妥善处理劳动关系调整和社会保险关系接续等相关问题。实施文化创意科技创新“双轮驱动”战略，重点支持科技文化产业发展，推动文化与科技、金融等领域融合发展，做强做大文化产业。

（四）建立文化产业多渠道投融资机制

推动运营公司对重点领域国有文化企业进行股权投资，推进国有文化企业跨地区、跨行业、跨所有制改制兼并重组，广泛吸引国外、金融、民间资本参与开发和建设，促进金融资本、社会资本和文化资源对接，增强企业核心竞争力，推动文化产业发展方式转变。健全文化投融资服务体系，放大政府资金效应，依托国有资本经营预算、文化产业发展专项资金、中国文化产业投资基金，发挥示范带动作用，引导社会资本积极投向文化产业。推动投融资平台公司加快转型发展，促进政府投融资平台公司去平台化，转型发展成为独立的市场主体，打造一批基础设施类和产业类国有文化资本投资公司，为文化产业发展提供资金支持

（五）夯实国有文化资产管理基础

建立国有文化资产保值增值机制，加强国有文化资产产权登记、清产核资，摸清国有文化企业资产底数；加强国有文化企业产权和价值管理，防止文化企业国有资产流失；强化企业国有产权交易监管，推动国有文化企业产权有序流转；规范国有文化企业财务管理，建立健全统计体系、重大经济事项报告制度，开展国有文化企业财务预算决算数据分析，及时掌握、控制财务状况，防范经营风险，提升文化企业国有资产监管效率。

九、加强和改进国有文化企业党的建设

在深化国有文化资产体制机制改革中坚持和加强党的领导，主要做好以下工作：

（一）明确国有文化企业党组织在公司法人治理结构中的法定地位

把加强党的领导和完善公司治理统一起来，将党建工作总体要求纳入国有文化企业章程，坚持党的建设同步谋划、党的组织及工作机构同步设置、党组织负责人及党务工作人员同步配备、党的工作同步开展；坚持文化企业党委书记与企业董事长、法定代表人“一肩挑”，为党建工作与业务工作有机结合、相互促进提供领导保障。建立党组织参与企业重大决策的机制，坚持和完善双向进入、交叉任职的领导体制，避免把党建与业务搞成“两张皮”。建立健全党建工作责任制，加强国有文化企业基层党组织建设和党员队伍建设，加强企业党组织对群众工作的领导。

（二）切实落实国有文化企业反腐倡廉“两个责任”

国有文化企业党组织要切实履行好主体责任，纪检机构要履行好监督责任。加强

党性教育、法治教育、警示教育，建立切实可行的责任追究制度，实行“一案双查”；强化上级纪委对下级纪委的领导，加强和改进国有文化企业巡视工作；完善反腐倡廉制度体系建设，严格落实反“四风”规定；完善企业经营管理制度，构建良性的企业内部控制运行机制，强化综合监管，努力构筑国有文化企业领导人员不敢腐、不能腐、不想腐的有效机制。

（三）进一步加强国有文化企业领导班子和人才队伍建设

坚持党管干部原则，强化国有文化企业党组织在企业领导人员选拔任用、培养教育和管理监督中的责任，支持董事会依法选择经营管理者，经营管理者依法行使用人权。加强对国有文化企业领导人员的日常监督管理和综合考核评价，及时调整不胜任、不称职的领导人员。加强企业家队伍建设，充分发挥企业家的作用。

十、提高国有资本配置和运营效率

（一）建立国有文化资本布局和结构调整机制

政府有关部门制定完善经济社会发展规划、产业政策和国有文化资本收益管理规则。国有文化资产监管机构根据政府宏观政策和有关管理要求，建立健全国有文化资本进退机制，制定国有文化资本投资负面清单，推动国有文化资本更多投向国家鼓励的重要行业和关键领域。

（二）推进国有文化资本优化重组

坚持以市场为导向、以企业为主体，有进有退，有所为有所不为，优化国有文化资本布局结构，提高国有文化资本的流动性，增强国有经济整体功能和提升效率。按照国有文化资本布局结构调整要求，加快推动国有文化资本向重要行业、关键领域战略性产业集中，向产业链关键环节和价值链高端领域集中，向具有核心竞争力的优势文化企业集中。清理退出一批、重组整合一批、创新发展一批国有文化企业，建立健全优胜劣汰市场化退出机制，处置低效无效资产。推动国有文化企业加快技术创新、管理创新和商业模式创新。

（三）建立健全国有文化资本收益管理制度

财政部门会同国有文化资产监管机构等部门建立覆盖全部国有文化企业、分级管理的国有文化资本经营预算管理制度，根据国家宏观调控和国有文化资本布局结构调整要求，提出国有文化资本收益上交比例建议，报国务院批准后执行。

关键概念

国有文化资产　国有文化企业　监管模式　现代企业制度　产权主体　法人治理　资本配置　政企分开

主要观点

国有文化资产管理体制是指政府关于国有文化资产中代表国家履行出资人职责的

出资人机构设置、各级管理机构职能的划分和职能体系的设立以及国有文化资产管理的方式、方法和规章制度的总称。

根据我国整体的文化以及文化产业体制变迁历程，依据国有文化资产监管主体的调整变化过程，我国的国有文化资产管理体制大概经历了初步确立、曲折探索和深入完善三个体制变迁阶段。

我国国有文化资产监管大体可以归纳为以下几种模式：财政部门主导管理、宣传部门主导多部门联合监管、国有文化资产监督管理办公室主导、国有文化资产经营管理公司主导。

加强国有文化资产管理意义重大，文化产业快速发展，国有文化企业迅速扩张，破解国有文化企业小、散、弱的现状，都迫切需要创新国有文化资产管理体制机制。

国有文化资产管理体制存在的主要问题：国有文化资产产权主体分散，合法、权责明晰的出资人缺乏；国有文化资产监管部门重叠、管办不分、权责不明；国有文化企业现代企业制度不健全，公司法人治理结构不完善；国有文化资产经济属性有待明确，事业与产业分类管理不规范；国有文化资产监管政策法规体系不健全，资产进入、退出机制未建立；文化资产评估与定价体系不完善，现代企业化激励机制缺失。

加强国有文化资产管理应采取以下措施：明晰国有文化资产的出资人及产权，建立分类分层的国有文化资产管理体系，健全以管资本为主的国有文化资产监督机制，建立现代国有文化企业制度，规范国有文化企业法人治理结构，探索科学有效的激励约束机制，提高国有资本配置和运营效率。

延伸阅读

1. 黄飚：《文化行政学》，上海文艺出版社2003年版。
2. 汪辉、陈燕谷：《文化与公共性》，生活·读书·新知三联书店2005年版。
3. 张玉国：《国家利益与文化政策》，广东人民出版社2005年版。
4. 朱希祥：《文化产业发展与文化市场管理》，华东师范大学出版社2003年版。
5. 花建等：《文化产业竞争力》，广东人民出版社2005年版。
6. 李向民、王晨等：《文化产业：变革中的文化》，经济科学出版社2005年版。
7. 胡惠林：《中国文化产业发展战略论》，经济科学出版社2014年版。
8. 陈少晖、廖添土等：《国有资产管理：制度变迁与改革模式》，社会科学文献出版社2010年版。
9. 毛程连等：《国有企业的性质与中国国有企业改革的分析》，中国财政经济出版社 2008 年版。

10. 毛程连：《国有资产管理学》，复旦大学出版社 2005 年版。

思考问题

1. 简述国有文化资产的性质。
2. 试论加强国有文化资产的重要意义。
3. 简论现行的国有文化资产管理的主要模式及其基本特征。
4. 论述明晰国有文化资产出资人及产权的重要意义。
5. 试论构建现代企业制度下的国有文化企业法人治理结构。
6. 简论如何建立社会效益优先、双效统一的考核评价体制机制。

第五章　文化消费引导

党的十九大报告指出："中国特色社会主义进入新时代，我国社会主要矛盾已经转化为人民日益增长的美好生活需要和不平衡不充分的发展之间的矛盾。"此外还提出："推动文化事业和文化产业发展。满足人民过上美好生活的新期待，必须提供丰富的精神食粮。要深化文化体制改革，完善文化管理体制，加快构建把社会效益放在首位、社会效益和经济效益相统一的体制机制。"由此可见，有效化解当前我国社会的主要矛盾，还需要不断丰富文化消费业态、提高文化消费质量，满足群众对优质精神食粮日益增长的需求。因此文化消费对文化产业的发展具有重要的意义。

第一节　文化消费的特征与作用

一、文化消费的内涵

（一）文化消费的实质

鲍德里亚在其著作《物的体系》中给消费下的定义为："消费既不是一种物质实践，也不是一种富裕现象学，它既不是依据我们的食物、服饰及驾驶的汽车来界定的，也不是依据形象与信息的视觉与声音实体来界定的，而是通过把所有这些东西组成意义实体（substance）来界定的。消费是在具有某种程度连贯性的话语中所呈现的所有物品和信息的真实总体性。因此，有意义的消费乃是一种系统化的符号操作行为。"①消费不仅是一种经济行为、社会行为，而且是一种文化行为。文化消费是指对精神文化类产品及精神文化性劳务的占有、欣赏、享受和使用等。通俗地说，文化消费主要是指人们为了满足精神生活的需要，采取不同的方式享受消费品和劳务的过程。

1. 文化消费是文化产品价值实现的最终环节

文化消费是文化产业链上的终端环节，即文化产品实现其价值的最终环节。它既是文化产品创作和生产的目的，因为文化产品和文化服务只有通过文化消费才能实现其价值；它又是文化创作和再创作、生产和再生产不可缺少的条件，因为文化消费水平直接影响甚至决定着文化产品的生产能力和流通效率。

2. 文化消费与生产合一

文化消费是一个社会行为，永远都受到社会脉络与社会关系的影响，人们在文本

---

① 马克·波斯特：《让·鲍德里亚文选》（英文版），斯坦福大学出版社 2001 年版，第 25 页；转引自罗钢、王中忱主编《消费文化读本》，中国社会科学出版社 2003 年版，第 27 页。

与实践的消费中，也在创造文化。因为在文化消费的过程中，进行消费的个体并不是抽象的单一个体，他们有着不同的文化背景、消费经验和不同的理解能力，正像马克斯·韦伯所说的："每个人所看到的都是他自己的心中之物。"因此，文化消费绝不是文化创造的终结，而仅仅是刚刚开始。从这个角度去理解，文化并不是先制作好，然后被我们"消费"；文化是我们在日常生活的各种实践中创制出来的，消费也是其中之一。文化消费的实质既是对社会的及他人提供的精神财富（物质形态和非物质形态的）的消耗，这种消费（消耗）过程又是对精神财富的消化、继承、积蓄、再造和创新过程。在"体验经济"时代，以消费者作为价值创造的主体，来体验消费带来的愉悦，文化消费的过程实质上也是文化创制的过程。

3. 文化消费不同于消费文化

消费文化是物质消费文化和精神消费文化的总和，它是受消费者消费心理、价值取向、行为准则和习惯偏好等影响和约束的，是消费者在消费活动中追求的一种情调和氛围。相比较而言，文化消费是具体的，而消费文化则是笼统的，更多是观念上的，并具有消费哲学的意味。

（二）文化消费的内容

文化消费是用文化产品或服务来满足人们精神需求的一种消费，其内容十分广泛，可以从不同角度进行分类。

1. 按消费形式划分

可分为劳务形态和物质形态。劳务形态消费，比如电影电视节目、文艺表演、书法制作、杂技表演、体育健身、手工艺制作等的消费。物质形态消费包括文化制品，如电子游戏软件、书籍、杂志的消费等；文化用品，如电视机、照相机、影碟机、计算机的消费等；文化设施，如图书馆、展览馆、影剧院的消费等。

2. 按消费内容划分

主要包括文化教育、文化娱乐、体育健身、旅游观光等，具体包括：文化教育、绘画、雕塑、书法、影视、戏剧、音乐、舞蹈、杂技及手工艺品，以及烹饪、中医保健、文物、出版、音像、休闲、娱乐等，广义的还包括健身、体育表演和赛事观赏等。

3. 按地域范围划分

既包括本地、本民族、本文化体系（如东方文化）的文化产品和劳务，又包括世界范围的、外民族的、他文化体系（如西方文化）的文化产品及劳务。

4. 按消费层次划分

根据文化消费主体的素质和文化修养不同，价值取向、兴趣爱好及收入水平的不同划分为：大众文化消费和精英文化消费；业余型文化消费和专业型文化消费；生存型文化消费（如为谋生学习必需的基础文化知识和基本技能）和发展型的文化消费（如适应时代对高素质复合型人才的需要等）。根据年龄划分，有儿童消费群体、年轻消费群体、中年消费群体和老年消费群体。

5. 按消费功能划分

有享受型文化消费、社交型文化消费、发展型文化消费和智力型文化消费等。

二、文化消费的特征

（一）文化消费的精神性

文化消费是指人们根据自己的主观意愿，选择文化产品和服务来满足精神需要的消费活动。它的基本特征体现在两个方面：一方面，它所满足的是消费主体的精神需要，使主体感到愉悦、满足；另一方面，满足主体消费需要的对象（客体）主要是精神文化产品或精神文化活动。作为精神文化消费的主体，一方面必须通过接受教育、培训使自身的文化素养达到一定的水平才有可能顺利地完成相关文化产品的消费过程，这也正是文化消费非物质一面的体现；另一方面，文化消费借助于文化力量能提升人的精神世界，文化消费包括娱乐、教育、旅游、休闲等文化活动，能促进人们的思想觉悟、思想道德和精神境界的提高。与一般消费不同，文化消费属于精神消费，必须要体现意识形态责任。发展文化消费，要重视社会效益，坚持先进文化的前进方向，承担社会主义核心价值观的传播功能，引领高尚的社会风尚，努力提供健康、科学的文化产品和文化服务，努力塑造人们积极向上的性格。

（二）文化消费的社会性

文化消费与经济发展、物质生活和物质消费密切相连，并有某种递进关系，即以一定程度的经济发展为前提。文化消费需求的增长总是受制于社会生产力水平的发展，因而文化消费水平能够更直接、更突出地反映出现代物质文明和精神文明的程度。在饥寒消费阶段，一般谈不上文化消费或者文化消费受到极大的限制，在这个阶段只有文化需求。只是在解决温饱问题之后，文化消费的巨大需求才不断得到多方面的满足，文化消费在人们生活中的地位才不断地得到多方面的满足，文化消费在人们生活中的地位才越来越重要，文化消费的比重才日趋增大。文化消费具有公共性质，一般不产生排他性，同时具有多人共同消费的社会性，消费的人越多越广泛，规模效应越大。

（三）文化消费的市场性

文化消费是消费结构优化、消费水平提高的标志，是消费趋势发展的必然。文化消费将使消费领域进一步扩展，并通过提高消费者的消费技能，引起越来越强烈的新消费需求。如消费者只有具备相当的专业音乐知识才可能买“发烧音响”，只有具备相当的电脑知识才可能产生对电脑的需求，而这些都离不开教育培训即文化消费。因此，文化消费有利于经济的健康、有序发展，对经济运行具有启动和推进作用。文化消费不同于物质消费，经过消费，文化艺术作品依然存在。文化产品的生产具有创意性，文化产品的创造性越强其价值越大。

（四）文化消费的创造性

文化消费具有习惯性、继承性的特点，它是在继承传统文化的同时吸收外来文化。文化消费（需求）的弹性大，消费空间和容量巨大。文化消费可以增进人们之间的社会交往和相互了解。唯有文化需求和文化消费，才是繁荣文化艺术创作的第一推动力。文化消费具有某种模糊性，表现为提供和享受有时不可分，继承和创造也不可分。

（五）文化消费的地域性

不同国家和地区有自己独特的文化消费内容和消费样式，同一个国家的不同地区往往也有自己独特的文化消费内容和消费方式。这些文化消费内容和消费方式的民族性和地域性特点很强，一般很难成为跨民族、跨地区的文化消费方式。不同国家和地区有着不同的文化消费趋向。即使是现代消费方式，由于不同国家和地区文化传统有别，其接受程度和接受方式也有明显的差别。以视听产业为例，中国在短短十几年时间，从录像带，到CD，到VCD，再到DVD等，经过了快速的转换。欧洲一些国家却始终保持消费录像带的习惯。互联网发展也是如此。在中国，由于消费者对上网的需求不断增加，网民增长的速度极快。而在欧洲一些国家，公众上网的热情则要低很多，以至于往往是政府不得不采取措施鼓励公众上网。文化消费具有双重性，既具有区域性特点，也具有普泛性特点。不同国家和地区文化消费既有区域性，也有相似性。经济全球化和信息时代极大地促进了不同国家和地区文化的相互影响和渗透，使文化消费趋向的相似性特征呈明显的强化趋势。

（六）文化消费的空间性

不同文化产品有其自身的消费空间。文化消费的区域性和层次性特点也表现在文化产品上，这是由文化产品的自身特点决定的。国外学者把文化生产分为三种基本形态：在地产品、在场产品和在线产品。在地产品是指某一地区特有的，以物理和文化生态形式出现的不可移易的文化产品，如自然景观、以建筑形态存在的历史遗产等。在场产品是指突破了地域性限制，可以在异地得以表现的文化产品，接受者可以在特定场合对它进行观赏，如艺术表演或博物馆巡展。在线产品是指可以自由流动的文化产品，如影视节目、利用网络技术或数字技术传播的文化产品等。

（七）文化消费的时间性

文化消费在时间上的延续性又称持续性，是指某些文化产品和服务不因时间的推延而失去其消费性。有些文化产品可以是各个时代不同人的消费对象，人们可以根据自己的爱好自由选择某一时代某人创造的精神产品进行消费。许多优秀的文化产品不仅不会在消费中立即消失，而且还会有持续力。先进和优秀的文化产品是人类发展的成果，其价值具有永恒性。它不仅能满足某个人或某些人的消费需求，而且能满足人类世世代代的需要，对整个人类具有价值，属于全人类的精神财富。

闲暇时间能够在某种程度上影响或改变人们的消费行为，进而决定消费水平和消费结构的变化。一般来说，闲暇时间的多少与文化消费成正比，闲暇时间较多，娱乐型消费和闲暇型消费的比重就比较多；相反，闲暇时间较少、娱乐型和闲暇型消费的比重就比较少。

三、文化消费的作用

（一）文化消费的经济功能

社会的运行与延续必须要有人本身的生产、延续和发展，而人的生产、延续和发展又是以消费为前提的。消费是社会总生产中必不可缺的一个环节，人们在消费实践中形成的消费文化，反过来作用于消费，从而推动社会总生产的高效运转，有利于社会总财富的增长。在现实社会里，消费不仅是人们满足自身生产和发展需要的基本条件，而且在社会再生产过程中起着关键性的重要作用。

文化消费因其明显的精神性、情感性和体验性等特征在很大程度上决定了文化生产发展的方向、速度和规模。它通过改变人们的消费观念和结构，拓宽消费途径，刺激消费行为，形成新的消费市场，成为拉动经济发展的重要力量。

提升文化消费质量，能够有效应对产能过剩的问题，推动传统文化产业结构的转型升级，增强文化企业发展的内生动力。文化消费具有热点多、附加值高、延展性强等特点，其中的文化要素和流行元素可以与更多的产业进行广泛的有机融合，创造出国民消费的新业态和新形态，从而激发市场的消费需求，为经济增长带来巨大的活力。目前文化产业已经成为新常态下我国经济发展的全新增长点。

我国经济发展进入新常态后，拉动经济增长的“三驾马车”中，出口优势逐渐弱化，投资需求、规模逐渐缩减，消费的作用更加突出。相应地，文化消费作为整体消费的重要组成部分，对于拉动经济增长的作用越来越大。通过文化消费促进文化产品生产，进而促进文化产业发展，有利于调整产业结构。与传统行业相比，文化产业核心的生产要素是创新、创意，具有占用资源少、消耗低、污染小的特点。因而，大力发展文化产业，改变要素配置，降低对物质资源的依赖程度，化解过剩产能，有利于促进产业结构重心转向发展高附加值、低碳环保、竞争力强的行业，实现经济发展由资源依赖型向创新主导型转变。文化消费的发展有望培育经济发展新动能，打造经济发展新引擎。

2019 年 3 月，国家发展改革委、文化和旅游部等 18 部门联合印发的《加大力度推动社会领域公共服务补短板强弱项提质量促进形成强大国内市场的行动方案》明确提出：到 2020 年现代公共文化服务体系基本建成，文化产业成为国民经济支柱性产业；旅游经济稳步增长，对国民经济的综合贡献度达到 12%。这表明，从 2010 年“十二五”规划首次提出“推动文化产业成为国民经济支柱性产业”，到 2020 年，“十三五”规划最后一年，文化产业真正成为国民经济支柱性产业，全国文化及相关产业增加值占 GDP 的比重从 2.75%增至 5%以上。按现在文化产业相关数据推算，2020 年文化及相关产业的增加值大约会达到 4.2 万亿～4.5 万亿元①。

（二）文化消费的教育功能

意识形态作为一种软权力，在催生社会意识、实现生产关系再生产方面发挥着巨大的作用。不仅如此，社会政治权力也是在意识形态的叙述和解释中被大众意识承认和接受，从而获得其存在的合法性的。意识形态不仅组织和构成大众的观念，同时造就现实和建构事物的意义。在今天，消费文化承载着强大的意识形态功能。消费文化

① 于进：《扩大和升级城乡居民文化消费的路径研究》，载《宏观经济管理》2019 年第 6 期，第 72～76 页。

在社会发展和转型中，对于我国社会的发展目标的实现，对于正确引导大众的价值观和消费观具有非常重要的作用。

消费社会的形成固然是社会经济发展的产物，但消费文化在其中扮演了重要的角色。消费社会中，消费是社会经济结构的中心。消费社会要求大众通过消费来履行特定的社会责任，即支撑和促进经济发展的责任。这样，消费社会通过消费文化对消费者进行消费培训、驯化，开发消费能力，改变消费性质，转变消费观念，控制大众的消费行为。

不同时代、不同方式和层次的文化消费，可以不同程度地使人们摆脱和消除原始蒙昧状态，接受起码的历史文化和近代、现代文明及外来文化的教化，使人类的繁衍优于世间其他任何物种。通过文化消费，提高人们的文化素养，改善人与人之间的关系，倡导健康、文明、有益的消费，反对低级、庸俗、愚昧和颓废的消费，逐步形成全社会和谐向上的、文明进步的氛围。文化消费可以造就高素质的人才，使消费者的智力资源得到充分的开发，系统掌握有关专业知识和技能，个性得到较为全面的发展。

（三）文化消费的文化功能

消费是物质文明和精神文明的结合，是人类所创造的有关消费的物质成果和精神成果的结晶。人类的一切物质文明成果和精神文明成果，在消费领域融为一体。纵观人类的发展过程，我们不难看出，人类所创造的文化也并非一成不变，而是一直向前不断发展变化着。在这曲折向前的过程中，存在着正面文化与负面文化的交互冲撞，呈现出多样性和动荡性的特征。消费文化作为最活跃、最贴近的文化，它的存在必然会对大众文化起到一定的导向功能。消费始终是一定文化观念指导下的行为，因而人们的消费也是一种重要的文化认同方式。在一般情况下，人们认同某一种文化，就会按照这一文化的要求来引导和规范自身的消费行为。社会风气是社会文明程度的重要标志，是社会价值导向的集中体现。一个社会的消费文化所体现的消费风气是社会风气的缩影，是精神文明的一种表现形式，它浓缩了社会精神文明的成果，影响着社会风气。因而健康的消费文化，对于形成良好的社会风气，对于整个社会的精神文明建设具有重要的意义。

消费文化是一种与人类高层次需要相联系的消费行为，人们心理效应的取得往往要依靠社会评价体系与受社会文化影响的自我评价体系，所以，消费活动结果的评价也要受到消费文化的制约。消费文化作为上层建筑的一面，一旦形成，即表现出一种无形的力量，塑造人们的消费心理，更高级、更长远地约束、规范着人们的行为。消费文化的这种约束力量是非强制性的、潜移默化的。

（四）文化消费的促进人的发展功能

文化消费是变化发展的，随着经济的可持续发展和人们生活水平的不断提高，人们对文化商品和服务的需求，无论质量上，还是品种上，都处在不断地发展变化之中。某种文化被满足了，又会产生新的文化需求。文化消费需求的趋势是由简单到复杂、由最初追求数量上的满足到追求质量上的充实，呈现出由低级向高级发展的基本趋势。

文化消费属于高层次消费，是消费升级的必然产物，群众只有在满足自身的基本生活需求之后才有可能产生文化消费需求。文化消费需求可划分为三大层次，即基本层次、享受层次、发展层次。当前，居民消费水平在不断提高，基本层次文化消费需求的占比正在逐渐降低，享受层次与发展层次的文化消费需求正在日益增长。文化消费质量的提升，需要促进文化消费市场的差异化竞争，从而带动资源利用效率的提升。消费文化建设可以使消费主体形成积极向上的消费思想观念和价值取向，为市场经济的向前发展提供精神动力。

文化消费与人们的价值观、审美观及兴趣爱好联系紧密，并与之发生多重的相互影响关系。欣赏文学作品或文艺演出，使消费者得到精神享受和愉悦，获得丰富的精神营养，陶冶情操，升华审美意识。随着整个社会中等收入群体的扩大、民众受教育程度普遍提高、文化趣味和品位加快提升，他们需要获得更高品位的欣赏机会。积极向上的消费文化有利于大众文化的正面发展，培育健康的消费兴趣点，陶冶高尚情操，对促进人的智力的发展、全面提高人的素质具有极其重要的作用。文化消费对于个体消费者意味着精神享受，文化知识包括专业知识和文明程度的提高，对于社会意味着文明、进步与和谐。

第二节　中国文化消费的现状

一、出台激励政策引导文化消费

在推进服务消费领域体制改革的同时，也需要培育新的消费领域，满足人们日益增长的精神文化需求，而扩大文化消费离不开政府的支持和引导。2009 年 9 月 26 日，新中国首部《文化产业振兴规划》出台，第一次将文化产业发展提到了国家战略高度，提出了发展文化产业的八项重要任务，其中第五项就是“扩大文化消费”。2011 年 10 月，党的十七届六中全会做出的《关于深化文化体制改革推动社会主义文化大发展大繁荣若干重大问题的决定》也提出要扩大文化消费，增加文化消费总量，提高文化消费水平，更加凸显了文化消费在政策导向中所占据的独特地位。

2015 年 6 月，文化部、财政部首次共同实施拉动城乡居民文化消费试点项目，选取北京市、安徽省合肥市和湖北省武汉市武昌区以及贵州省遵义市汇川区，分别作为东、中、西部的试点，采取有针对性的促进文化消费政策措施进行试点。其中，东部地区试点以 O2O 大数据平台拉动居民文化消费，中部地区就激励居民文化消费进行试点，西部地区试点推行居民文化消费（税费）补贴政策。这些城市将近一年的试点工作收到了较好的试点效果，为试点工作在全国范围内铺开奠定了基础。2015 年 8 月 4 日出台的《国务院办公厅关于进一步促进旅游投资和消费的若干意见》（国办发〔2015〕62 号）是在文化和旅游融合的环境下发布的以促进消费的指引性文件。

2015 年 10 月，党的十八届五中全会通过的《中共中央关于制定国民经济和社会发展第十三个五年规划的建议》明确提出，“坚定文化自信，增强文化自觉，加快文化改革发展”，要扩大和引导文化消费，要求扩大有效供给，为稳增长作贡献。2015年11月19日出台的《关于积极发挥新消费引领作用加快培育形成新供给新动力的指导意见》（国发〔2015〕66号）、《关于加快发展生活性服务业促进消费结构升级的指导意见》（国办发〔2015〕85号）等系列指导意见，旨在激励消费引领经济增长新动能的培育。

自2015年6月文化部、财政部联合开展拉动城乡居民文化消费试点项目以来，扩大和引导文化消费工作取得积极进展。2016年4月28日，文化部、财政部联合印发《关于开展引导城乡居民扩大文化消费试点工作的通知》（以下简称《通知》），决定在2015年拉动城乡居民文化消费试点项目取得成效的基础上，在全国范围内开展引导城乡居民扩大文化消费试点工作。《通知》指出，在当前我国经济下行压力较大的情况下，培育文化消费成为新的经济增长点和经济转型升级新的支撑点，可以为稳增长、促改革、调结构、惠民生和推进供给侧结构性改革做出重要贡献。扩大文化消费试点工作将按照“中央引导、地方为主、社会参与、互利共赢”的原则，确定一批试点城市，充分发挥典型示范和辐射作用，以点带面，形成若干行之有效、可持续和可复制推广的促进文化消费模式，推动我国文化消费总体规模持续增长，带动相关领域消费，不断增强文化消费拉动经济增长的积极作用。

第一批国家文化消费试点城市（第一次共26个城市）为：北京市、天津市、河北省石家庄市、内蒙古自治区鄂尔多斯市、辽宁省沈阳市、吉林省长春市、黑龙江省哈尔滨市、上海市、江苏省南京市、浙江省宁波市、安徽省合肥市、江西省南昌市、山东省青岛市、河南省洛阳市、湖北省武汉市、湖南省长沙市、广东省广州市、广东省深圳市、重庆市、四川省成都市、四川省泸州市、贵州省遵义市、云南省丽江市、甘肃省兰州市、青海省黄南藏族自治州和宁夏回族自治区银川市。试点工作开展以来，首批26个试点城市因地施策，围绕扩大文化产品和服务有效供给、推进惠民便民措施、提高文化消费便捷度、促进文旅体商融合发展、加强宣传发动营造社会氛围等方面积极开展试点工作，成效显著。

公布的第一批第二次试点城市共19个，包括：河北省廊坊市、山西省太原市、辽宁省盘锦市、吉林省吉林市、黑龙江省牡丹江市、江苏省苏州市、浙江省杭州市、安徽省芜湖市、江西省新余市、山东省济南市、山东省淄博市、河南省郑州市、湖北省宜昌市、湖南省株洲市、广东省惠州市、云南省昆明市、甘肃省张掖市、新疆维吾尔自治区乌鲁木齐市、新疆生产建设兵团第八师石河子市。该名单由文化部在各有关省、自治区、直辖市修改报送试点工作方案的基础上，根据文化部文化产业专家委员会评审意见，经商财政部研究确定。文化部要求各省、自治区、直辖市文化厅（局）牵头组织本省、自治区、直辖市试点工作，督促试点城市认真落实试点工作方案，并切实加强对试点工作的组织领导，做好资金保障、激励措施、宣传推广等保障工作，以确保试点工作取得实效。

2016年11月28日，国务院办公厅印发《关于进一步扩大旅游文化体育健康养老教育培训等领域消费的意见》，从三个方面提出了进一步扩大消费的政策措施。一是着力推进幸福产业服务消费提质扩容。围绕旅游、文化、体育、健康、养老、教育培训等重点领域，通过提升服务品质、增加服务供给，不断释放潜在消费需求。二是大力促进传统实物消费扩大升级。以传统实物消费升级为重点，通过提高产品质量、创新增加产品供给，创造消费新需求。三是持续优化消费市场环境。

2018 年 9 月，中共中央、国务院发布了《关于完善促进消费体制机制进一步激发居民消费潜力的若干意见》，提出了“以消费升级引领供给创新、以供给提升创造消费新增长点的循环动力持续增强，实现更高水平的供需平衡，居民消费率稳步提升”，强调要“总结推广引导城乡居民扩大文化消费试点工作经验和有效模式”。为进一步落实中央决策部署，2018 年 10 月11 日，国务院办公厅印发了《完善促进消费体制机制实施方案（2018—2020 年）》，提出加快破解制约居民消费最直接、最突出、最迫切的体制机制障碍，增强消费对经济发展的基础性作用；提出了 2018—2020 年实施的六项重点任务，包括进一步放宽服务消费领域市场准入、完善促进实物消费结构升级的政策体系、加快推进重点领域产品和服务标准建设、建立健全消费领域信用体系、优化促进居民消费的配套保障、加强消费宣传推介和信息引导。涉及众多新兴消费热点，其中包括民宿客栈、体育赛事、中外合作办学、智能汽车等。

值得注意的是，除《完善促进消费体制机制实施方案（2018—2020 年）》外，近年还有一系列的涉及消费领域的政策文件发布。2018 年 10 月 8 日，中共中央办公厅、国务院办公厅印发《关于加强文物保护利用改革的若干意见》，其中提出鼓励文物博物馆单位开发文化创意产品，并提出开展文物流通领域登记交易制度试点。2018 年 10 月 10 日，《国务院关于在全国推开“证照分离”改革的通知》印发，第一批 106 项全国推行“证照分离”改革的具体事项公布，其中多项与完善促进消费体制机制有关。比如电影放映单位设立审批、设立外商投资电影院许可两项行政审批改为实行告知承诺，外商投资旅行社业务经营许可，营利性医疗机构设置审批（含港澳台资，不含外商独资），医疗机构执业登记等则优化了准入服务。当日，国家发改委等十三部委还印发了《促进乡村旅游发展提质升级行动方案（2018—2020 年）》。该方案指出，持续推动乡村旅游发展仍面临较多制约，突出表现在部分地区乡村旅游外部连接景区道路、停车场等基础设施建设滞后，垃圾和污水等农村人居环境整治历史欠账多，乡村民宿、农家乐等产品和服务标准不完善，社会资本参与乡村旅游建设意愿不强、融资难度较大。2019 年 8 月 12 日，国务院办公厅发布的《国务院办公厅关于进一步激发文化和旅游消费潜力的意见》（国办发〔2019〕41 号）总体目标是：“以习近平新时代中国特色社会主义思想为指导，顺应文化和旅游消费提质转型升级新趋势，深化文化和旅游领域供给侧结构性改革，从供需两端发力，不断激发文化和旅游消费潜力。努力使我国文化和旅游消费设施更加完善，消费结构更加合理，消费环境更加优化，文化和旅游产品、服务供给更加丰富。推动全国居民文化和旅游消费规模保持快速增长态势，对经济增长的带动作用持续增强。”

2019 年 9 月，国务院发布《关于完善促进消费体制机制进一步激发居民消费潜力的若干意见》后，近期，一批促进消费的政策文件密集出台，涉及完善促进消费体制机制、加强文物保护利用改革、促进乡村旅游发展等多个领域。

随着消费需求规模的扩大和结构升级，居民消费由以生存型消费为主逐步转向以享受型消费为主，这从客观上要求加快服务业的发展，特别是加快推动养老、养生、医疗、文化、体育、旅游等康养产业发展，大力推动信息传输、信息技术、信息内容等信息服务业发展。

二、文化消费稳步增长

新中国成立70余年来，我国文化事业全面繁荣，文化产业快速发展，2018年我国文化产业实现增加值38737亿元，比2004年增长10.3倍。我国文化投资和消费水平也明显提高。2017年，我国文化产业固定资产投资额（不含农户）达3.8万亿元，为2005年的13.7倍，2013—2017年年均增长19.6%。2018年，全国居民用于文化娱乐的人均消费支出为827元，比2013年增长43.4%。

人民收入水平显著提高。改革开放后，全国居民人均可支配收入从1978年的171元增长到2018年的28228元，比1978年实际增长24.3倍①。随着社会经济水平的不断提升，文化消费发展形势喜人。国家统计局每年发布的国民经济和社会发展统计公报显示（见表5-1），2016—2018年全国城乡居民人均消费支出分别为17111元、18322元和19853元，人均教育文化娱乐消费支出分别为1915元、2086元和2226元，占整体消费支出的比重分别为11.2%，11.4%和11.2%，这表明近几年我国人均消费水平和人均教育文化娱乐消费水平的支出绝对值呈现出稳定增长的趋势。

表5-1　2016—2018年人均教育文化娱乐消费支出情况表　单位：元

年份	全国居民人均消费支出	人均教育文化娱乐消费支出	教育文化娱乐消费占比
2018	19853	2226	11.2%
2017	18322	2086	11.4%
2016	17111	1915	11.2%

根据《中国统计年鉴》公布的数据，我国居民文化消费需求快速增长，2013—2016年，全国居民人均文化消费从576.7元增长至800元，年均增长超11.5%，其中，全国城镇居民人均文化消费已达1268.7元，年均增长10.27%；农村居民人均文化消费年均增幅达到13.86%。文化产业年均增长13%以上。

在具体消费领域中，2017年全国电影票房收入达559.11亿元，同比增长13.45%，观影人次16.2亿，同比增长18.08%；2017年动漫产业产值将达到1500亿元，同比增长13.60%；2017年我国体育产业规模将达到1.78万亿元，年均复合增长率约为13.20%，这显示出我国的文化消费已进入快车道。经文化和旅游部综合测算，2019年“十一”黄金周期间，全国共接待国内游客7.82亿人次，同比增长7.81%；实现国内旅游收入6497.1亿元，同比增长8.47%。受景区降价、高速免费、文旅融合

① 国家统计局：《沧桑巨变化七十载　民族复兴铸辉煌——新中国成立70周年经济社会发展成就系列报告之一》，国家统计局网，http://www.stats.gov.cn/tjsj/zxfb/201907/t20190701_1673407.html.

和监管有力等积极因素影响，游客满意度和获得感稳步提升。近三年“十一”黄金周期间旅游消费人次和金额增幅如图 5-1 所示。

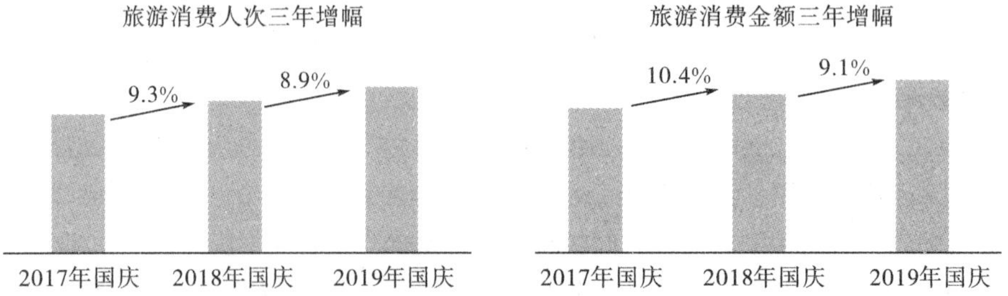

图 5-1 近三年“十一”黄金周期间旅游消费人次和金额增幅

（数据来源：银联商务大数据旅游消费监测中心）

三、政策拉动文化消费成效显著

根据武汉大学课题组数据统计，2016 年，文化部和财政部在我国北京、上海、天津、重庆等 45 个城市实施扩大城乡居民文化消费试点。2017 年全国 45 个文化消费试点城市累计投入财政资金 13.3945 亿元，其中地方财政资金约 11.78 亿元，中央财政补助 1.6178 亿元；全国 45 个城市直接拉动文化消费约 900.14 亿元，其中，试点居民实际支出达 739.07 亿元，直接拉动居民消费比为 1∶54.52。2018 年，各级财政对文化消费试点城市累计投入资金 18.3842 亿元，其中，中央财政投入 1.5085 亿元，地方财政投入 16.8757 亿元；全国文化消费试点直接拉动文化消费 737.85 亿元，其中，试点居民实际支出 730.08 亿元，直接拉动居民消费比约 1∶39.71。

2018 年，全国 45 个试点城市相关活动总参与人次达 53477.23 万，单人次获得财政补贴 1.45 元，居民平均单次消费约为 7.63 元，居民单次消费平均拉动比为 1∶5.26。此外，据对 26 个试点城市的抽样调查统计，居民整体满意度为 94.23%。数据表明，文化消费试点工作开展以来，扩内需已见明显成效，老百姓有了实实在在的获得感。至 2018 年下半年，全国参与试点的文化企业、商户达 17317 家，参与试点的公共文化服务机构达 3981 家。各试点城市纷纷以扩大文化消费为抓手，动员文化企业和公共文化机构参与，抓住机遇补齐文化消费、公共服务效率的短板，全面提升公共文化服务效率，促进文化市场的发展①。

四、当前文化消费的新特征

（一）文化消费成为经济发展的新引擎

与以往不同，当前社会已经出现了有别于此前以生产来主导整个经济社会发展的新特征，消费在整个经济社会发展中的拉动和引擎作用日益显著。人们越来越追求心理的、精神的满足，经济形态出现了一种新的变化，即经济越来越文化化、文化越来

① 傅才武：《扩大文化消费试点 激发文旅消费潜力》，《光明日报》2019 年 9 月 23 日 16 版。

越经济化。这主要表现为一系列文化产业的发展，在经济发展中越来越注重提升产品的附加值，这种附加值很大一部分是由文化、审美等因素来实现的。

科技进步不断推动文化产业的更新和调整，使文化产业获得迅捷、高效的发展手段。文化产业和文化消费作为新的经济增长点，在国民经济发展中发挥着越来越重要的作用。当前国家之间的竞争越来越超越单纯的硬实力之争，进入基于文化的软实力之争、巧实力之争。通过发展文化消费，依托文化之根，建立经济之根和社会之根，是社会稳定及经济发展的优选。而发展文化消费，是从消费端入手倒逼供给端，进而强化源头端，对于推动经济转型具有重要意义。当今消费增长对我国经济增长的驱动性作用越来越明显，而消费增长的主力是文化消费，旅游、文化、体育、健康、养老五大产业都属于广义的文化产业范畴，是经济发展的重要引擎。

（二）文化消费成为民众生活的必需品

对大部分中国民众而言，消费结构正从物质导向型逐步升级为精神文化导向型。从近年来的文化消费趋势看，人们在文化消费方面的投入较之前有了明显提升。日前发布的中国旅游研究院文化消费专项调查显示，51.78％的受访者认为“文化消费能提高人的生活质量和幸福感，比衣食住行更重要”，38.74％的受访者认为“文化消费属于生活必需品，跟衣食住行一样重要”。人们愿意投入更多精力和金钱享受精神生活，愿意为更多更好的文化体验服务买单。

2019 年 8 月 1 日，中国旅游研究院发布的 2019 年上半年全国旅游经济运行情况显示，文化和旅游消费更趋日常化。超八成受访者表示参加了文化体验活动，异地旅游的文化体验占比超八成。75％左右的免费文化场馆的人均购物、餐饮、交通消费集中在 50～200 元，26％的游客文化消费占旅游总消费的 30％以上。2019 年上半年，农村居民参加过文化体验的比重占到 78％，认为“文化消费与衣食住行同等重要”的比重达到 37％，城乡居民的文化需求和消费意愿都在不断提高。从消费动机来看，城镇居民对于增长知识、提升修养和亲子育儿的文化体验需求更高，愿意为更高的文化体验需求买单，在人均文化消费 500～1000 元、1000 元以上的消费中，城镇居民比重高出农村居民 8 个百分点。农村文化休闲市场开发潜力巨大，亟须大力发展农村公共文化事业和产业，以激发农村居民的文化需求①。

（三）新兴文化消费大幅增长

在知识经济条件下，文化消费被赋予了新的内涵，文化消费呈现出主流化、高科技化、大众化、全球化的特征。同时，在日新月异的科技平台上，文化产业也呈现出新的走向。当前文化消费的特征是信息化、技术化。信息技术的广泛运用特别是移动互联网的普及，促使我国移动互联网客户数量激增，改变着我国居民的消费习惯、消费模式，重塑着我国居民的消费流程，催生线上线下、体验分享等多种消费业态。随着互联网时代的到来，新兴文化消费形式不断涌现，带动文化消费市场需求发生显著

---

① 张佳仪：《文化消费日益增长　文旅融合后劲更足》，《中国旅游报》2019 年 9 月 2 日 03 版。

变化。随着居民人均收入的提高，文化消费需求层次也不断提高且日益多样化。如今越来越多的文化消费与互联网和移动互联网紧密结合，形成了线上线下消费融合发展的新业态。居民都愿意为更高品质、更多元化的文化休闲活动买单。据统计，2017 年国内网络视频用户中，有超过四成的用户曾为视频付费，每月支出40 元以上的付费会员从 2016 年的 20.2％增加到 2017 年的 26.0％，显示出文化消费已进入快车道。

近年来，我国居民消费模式已经逐渐由模仿型、排浪式消费转向个性化、多样化消费。不同于物质消费的刚性需求，文化消费是弹性的，具有黏性特点，即某种文化消费一旦产生，就会形成习惯并持续攀升。文化消费因人而异，不同的消费者由于职业、收入、社会地位、文化程度、性格爱好等差异，对文化产品的需求和偏好各不相同，呈现明显的个性差异和多样性。近年来，95 后、00 后已经成为文化消费的主力军，他们接受新事物快，追求时尚、个性。文化消费产品内容更加多样，动漫、游戏、文化创意活动逐渐成为文化消费的重要部分。近年来，我国动漫游戏、文化创意产业发展较快，尤其在北京、上海等一线城市，动漫产业呈现良好发展势头，2017 年北京动漫游戏产业企业总产值达 627 亿元，同比增长约 20％。上海动漫企业涵盖漫画、动画、新媒体动漫、动漫衍生品、动漫展会活动、动漫表演、动漫技术等多个领域。同时，互联网与旅游、文化、娱乐等产业的跨界融合，在刺激信息消费、带动各领域消费的同时，也为云计算、大数据、物联网等基础设施建设以及可穿戴设备、智能家居等智能终端相关技术研发和产品服务发展提供了广阔前景。

（四）文化旅游融合快速发展

文旅融合日益紧密，文化体验成为居民旅游的重要组成部分，文旅消费市场潜力巨大。现在广大的游客和居民的旅游休闲需求正在提升，不仅要看风景，更要体验美好的生活和有品质的文化项目和文化服务，文化旅游升级到更深层次的文化与生活体验。根据中国旅游研究院调查统计，2019 年上半年，各地文化旅游、民俗活动、节庆娱乐等休闲活动精彩纷呈，居民、游客积极参与文艺演出、文化场馆参观、观影赏剧、艺术体验等丰富多样的文化生活，超过八成受访民众表示参加了文化体验活动。“文化上海云”订单数据显示，演出、公益电影、讲座、培训活动成为居民参与的优质选择，订单占比达 50.4％。居民文化体验的主要花销集中在文化演艺、文创产品购买、文化培训等方面，参观“三馆”（图书馆、科技馆、纪念馆）、看大片、追话剧等文化活动的普遍参与频率为半年 1～2 次。看演出、逛夜市、观展览、泡书店等已逐渐成为人们生活的刚需，演艺、节事、图书、动漫、流媒体等传统和新兴文旅融合新业态备受青睐。根据中国旅游研究院调查统计，2019 年上半年，八成以上受访者表示在外旅游时文化消费占比为 10％～30％①。

（五）传统文化消费受到重视

2017 年初，中共中央办公厅、国务院办公厅印发了《关于实施中华优秀传统文化

① 张佳仪：《文化消费日益增长　文旅融合后劲更足》，《中国旅游报》2019 年 9 月 2 日 03 版。

传承发展工程的意见》，首次以中央文件形式专题阐述中华优秀传统文化传承发展工作，把传承中华优秀传统文化推上了新的历史高度。2019年，国家发展改革委关于印发《2019年新型城镇化建设重点任务》的通知明确提出，“提升城市人文魅力，保护传承非物质文化遗产，推动中华优秀传统文化创造性保护、创新性发展”。关于文化的“创造性保护、创新性发展”，有利于助推中华优秀传统文化的消费，促进强大国内市场的形成。文化文物单位积极开发文化创意产品，推出了一批文化附加值高、深受消费者喜爱的产品。作为博物馆文创的“领跑者”，故宫博物院开发了8000余种文创产品，体现出“根植于传统文化，紧扣流行文化元素”的定位。近年来，博物馆展陈水平也显著提升，精品展览深受群众青睐。如2016年在首都博物馆举办的“海昏侯大展”，精选了代表性文物380余件（套），观众如潮，形成了独特的文化景观①。

文化是旅游的灵魂，今天，游客对旅游项目体验性、文化内涵体验的要求不断提高，节庆文化的“宝藏”，为旅游产品注入更加丰富的内涵，丰富多彩的节庆活动背后往往有生动的历史传说、民间故事，体现着古老的生活习俗和审美情感，寄托着人们的美好愿望。节庆活动丰富的表现形式、深厚的文化底蕴契合了游客对文化旅游产品的需求。中华优秀传统文化历史悠久，影响人群广泛，厚重的文化底蕴需要不断研究、传承和弘扬。要深入挖掘各地多样化、原生态和有代表性的民族资源，扩充各类民族文化的人文精神内涵，向世界展现我国优秀传统文化的多样性和魅力，为文化消费注入深厚的文化内涵和新的活力。

第三节　我国文化消费存在的主要问题

近年来，中国人的文化消费正从过去的封闭、内向向开放、交流和互动发展，从过去的求同、求稳向求新、求变、求时尚演进，随着文化消费总量的不断提升，文化消费在促进经济转型发展、提升发展质量，促进人的全面发展、提高社会文明程度中发挥的积极作用越来越大。但不可否认，目前我国的文化消费也存在一些不容忽视的问题，比如文化消费观念还比较落后，与国际水平差距较大；供需矛盾突出，增速放缓，供给质量不高；文化创意不足，科技含量不高，竞争力不强；区域文化消费不平衡，城乡差距较大；管理体制相对滞后，发展环境有待加强等。其中既有经济增长的阶段性、周期性原因，也有文化市场原创力弱、竞争性差等原因。

一、文化消费观念落后，压抑了文化消费需求释放

按马斯洛消费层次理论，人类总是在满足温饱或基本生活需求之后，才会考虑较高层次的文化需求。根据国际经验，当一个国家、地区人均GDP超过3000美元时，文化消费速度明显加快。当人均GDP接近或超过5000美元时，文化消费则进入“扩

① 郭超：《用传统文化之光照亮民族复兴之路——十八大以来中华优秀传统文化传承发展述评》，《光明日报》2017年9月21日05版。

张时代”。国家统计局发布的《2018 年国民经济和社会发展统计公报》显示，2018 年，我国的 GDP 总量达到了 90.03 万亿元，按当年末中国（大陆）总人口 139538 万人计算，人均 GDP 约为 64520.7 元，约合 9769 美元，接近 1 万美元。2018 年，北京人均 GDP 超过 2 万美元，上海、天津、江苏、浙江、福建、广东、山东、内蒙古、湖北、重庆这几个省、自治区、直辖市的人均 GDP 均在 1 万美元以上。具体数额见表 5-2。

表 5-2　2018 年人均 GDP 超过 1 万美元的省、自治区、直辖市

省、自治区、直辖市	人均 GDP（美元）	名义增速
北京	21188	10.90%
上海	20421	8.90%
天津	18021	2.30%
江苏	17445	9.90%
浙江	14907	9.30%
福建	13838	13.00%
广东	13058	8.90%
山东	11525	6.90%
内蒙古	10322	9.30%
湖北	10079	6.50%
重庆	10007	10.60%

尽管 2018 年中国的人均 GDP 已接近 1 万美元，但理论界所预测的“当人均国内生产总值接近或超过 5000 美元时，会出现文化消费的倍增态势”的现实图景在中国并没有出现①。这说明中国的文化消费远没有达到预期的结果，文化消费潜力很大。

2018 年，全国居民人均可支配收入为 28228 元，比上年名义增长 8.7%，扣除价格因素，实际增长 6.5%。其中，城镇居民人均可支配收入为 39251 元，增长（以下如无特别说明，均为同比名义增长）7.8%，扣除价格因素，实际增长 5.6%；农村居民人均可支配收入为 14617 元，增长 8.8%，扣除价格因素，实际增长 6.6%。2018 年全国居民人均教育文化娱乐消费支出为 2226 元，增长 6.7%，占人均消费支出的比重为 11.2%。文化消费支出与居民人均收入水平相比，占比不高。

2017 年发布的《中国文化消费需求景气评价报告》和《中国文化产业供需协调检测报告》指出，2000—2015 年，我国居民积蓄率从 22.57%持续明显升至 28.47%，与之对应的居民消费比从 77.43%持续明显降至 71.53%。消费信心与动力不足在很大程度上导致了我国文化消费内需不足的现象。

如果消费信心不足、保障体系不健全、获得的利益不充分，居民就只能通过增加积蓄的方式寻求自我保障。这必然会抑制居民的消费水平，导致他们缩减消费支出，而首当其冲的就是缩减那些非必需、非刚性的文化消费需求。由此可见，受经济条件、

① 赵卫东：《制约我国文化消费增长的因素》，《人民日报》2009 年 7 月 6 日 11 版。

个性心理、文化环境等复杂因素的影响，我国居民的文化消费观念还普遍滞后，这压抑了文化消费需求的释放，导致文化消费总量较低，文化消费水平总体偏低。

二、文化供求矛盾突出，抑制了文化消费潜力发挥

随着我国经济发展和消费水平的提高，社会需求结构和消费结构发生了深刻变化，特别是随着居民人均收入的提高，文化消费正由过去的结构单一、消费层次低逐步向多样化、高层次转变。但与人民群众日益增长的精神文化需求以及发挥拉动经济增长作用的要求相比，文化消费领域还存在诸多问题，最主要的是文化产品供求结构性矛盾较为突出。文化产品和服务的有效供给不足，无效、低端供给大量存在，且精准的个性化文化服务明显缺乏。

从市场需求看，整个文化消费市场潜在需求巨大，特别是需要大量价格低廉、群众喜闻乐见的文化产品和服务，而目前提供的文化产品无论数量还是质量都远远不能满足群众的文化消费需求。从内容和形式上看，许多文化消费停留在快餐式、浏览式、游戏式、休闲式等浅层面上，缺乏思考、感悟、欣赏、理解、接受等较高层次的文化体验。这些品味不高、结构单一、层次偏低的文化消费产品，严重妨碍了广大消费者对文化消费的积极性。与发达国家的文化市场规模以及居民潜在的文化消费需求相比，目前我国文化消费支出仍处于较低水平，文化消费总量占总消费支出的比重较低，文化消费市场需求潜力尚未得到充分发挥，文化产业对经济的贡献率整体还不高。具体见表 5-3。

表 5-3 我国文化消费状况与世界主要国家的比较

文化消费占消费支出的比重		文化产业增加值占 GDP 的比重			
中国	欧美主要国家	中国	美国	英国	日本
11.2%	25%以上	4.2%	20%	8.2%	17%

三、文化创意创新不足，阻碍了市场需求潜力转化

创意创新是文化产品的灵魂，是影响文化产品利润最重要的因素。纵观人类社会发展史，每次产业结构的重大变革都伴随一个或几个标志性的创新产品。在激烈的市场竞争中，成功的创新产品能开拓新的市场，为企业创造新的利润增长点。近些年，经过引进和学习，我国文化产业的生产模式大多已与发达国家和地区较为接近，但由于原创性不足和优秀创意缺乏，不能形成有竞争力的文化产品品牌，很少拥有获得市场广泛认同的拳头产品。以发展空间巨大的动漫产业为例，我国的动漫企业仍以加工为主，原创作品少，优秀原创作品更少。动漫游戏产业还存在上下游生态链条不完整、商业模式不清晰、人才供需失衡等问题，这严重阻碍了我国文化市场潜在需求向现实需求的转化。

当代文化产业创新需要新技术作为驱动力，只有文化与科技不断融合，才能创造文化科技共同体，促进新文化业态形成，推动文化消费的创新。然而，我国文化产业的文化科技融合不深，对新技术运用不够充分，新技术还没有完全渗透到各文化行业

领域，其效应没有得到完全释放，也没有形成全产业链优势。就目前而言，技术应用较为普遍的文化产业有游戏、影视、动漫、广告等，但新技术的运用还不及时、不充分。而在出版、新闻等传统行业中技术应用还很不足。文化科技融合广度和深度不够也严重影响了文化产品的吸引力和竞争力。

四、农村文化消费乏力，限制了整体文化消费增长

农村经济还不发达，农民收入相对偏低，抑制了文化消费需求增长。尽管近年来国家对农村公共文化设施建设和公共文化服务建设给予的支持力度不断加大，但农村文化市场仍然存在供给短缺问题，文化消费依然乏力。近几年农民收入增速较快，但大部分农村居民消费重点还是在衣、食、住、行等实物型消费上，主要用在提升自身的物质生活水平上，其文化消费占比较低。国家发展改革委编写的《2017 年中国居民消费发展报告》数据显示，2013—2016 年，全国城镇和农村人均文化消费分别实现了从 945.7 元到 1268.7 元和从 174.8 元到 251.8 元的增长，人均绝对值增量分别是 323 元和 77 元。国家统计局公布的 2017—2018 年的统计数据显示，全国城镇和农村人均教育文化娱乐消费的支出分别是 2017 年的 2847 元和 1171 元、2018 年的 2974 元和 1302 元。尽管两个部门对于文化消费和教育文化娱乐消费的统计口径不同，但这两组数据比较一致地反映了一个非常明显的问题：我国城乡居民的文化消费存在着巨大的差距，城镇居民的人均文化消费远远高出农村居民的人均文化消费。这表明我国文化产业在城镇和乡村之间存在着明显的发展不平衡问题，说明农村地区的文化消费还有着巨大的发展潜力。当前我国农村发展的滞缓，与文化上的孱弱有极强的相关性。我国农村居民相对城市居民收入低，消费能力有限，传统文化消费观念依然相对滞后，文化消费观念相对淡漠，文化消费欲望不强，加之农民文化程度相对偏低，制约了文化消费爱好的多样化发展。与此同时，文化消费的地域差异化明显，收入较高的东南部地区农村人均文化消费要远高于我国中西部地区。

五、管理体制政策滞后，影响了文化市场健康运行

我国市场经济发展历史较短，在这种背景下发展文化产业，按照市场发展规律，建立健全政府宏观调控下由市场配置资源的运行机制尤为重要。但长期以来，政府统管各项文化事业，造成角色错位、管办不分等问题。目前，仍有大量国有文化产业单位从生产到管理由政府统包统揽。这样既割断了文化单位与市场的联系，剥夺了文化单位市场主体和法人的实体地位，又无法真正反映消费者的文化需求，最终造成文化产品消费者与文化产品经营者之间的分隔，造成文化产品供给与市场需求之间的不均衡。

近十年来，无论是国家及各大部委还是各级政府都先后出台了一系列支持文化产业发展和引导文化消费的政策，但是，这些政策较少有针对需求侧的文化消费进行直接刺激的举措，导致表面上看支持政策不少，实质上却不能有效扩大文化消费的尴尬现象。文化消费引领文化供给侧改革，是推动区域经济社会转型发展的引擎。扩大文

化消费的引领作用，不能局限于项目思维，而是要有平台思维、互联网思维，要借助于互联网平台，推动文化事业与文化产业之间实现多层对接，以及在此基础上的互联互通互享，尤其要进一步认识扩大文化消费对供给侧改革的作用，借助于消费者的“用脚投票”机制引导供给侧改革，实现两侧发力。

第四节　加强文化消费引导的措施

2018年8月，习近平总书记在全国宣传思想工作会议上指出，要推动文化产业高质量发展，健全现代文化产业体系和市场体系，推动各类文化市场主体发展壮大，培育新型文化业态和文化消费模式，以高质量文化供给增强人民群众的文化获得感、幸福感。这为建立和完善文化消费的长效机制指明了方向。促进文化消费，不仅是构建现代文化市场体系和产业体系的重点内容，也是满足人民对美好生活向往的重要切入点，同时还是弘扬社会主义核心价值观的重要抓手。对于文化产业来讲，应着重从文化产品供给角度来优化产品结构、丰富产品层次，充分尊重文化消费市场差异性，重视欠发达地区基本文化消费产品和服务的有效供给，充分利用各地丰富的文化资源、新型信息技术和区域文化政策创新文化消费，推出形式多样、能够满足不同层次消费需求的文化产品。

一、加强文化消费教育，提升文化消费能力

（一）提高民众的文化消费素质

现代人对文化消费关心程度的提高，体现了人们日益增长的文化消费需求。文化消费是生产性的、有价值的，是自我实现、发挥自我能力、启发潜力的基础和源泉。文化消费素质和能力是由多方面因素决定的，需要培育。要充分利用丰富的教育资源的教育作用和现代大众传媒的引导作用，大力提高居民的文化消费素质。在全国各类学校教育、岗位教育、社会教育中融入文化消费内容，通过影视作品及图书评介、艺术品鉴赏、文化艺术讲座等形式，深入浅出地介绍文化产品的思想内容、艺术特色、价值意义、社会影响等，切实帮助人们提高自身的文化消费素质和能力，从而使民众的文化消费由被动消费向主动消费转变、由低层次消费向高水平消费转变、由盲目消费向理性消费转变、由习惯于免费消费向适应个性化付费消费转变，从而扩大文化消费的领域、范围，提高文化消费的质量。

（二）形成健康的文化消费理念

扩大消费需求无疑是提升文化消费质量的必然要求，而消费需求的拉动首先要提高消费者的人文素养，即要转变一些人把文化消费简单等同于休闲、找乐，甚至把文化消费看作寻找感官刺激途径的片面认识，帮助人们形成有利于提高自我综合素质，有利于培养高雅情趣，有利于社会文明的文化消费理念，如“开卷有益”“终身学习”“读书益智”“知识就是力量”等理念，克服、摒弃那些不健康、不文明的消费心理和

行为。首先，要通过加大教育投入，加强文化宣传工作，提升群众的审美品位；完善社区图书馆、艺术馆等文化基础设施建设，为广大群众提供高质量、高水平的文化服务，进一步释放城乡居民的文化消费潜力。其次，要防止现代消费主义的泛滥。现代消费文化一方面最大限度地满足了消费者无止境的欲望，但另一方面极有可能发展为现代消费主义，从而导致炫耀消费、过度消费、超前消费、一次性消费等形形色色的消费形态。在这样的情况下，应该大力倡导和谐可持续的现代消费观念，即消费与自然承受力相当，与经济社会发展同步，物质消费与精神消费协调，其核心是提高人们的生活质量，促进人的全面发展和社会进步。

（三）引导不同层次的文化消费

社会生活的复杂性和人的社会属性的多样化，决定了人们文化消费的多层次性。文化消费具有不同的层次，需要统筹兼顾、合理引导。即使消费那些高雅经典的文化产品，如果缺乏引导，也会存在一些人理解不了、接受不了的问题；那些历史文化背景深厚、内容和形式复杂的文化产品，如果没有引导，也会影响一些人的消费、吸收；那些从国外引进的文化产品，意识形态色彩浓厚，如果缺乏引导，人们就有可能分不清其中的精华与糟粕，受到不良影响；那些低俗的文化产品流入市场，如果缺乏引导，一些人就可能丧失警惕，受到腐蚀侵害；即使是优秀的文化产品，如果缺乏引导，也会影响其积极作用的发挥。为此，我们必须进一步加大引导力度，帮助人们提高对各类文化产品的理解力、领悟力、辨别力、接受力，帮助人们选择更有价值和意义的文化产品，加强文化消费的计划性和选择性。要坚定文化自信，充分挖掘中华文化宝库，在坚守中华文化主体立场的前提下，充分吸收借鉴世界文明优秀成果，创造出体现时代性、原创性、群众性的优秀文化产品和服务。文化产品的创作者、生产者和文化服务的提供者要积极提供导向正确、人民群众喜闻乐见的精品力作和优质的文化服务，努力满足不同地域、不同层次、不同群体、不同年龄的人民群众日益增长的文化需求。注重提供品质高、制作精良、内容健康向上的，多样化、个性化的文化消费品，适应不同消费者的偏好，以引领文化消费。

二、增加文化消费总量，提高文化传播能力

（一）增加文化消费总量

面对日益多样化和个性化的文化消费需求，通过文化产品和服务的品质革命，提供更多高品质、适销对路的文化供给来释放文化消费潜力，是促进文化消费持续增长的关键。增加文化消费总量，是文化产业发展的内生动力，没有活跃旺盛的文化消费能力，就不可能有强大的文化生产力与活跃的文化市场。增加文化消费总量，提高文化消费水平，必须以消费需求为导向，积极优化文化供给结构，以调动文化消费的积极性，激活文化消费市场。

首先，应根据显性消费需求开拓群众性文化市场，扩大基本文化需求的生产，以企业文化拉动内需，如大力发展影视产业、演艺产业、动漫产业、文博产业、文化旅

游产业等。其次，要根据潜在消费需求，以文化创意刺激内需，加大新兴产业、创意产业的发展力度，打造数字文化城市、数字文化社区，扩大电子商务、网络创作、视频艺术等生产与服务，形成新的文化消费领域。再次，进一步挖掘各地特色的文化主题，集合各地文化资源，打造文化品牌，拓展文化消费领域，培植更多的消费增长点。最后，扩大规模效益，规划建设若干个全国性和区域性的各类文化产品交易市场；积极开发以网络和移动媒体为载体的新兴文化市场；建设一批版权和其他无形文化资产交易、文化信息和技术交易市场。

（二）调整文化产业结构

我国文化产业正在进行结构调整，但转型升级步伐较慢，规模小、集中度低、技术支撑不足。要更好地满足消费者的文化需求，迫切需要调整文化产品供给结构，增强供给结构对需求的适应性和灵活性，提高文化改革发展的质量和效益，真正起到引领文化消费、提升人们精神追求品质的作用。同时，针对当前城乡之间结构不合理的问题，应通过财税政策引导，发展新业态，形成新的消费热点。还要把扩大文化消费与推进新型城镇化建设紧密结合起来，鼓励文化企业面向农村投资兴建更多符合公众需求的文化消费场所，生产更多适销对路的内容产品，从而有效补齐农村文化消费不足的短板。文化产业发展不能单方面追求数量的增长，而要从供给侧、创作端发力，推动文化产品加快多样化、差异化供给，更注重将内容、质量作为核心，创作出更多人们喜闻乐见的优质作品，促进中国文化产业持久健康发展。我们可以根据不同地区的文化优势、资源优势和人才优势，立足本地、面向全国进行差异化的文化产业定位，提供具有较强竞争力的文化产品，优质的文化产品供给在一定程度上能够引导市场将潜在需求转化为有效消费。

（三）提升文化消费满意度

其一，文化供给必须瞄准文化消费的新需求，调动市场力量增加有效供给，顺应互联网发展给消费方式带来的变化，构建文化市场信息公共平台，提高居民文化消费的便利化水平。其二，运用大数据和人工智能的手段，对消费群体进行细分，深入洞察和描述真实的消费需求，挖掘和激发潜在的消费需求，准确地定位目标消费群体，精准地把握不同地区乃至不同群体的文化消费需求，并据此制定相应的个性化策略，有的放矢地进行产品开发和市场推广，能更有针对性地切中消费需求，将消费需求转化为消费行为。其三，充实服务内容，通过服务业态创新和服务内容优化，提升消费体验，扩展消费者的消费空间，以更灵活方便的方式为消费者提供文化娱乐设施，满足其碎片化的消费需求，提高消费便利度。其四，文化供给者要与消费者建立良好的情感沟通，培育忠实的消费群体，打造独一无二的消费体验，让消费群体的情感投射到产品与品牌上，使文化供给拥有长尾变现能力。

（四）推动文化企业走出去

充分打造好、利用好新媒体和新型文化传播国际平台，不断传递中国正能量、中国智慧，持续提升文化消费的国际话语权。鼓励原创性中国优秀文艺作品和文创产品对外贸易，拒绝简单复制、抄袭性文创产品申报各类支持资金。加快放开不影响意识形态领导权的文化产品和服务领域，增强国内文化企业的忧患意识。充分利用自贸区、自贸港等政策，利用国际标准不断提升我国文化贸易产业国际竞争力。发挥国有文化企业走出去的带头作用，并对富有竞争力、责任感和使命感的民营文化企业给予国有文化企业同等的支持力度，不断壮大我国文化企业主体在国际市场的竞争力。

三、实施文化品牌战略，延长文化消费链条

（一）实施品牌延伸战略

随着经济持续健康发展，文化消费环境不断改善，文化消费形式层出不穷，要增加文化消费总量，必须根据市场需求进行二次创意和再度创新，开拓新的文化消费领域，打造文化品牌，形成带动效应。相对而言，我国的文化品牌影响力还不够，文化消费节点不多，不能对消费者形成持续的吸引力，致使许多文化产品在消费中成为一次性的文化快餐，限制了文化消费的规模。我国应当积极拓宽文化产业视野，在进行科学市场定位的基础上，打造文化产业品牌，并确定品牌延伸适用的范围。

首先，要做好中华优秀传统文化的创造性转化、创新性发展，就要寻找传统文化内容与形式与当代社会的结合点，将传统文化融入人们的现代生活，通过灵活新颖的表现形式，创造更多人们喜闻乐见、易于接受的文创产品，努力打造中华传统文创产品品牌①，进一步拓展文化消费空间。其次，挖掘本地厚重的历史文化、极具特色的民间文化以及自然风景等旅游资源，建设集文化体验、生态休闲、康养度假等功能于一体的世界知名文化生态旅游度假区，打造全域旅游新样板。以新供给满足和创造新需求、新消费，形成具有鲜明区域特色和品牌效应的文化供给体系，拓展文化消费空间。总之，要大力创造具有鲜明时代特色、符合当代时尚审美要求的原创产品，进一步扩大文化消费的市场份额，形成创意文化新品牌，增强文化消费的连续性。

（二）提供适销对路的产品

现代商业社会产生并流行的文化类型是一种以现代信息传播和复制技术为手段，以工业化、模式化为生产方式，以大众传媒为主要载体，以都市消费大众为对象的娱乐性、休闲性的消费文化。随着物质财富的极大丰富，文化消费已逐渐成为人民群众追求生活质量的新标志，不仅表现为居民的消费观念已经由生存型逐步向享受型转变，消费领域从传统物质产品消费向文化产品和服务领域拓展，还表现为从单一追求功用性消费向观赏、情调、体验、服务、多样、个性等多元消费诉求发展。人们开始转向文化精神的消费与追求，把更多的时间和钱财用于休闲，费用的投向也发生了明显的变化，为娱乐身心而消费已成为城市居民新的消费理念。为适应这些消费观念和消费心理的变化，文化产业必须提供以休闲娱乐为主体的文化产品与服务。尤其要注重作为文化消费主力军的95后、00后的需求偏好，这部分群体接受新生事物较快，对新兴

---

① 鲁元珍：《民俗节庆，如何在融合中传承文化根脉》，《光明日报》2019年6月24日15版。

事物充满好奇和向往，追求时尚、个性，因此要注重开发针对年轻群体需求的个性化的文化产品。

（三）培植新的消费热点

要引导和促进文化消费就必须拓展文化消费领域和培植更多的消费增长点。这就要不断创新，立足本地区的群众口味和资源特色，挖掘传统文化和地域文化中的有利资源，使传统文化产品向个性化、差异化发展，不断推出新的形式、新的内容，不断增强文化产品的吸引力，更好地满足民众不断增长的精神文化需求。这就要求我们依靠科技进步来创造新的文化资源，用市场规则来培育文化产业，用经济手段来调整文化产业结构，特别是加大外围层、相关层等产业的发展；进一步采取措施，积极发展新兴业态，推动网络文化服务、游戏动漫、影视娱乐、体育休闲旅游，以及广告和会展文化服务等新兴文化产业的发展，使之成为拉动居民消费和扩大内需的新亮点。比如要大力推动文旅融合，以文旅融合为核心，打造文化体育旅游产业带，在全域旅游新方位的指引下，文化和旅游融合发展的巨大潜力还有待释放，将成为培育文化产业发展新动能的重要方向①。

四、健全文化消费政策，鼓励民众文化消费

（一）建立多元文化投入机制

政府要加大对文化基础设施的投入力度，合理布局文化设施和活动场所，分步骤有重点地进行，避免低水平的重复建设，提高投入效益。同时，动员社会各方面的力量多方投入文化，积极引进文化企业、文化团体前来投资置业，通过文化经营活动推动文化消费。

（二）积极增加城乡居民收入

文化消费的增长必须以居民可支配收入的持续增长为前提，提升文化消费的关键着力点即在于增加城乡广大人民群众的收入，提高人均收入与人均产值的比例值，健全社会保障以减缓积蓄需求，提高人均文化消费与人均非文化消费的比例值。诸如提高最低工资标准，缩小城乡之间的收入差距；提升个人所得税起征点，降低社会保险费率，减轻居民的纳税负担，使文化消费成为城乡居民消费新热点；等等。

（三）降低文化产品消费价格

要扩大文化消费，就必须为民众提供价廉物美的文化服务。一是要积极发展低成本、低票价、小规模的文化消费活动，让更多人参与到文化消费中来；二是出台价格指导政策，调整定价过高的文化产品和服务的价位，形成梯级市场，让普通老百姓也消费得起；三是通过降低基础文化服务税率的方法调控文化服务价格，增强文化单位从事文化服务的积极性，吸引广大民众进行文化消费。

---

①　鲁元珍：《新业态激活文化消费新动能》，《光明日报》2018 年 9 月 12 日 15 版。

（四）制定文化消费促进政策

出台相应的刺激政策是将日益增长的人均GDP和可支配收入转化为文化消费的重要保障措施。要建立健全有利于扩大文化消费的经济政策，区别性地针对不同类型的文化市场经营者在市场准入、税收、税率等方面的政策；通过贷款贴息、项目补贴、补充资本金等方式，对重点文化消费项目在资金、设备等方面大力扶植；出台各类社会保障政策，改善消费者的未来预期，解除消费者的后顾之忧，满足人民群众文化消费的愿望，维护群众文化权益；等等。

（五）试行发放文化消费券

我国文化市场目前仍处于发展的初级阶段，缺乏成熟稳定的文化消费群体，而居民收入相对较低，难以支付文化产品费用为重要原因。因而，要鼓励在有条件的地方试行发放文化消费券，一来能够满足低收入群体的文化需求，二来可刺激部分人群的消费欲望，同时，通过对特定潜在文化消费群体的扶持，可使其成为文化消费的稳定群体。基于以上考虑，建议向下岗工人、进城务工人员、在校大学生及其他低收入群体等特殊群体发放消费券。

五、加大农村文化投入，增强文化有效供给

尽管目前我国农村地区文化消费支出所占比例还很小，但是随着农村居民收入稳步增长，农村文化市场潜力渐显，未来我国农村地区文化消费需求的快速增长可期。

（一）加大对农村文化事业的投入

政府应加大对农村文化建设的投入力度，出台奖补配套政策等，扩大奖补力度，对担负公益性任务的给予适当补助，对于经营性的项目给予优惠政策扶持。调整省、市、县资金的补助比例，调动县市对农村文化基础设施建设的热情与积极性。目前，政府应特别立足于解决“看书、看戏、看电影、收听收看广播电视”四难问题①，投资建农民图书室、阅览室，订阅报纸杂志，配备一定数量的图书，人员管理固定化。积极开展送文化下乡活动，对专业剧团下乡演出给予经费补助。加大实施广播电视村村通工程的力度，要重视完善和发挥现有无线转播台站的作用，利用无线、有线和卫星等多种技术手段，力争使农村群众收听、收看到套数更多、质量更好的广播电视节目。政府应多方统筹资金加强乡村文化设施建设，结合乡镇机构改革和站（所）合并，组建集图书阅读、广播影视、宣传教育、文艺演出、科技推广、科普培训、体育和青少年校外活动等于一体的综合性文化站，使广大农民更好地参与其中。将农村文化建设重心下沉到村，深入农民的日常生活之中，为农村群众提供更多、更好、文明、健康的公共文化服务。

（二）发挥农村传统文化的作用

应当加快开拓乡村市场的步伐，推出符合乡村消费者需求的文化服务与产品，逐

---

① 张莹、赵丽鹏：《如何丰富农村文化生活》，《河南日报》2010年1月27日02版。

步提升乡村地区的文化消费质量。在农村，蕴藏着许多原汁原味的民间文化财富，这些文化财富是农民在长期的生产生活实践中创造形成的，具有深厚的生活基础，直到今天，仍然具有巨大的感召力和影响力，我们要充分发挥这些传统文化资源的作用。

要把提高农村文化生活水平与非物质文化遗产传承相结合。我国非物质文化遗产星汉灿烂，很多“非遗”项目的活体保护和传承已形成特色文化产业，它们既是农民增收的手段，也是丰富其自身文化生活的领域。这样的非物质文化遗产，可以说每个县都有，是有待进一步开发的宝贵资源。要把丰富农村文化生活与历史文化名镇、名村建设结合起来，把恢复文化名镇、名村与传承历史文化相结合，与新农村建设相结合，赋予其新的时代元素，为丰富农村文化生活提供众多的载体①。随着生产力的发展和时代的进步，我们还必须为这些传统文化注入新鲜血液和动力，只有立足于传统文化上的挖掘与创新，才会使农村文化更有生命力和活力。因此，在文化产品供给结构上，应注重增长农村题材的文化产品数量和质量，用农民群众喜闻乐见的方式和方法展示，逐步在我国农村居民中兴起文化消费的热潮。

（三）鼓励农民自己办文化

农民是农村文化的消费者，也是农村文化的生产者和供给者。政府应制定鼓励扶持政策，在明确政府农村文化投入主体地位的同时，使农民群众成为农村文化建设的主体。要支持农民兴办文化产业，通过民办公助、政策扶持，鼓励各种形式的农民自办文化。培养一批文化中心户，建文化大院，组建一批农民文艺创作队伍，扶持一批民间职业剧团、农村业余剧团，让农民从看演出、参加活动到自己演出、自己搞活动。每个村都要挖掘自己的文化特色，形成各村独特的文化品牌，达到“一村一品”的工作效果。各村的文化产业既要产生良好的经济效益，又要具有较好的社会效益，从而调动镇、村干部和群众的积极性，全面促进农村文化活动的蓬勃发展。特别要在加大对农村公共文化建设投入的基础上，把提高农村文化生活水平、丰富文化生活内容与发展农村旅游产业有机结合起来，大力发展以吃农家饭、住农家屋、干农家活、享农家乐为特征的农家乐旅游。广大农村通过发展农家乐、采摘农业、花卉农业、体验农业等融种植业、养殖业、加工业与农业观光休闲业为一体的产业，使农民成为农村新型文化的创造者，同时也是农村文化生活的享受者。

六、科技赋能文化消费，融合刺激文化消费

2012 年 8 月，《国家文化科技创新工程纲要》指出，“科技已成为文化产业发展的核心支撑和重要引擎”。《国家“十三五”时期文化发展改革规划纲要》指出，须加强文化消费场所建设；开展促进文化消费试点，鼓励把文化消费嵌入各类消费场所；运用云计算、人工智能、物联网等科技成果，催生新型文化生态。加强虚拟现实技术的研发与应用。新的核心技术集群的快速发展，已经从根本上改变了文化消费的逻辑和形态，并成为推动文化消费升级最主要的外部动能。

---

① 张莹、赵丽鹏：《如何丰富农村文化生活》，《河南日报》2010 年 1 月 27 日 02 版。

（一）科技改变了文化消费逻辑

全新的科技手段与文化产业的融合从出发点上确立了科技赋能文化并将文化转化为消费的基本思路。首先，科技改变了文化消费的传统形态。传统文化消费更多地侧重于身临其境的线下体验，如今越来越多的文化消费与互联网和移动互联网紧密结合，形成了线上线下消费融合发展的新业态，如在线旅游、在线教育、VR演唱会等。

其次，科技改变了文化消费的转化路径。传统的线下消费具有等待周期长、转化路径长、转化率低等特征，但移动互联网时代的文化消费却可以在智能手机这一终端直接完成，用户受到某种营销刺激后可以在线点击跳转到电影票、景区门票或者IP衍生品等文化产品的购买页面，在短短几分钟之内完成消费动作。

此外，科技改变了文化消费的消费体验。由于新技术与用户之间存在着天然的亲和力，因此，对新技术的广泛采用，使得市场主体更容易捕捉文化消费的新需求和新趋势，从而在内容的生产、营销的互动和产品的消费等各个环节为用户提供更好的体验，逐渐培养大众新的文化消费需求和消费习惯。

（二）科技推动了文化有效供给

1. 科技创造了新的形式

随着互联网技术的日新月异，新的文化消费形式不断涌现，引发文化消费市场的新需求，不断创造新的文化消费热点。人们利用现代科技、创意和策划，着力培育文化领域战略性新兴产业，借助于现代声光电技术和影视特技，使文化舞台呈现出气势磅礴、美轮美奂、精彩纷呈的舞美效果。环幕电影、球幕电影、交互电影等数码电影技术极大地丰富了电影的表现力，给人们带来前所未有的审美体验，增强了文化产品和文化服务的表现力、吸引力和感染力。

2. 科技推动文化的传播

传播是消费的必要前提，只有经过传播，文化产品才能成为现实的精神财富。我们可运用高新技术，加快构建覆盖广泛、技术先进的文化传播体系，建设全国连锁经营、覆盖城乡的出版物发行网络、广电网络、数字电影院线和演出院线网络，不断为文化产品和文化服务搭建新的平台，从而引导和扩大文化消费，促进经济增长，推进社会和谐发展。

（三）科技与产业融合刺激文化消费

在当前跨界创新、融合发展的整体商业环境下，文化要素与更多其他产业要素相互依存、相互融合的趋势也越来越明显。营造文化产业良性循环的生态系统，推动“文化＋”，即文化与各行各业融合，这不但能够推动我国文化产业提质增效再上台阶，更能够有效地契合居民消费结构升级的需求，以丰富多元的文化产品供给刺激并释放文化需求，为扩大文化消费、形成强大的国内市场体系培育新的动能。从本质上看，文化要素与其他产业要素的融合是一种全新的文化发展观和方法论，能不断地催生文化新产品、新业态、新模式和新增长点，并通过开创一种新的生活方式引领文化消费的新潮流。事实上，无论是“文化＋”还是“＋文化”，都重点强调了文化作为一种内容、一种创意、一种内涵、一种价值对于其他产品和产业所带来的附加价值、文化体验和精神认同的提升，这种要素的融合和产业的融合，既能够兼顾经济效益与社会效益，又能够在用户消费过程中实现获得感与幸福感的双重提升。

近年来，我国大力推动互联网、物联网、数字化、大数据、人工智能和实体经济的深度融合，从人人互联到万物互联，从海量数据到人工智能，从生活消费到生产制造，我国实体经济数字化、网络化、智能化水平不断攀升，数字经济高速增长。在推动文化与科技融合的大背景下，随着新技术和新产业基因源源不断地注入文化产业发展中，以数字技术为载体的数字文化产业迅速崛起，在文化产业中的比重逐年增加，成为一个高速增长的产业，并引领着当代文化产业发展的新趋势。

七、加强文化消费监管力度，构建和谐消费环境

在文化消费群体迭代与消费需求多样化的背景下，要扩大文化消费，构建健康和谐的文化消费环境是基本保障。这需要政府从保护文化消费者权益的角度来加强文化消费法规建设，加强对文化市场的监督管理，加大执法力度，依法保护知识产权，维护生产者、经营者和消费者的合法权益。

（一）依法加强监管力度

其一，从文化消费需求的实际出发，制定文化消费法律法规和消费政策，确保广大人民群众的基本消费权益得到保障。其二，强化管理部门的责任，明确管理部门各自的权限与职责，使其各司其职，认真完成自己的本职工作。其三，加强各职能部门之间的沟通和联系，在某些需要多方参与管理的复杂问题上采取联合行动，加强合作。其四，努力构建消费者、供给者、政府、相关组织以多方和谐共生、互促共荣为原则的文化产业生态系统，制定更具科学性、针对性、系统性的行动方案，推动文化产业发展各利益相关方形成协同效应，形成文化消费的长效促进机制。努力形成法律规范、行政监管、行业自律、技术保障、公众监督、社会教育相结合的监督管理体系，保证广大人民群众能够消费和享用更多健康优质的文化产品和服务。

（二）净化文化消费环境

一是遏制“三俗”现象。近年来，我国文化市场由于注重群众文化消费权，一方面更加突出了民众文化消费色彩，产生了许多通俗化的文化产品，满足了大多数群众的消费需求，另一方面为迎合少数消费者的趣味，庸俗、低俗、媚俗之风也借助于电视、手机短信、互联网等平台侵入人们的生活。因此，加强民众的道德文明建设，坚决遏制庸俗、低俗、媚俗之风的传播，仍然是当前一项十分重大而紧迫的任务。

二是打击封建迷信活动。坚决加强对封建迷信职业者的教育与处理，对组织、教唆、胁迫、诱骗、煽动他人从事邪教、会道门活动或者利用邪教、会道门、迷信活动，扰乱社会秩序、损害他人身体健康的坚决予以打击。对受人蒙蔽、影响不大的迷信职业者要教育其改变好逸恶劳的习惯，促使其勤劳致富，在社会主义新农村建设中充分发挥自己的聪明才智。

三是加强知识产权的保护。对生产者来讲，要有创建自主知识产权品牌以及保护品牌的观念；对消费者来说，要树立尊重知识产权的意识。要建立健全知识产权保护的法律法规体系，在全社会大力宣传知识产权文化，营造良好的知识产权保护环境，从自律和他律两个方面让不生产盗版产品和不消费盗版产品成为社会共识。

四是规范市场主体行为。要加强对文化市场的监管力度，建立健全文化市场信用监管机制，支撑起安全可信的消费环境。要制定并严格执行文化生产和服务标准，制定反垄断、反不正当竞争的具体措施和文化经营守则，规范文化消费市场主体行为，对那些干扰市场正常运行，置社会责任于不顾，违规操作，严重侵害了人民群众文化权益的文化生产经营者，要采取切实可行的行政和法律手段坚决予以打击。

五是完善消费投诉机制。要建立和完善有效的文化消费者利益表达机制，使消费者监督举报渠道更广泛、更便捷，鼓励消费者反映造假贩假、价格欺诈、强买强卖以及不健康文化经营等问题，发挥消费者协会等社会组织的作用，对文化消费纠纷及时介入、正确处理，维护文化消费者的合法权益。

六是引导经营主体合理定价。加强对文化服务和文化商品市场的管理，引导经营主体合理定价，调动居民文化消费的积极性。

关键概念

文化消费　文化供给　激励政策　刺激消费　拉动消费　消费教育　消费满意度　可支配收入

主要观点

文化消费是指对精神文化类产品及精神文化性劳务的占有、欣赏、享受和使用等。通俗地说，文化消费主要是指人们为了满足精神生活的需要，采取不同的方式享受消费品和劳务的过程。

文化消费是指人们根据自己的主观意愿，选择文化产品和服务来满足精神需要的消费活动。它的基本特征体现在两个方面：一方面，它所满足的是消费主体的精神需要，使主体感到愉悦、满足；另一方面，满足主体消费需要的对象（客体）主要是精神文化产品或精神文化活动。文化消费具有精神性、社会性、市场性、创造性、地域性、空间性和时间性等特征。

正确的文化消费对促进经济发展、引导大众的价值观和消费观、形成良好的社会文化风气、促进人的智力发展、提高人的素质具有极其重要的作用。

近些年来，文化和旅游部、财政部共同实施拉动城乡居民文化消费的政策和措施效果明显，文化消费成为经济发展的新引擎；当前文化消费新特点表现在新兴文化消费大幅增长、文化旅游融合快速发展、传统文化消费受到重视等方面。

我国的文化消费存在一些问题，比如文化消费观念还比较落后、消费水平与国际差距较大、供需矛盾突出、供给质量不高、文化创意不足、科技含量不高、区域文化消费不平衡、管理体制相对滞后、发展环境有待加强等。其中既有经济增长的阶段性、周期性原因，也有文化市场原创力弱、竞争性差等原因。

促进文化消费，不仅是构建现代文化市场体系和产业体系的重点内容，也是满足人民对美好生活向往的重要切入点，同时还是弘扬社会主义核心价值观的重要抓手。

促进文化消费，必须加强文化消费教育、培育新型文化业态和文化消费模式，实施文化消费拉动政策，从文化产品供给角度，优化产品结构，丰富产品层次，增强文化有效供给，以更多高质量文化供给增强人们的文化获得感、幸福感。

延伸阅读

章章不一样
每章都精彩

1. 张来民：《作为商品的艺术》，中国社会科学出版社 2002 年版。

2. 栾昌大：《市场经济与艺术》，吉林美术出版社 2000 年版。

3. ［法］让・鲍德里亚：《消费社会》，刘成富、全志钢译，南京大学出版社 2008 年版。

4. ［英］西莉亚・卢瑞：《消费文化》，张萍译，南京大学出版社 2003 年版。

5. ［美］尼尔・波兹曼：《娱乐至死》，章艳译，广西师范大学出版社 2004 年版。

6. ［美］迈克尔・所罗门：《消费者行为学（第 10 版）》，杨晓燕等译，中国人民大学出版社 2014 年版。

7. ［美］多克・希尔斯：《意愿经济：大数据重构消费者主权》，李小玉、高美译，电子工业出版社 2016 年版。

8. ［美］莱斯格：《免费文化》，王师译，中信出版社 2009 年版。

思考问题

1. 文化消费有哪些特征？
2. 文化消费有哪些作用？
3. 我国在拉动文化消费方面采取了哪些措施，效果如何？
4. 我国在文化消费方面还存在哪些问题？
5. 如何加强对文化消费的引导？

第六章　数字文化产业发展

数字文化产业是以文化内容为核心，以创意为动力，将各种文化资源与最新数字技术相结合，依托数字技术进行创作、生产、传播和服务的新兴产业。其主要有内容生产数字化、管理过程数字化、产品形态数字化和传播渠道网络化以及传输便捷、绿色低碳、需求旺盛、互动融合等特点。当下数字文化产业正在成为引领新供给、促进新消费、高速成长的数字经济的重要组成部分。

数字文化产业涉及内容产业、平台产业和文化科技三个主要领域。数字文化内容产业涵盖数字动漫、数字游戏、数字出版、数字音乐、数字表演、数字教育、数字艺术展示、数字典藏、数字文化装备、网络文化、网络服务、软件服务等业态。

当前，数字文化内容产业发展迅速，其中游戏、新闻、短视频和文学是最重要的四个领域，网络游戏行业集中度增加、游戏品质提升；网络视频和网络音乐更加重视原创和自制节目；网络新闻、短视频和网络直播更多的借助于专业机构和数字工具产生优质内容；网络文学和动漫的创意之源地位更加巩固。

第一节　数字文化产业的特征和作用

一、数字文化产业的特征

数字文化产业具有内容的创意性、主体的大众性、生产的科技性、传播的平台性、产业的融合性与价值的共享性等特性。

（一）内容的创意性

文化产业以文化为魂，技术为体，内容为王，在大众对于高品质文化产品需求日益旺盛的情况下，内容创意实质上成为数字文化产业发展的关键。

1. 内容创意驱动消费的增长

每个时代的文化产业都会将那个时代新的技术成果和新的文化内容结合后进行创作和生产，从而产生具有时代特征和丰富内涵的文化产品。当今，无论是网络文学、网络娱乐还是网络短视频，几乎所有的网络应用软件和平台，都极为重视内容的创意，内容的开发和应用已经成为消费最大的增长点。内容需要积累，技术需要孵化，文化消费更需要新技术与新内容进行叠加，形成全新的消费方式。

2. 内容创意促进技术创新

文化内容创意化，文化消费体验化，技术创新常态化，让技术真正能为文化产业赋能，这是文化与科技融合促进文化产业发展的实质。在网络化、数字化和智能化时代，新技术的应用极大推动了文化产业全新个性化体验形式的出现，如电子游戏、移动式景观、虚拟世界和扩增实境等技术的实现，一方面使消费者角色发生了转换，即从一个被动的接受者成为主动的感受者、体验者，甚至是参与文化生产的创造者，他们在参与创新中获得审美快乐和体验乐趣；另一方面，文化产业消费者不断增长的高质量的审美消费需求，以及消费方式的变化和差异化的诉求，对新技术在文化产业中的运用提出了更高的要求，从而促进了新兴数字技术的创新及应用，驱动着技术设备和终端的创新和发展，通过技术创新和内容创意，促进文化产业高质量发展。

（二）主体的大众性

在数字文明形态下，无限的网络空间为文化产品的立体化呈现提供了便捷手段。许多文化产品逐步从物质形态转变为数字形态，从销售某个知识点或知识体系转变为提供庞大的系统的知识库、知识领域，从单向传播转变为供求互动，从产品形态固化转变为灵活服务、各取所需。数字文化产业深刻影响文化的发展生态和生存环境，改变了文化的样态和传播方式，尤其是大众的文化消费方式；改变了文化生产与消费主体的关系，形成了大众化生产和大众化消费格局。

1. 生产主体的大众化

由于数字技术的发展，人类历史上第一次出现了文化内容的创造者从小规模专业作者向大规模业余作者迁移的局面，形成生产主体大众化格局。文化本身就是无处不在的，在数字化时代，数字化技术的广泛应用使文化生产端和消费端都出现了非线性链接，随着互联网和数字技术的广泛普及，文化走进千家万户，任何人在任何时间、任何地点，都能够接触到任何人类文化成果，消费或是参与生产任何文化产品。尤其在自媒体和移动互联网时代，文化产业内容生产者门槛大大降低，极大地激发了大众的文化表达意愿和创造活力，几乎人人都是内容生产者，市场空间得到最大限度的拓展。伴随智能化、交互化发展，消费人群不再仅仅是接受者，同时也是创作者，他们主动参与到数字文化的生产和传播当中，后现代“人人都是艺术家”的愿景成为现实①。随着互联网 2.0 的兴起，诞生了一种“大众生产内容”（UGC，User-generated Content，用户原创生产内容）的模式，和“专业生产内容”（PPC，Professionally-produced Content）相比，其内容的生产者由少数专业人士扩大到所有普罗大众，这就大大丰富了人与价值内容的关联、人与人的关联、人与商业的关联。

2. 消费主体的个性化

在数字文明形态下，数字文化产业契合了消费群体的代际转换，呈现出生产数字化、传播网络化、消费个性化等特点。动漫游戏、网络文学、网络音乐、直播网红、微电影等迅速发展，越来越多的数字文化产品走进日常生活，成为目前大众文化消费的主要产品。过去，文化产业发展方式相对粗放，缺少科学的决策辅助工具，大数据、人工智能和云计算是数字时代的生产工具，它们促进了文化产业的精准化预测、精细

① 范玉刚：《数字文化产业发展更要有文化》，《中国文化报》2019 年 8 月 14 日。

化管理和集约化发展，并对受众群体精准分析、对内容精准定位、对结构精准调节。在文化产业领域已经出现了消费即生产的态势，引发了大批量定制和个体创造时代的到来，使个性化需求的满足成为现实，引起文化产业发展的新一轮变革。

（三）生产的技术性

文化产业的数字化离不开技术的强力支撑，底层技术的创新，使新兴技术与文化创意产业融合形成数字创意产业的基础架构。相较于传统文化产业，数字文化产业的内容从产生之初就含有“科技的基因”，技术是数字文化产业发展的核心驱动力。

1. 科技丰富文化产业表现手段

随着现代信息技术的发展，文化产品的生产越来越依赖于技术。电脑绘画几乎成为艺术设计的主要手段；智能软件会让作曲家即时听到创作效果，随时修改；歌唱家跑调多远都不要紧，只要你出声，调音师就可以把你的音准拉回来；作家的创作手稿，恐怕早已成为一个历史概念；电影尤其如此，不要说大片，就是普通的电影制作，离开技术手段也几乎是寸步难行。数字合成占比越来越大，对电影的本质、影像的美学意义都产生了深刻影响。数字技术创新使文化创作形式和意义表达的手段更加丰富，文化生产要素不断实现优化组合，生产效率大幅度提升，文化产业的发展空间和前景越来越广阔。

2. 科技培育文化产业新增长极

科技创新从某种程度上改变了文化产业的结构，丰富和更新了文化产业的内容，推进着文化产业的发展。伴随着数字化浪潮迭起，计算机、互联网、信息通信等数字技术不断向文化的各个领域广泛渗透融合，数字技术不断迭代升级，为文化内容的创造、生产、集成、传播、消费全流程各个环节打开了新的想象空间，突破了时间和空间的限制。新技术的迭代催生文化产业新场景、新力量和新机遇，打通了文化产业供给侧和需求侧之间的耦合通道，提升高质量文化供给的前沿效率，培育形成文化产业新增长极。

（四）传播的平台性

数字化产业通常以数字平台为依托，通过多种媒体融合的方式对内容进行传播与表达，通过数字平台为创作者与消费者搭建平等交流的社区，对消费者各种感官造成综合性的强烈冲击。

1. 平台提高了文化产业规模效应

在科技的推动下，互联网迭代加速，向分众化、移动化、视听化普及，各类资本、技术持续涌入数字文化产业领域，从精英生产到大众生产，从线下到线上，从资源到服务……新技术催生新平台，平台对于形成新业态、聚集新用户、培育新市场具有十分重要的作用。“互联网＋”实现了无边界链接的可能，成为文化资源和要素流动与整合的利器。其一方面能够传播内容、交易内容、下载内容、自制内容和开发延伸产品，另一方面由于实现了规模化的无边界链接，其规模效应能够降低其成本。“平台＋创业者”的生态型企业文化生态，激发了全社会的文化创造活力，让生态环境更具生产能力，让生产更加活跃，从而生产出更多高附加值的文化产品。

2. 平台已经成为当今的主流商业模式

在数字产业化时代，平台的模式成为主流的商业模式，无论是专业化的视频网站平台，还是移动互联网终端平台，都将逐步垄断产业利润。截至 2019 年 6 月，我国网络视频用户规模达 7.59 亿，占网民整体的 88.8%。各大视频平台进一步细分内容品类，并对其进行专业化生产和运营，行业的娱乐内容生态逐渐形成；各平台以电视剧、电影、综艺、动漫等核心产品类型为基础，不断向游戏、电竞、音乐等新兴产品类型拓展，以 IP（Intellectual Property，知识产权）为中心，通过整合平台内外资源实现联动，形成视频内容与音乐、文学、游戏、电商等领域协同的娱乐内容生态。腾讯内容开放平台成为新的文化基础设施，将服务 1000 万创业者；今日头条的算法推荐开辟了新的内容聚合与分发平台；抖音的视频技术，让普通人也能分享自己的视频；直播平台更扩大了受众的参与度，人人都能成为手持话筒的主播。

3. 互联网已成为文化产业最重要的交流平台

电信企业现在已经不再是传统的以信息、通话为主的企业，成为一个巨大的网络平台，变成了一个媒体公司。最典型的就是中国移动，移动互联网现在成了一种媒体，其主要营收是内容传播、广告下载以及信息传输服务的收入，而传输服务是完全依赖于消费者在其平台上玩的内容的多少。为了扩大内容的影响力，中国移动在全国各地建设视频基地、文化基地、动漫基地、阅读基地。中国知网大数据智库平台就是知识与大数据深度融合的产物，它将各种文字、音频、视频信息资源整合为统一的知识库，通过对知识内容进行碎片化重组，对政务数据与行业数据、公共数据与知网知识数据的融合分析利用，为政府部门及其智库、企业提供协同决策研究和协同执行平台，为各类用户提供基于业务场景、生产场景的知识服务。

（五）价值的商业性

从文化学意义上看，科技进步在深度影响和重构当代文化的形态、结构和价值取向。文化是消费的对象、附加值以及利润的来源，是经济价值的来源，是社会价值的载体。

1. 数字文化产业推动消费规模扩大

现代数字化科技对当今文化产业的影响巨大，在释放无穷生产活力的同时，还使产业整体盈利模式朝最佳盈利结构转变，表现为内容制作传播和消费载体的网络化、融合化、协作化，产业链整合化、宽泛化，营销方式社群化，受众角色多重化，由实物文化产业时代相互分割独立的利润单元串成链式流，构成一个内容无比丰富、无比密集快捷的网状文化产业体系，使创意价值得以最大化。数字文化产业发展模式将助推文化消费规模持续扩大，促进整个文化产业生态圈进一步融合共生。

2. 付费消费已成为主导型盈利模式

在知识经济时代，信息和知识不但可以售卖，而且是卖方市场。在数字产业时代，随着代际性消费群体的成长和移动支付技术的突破，网民已经习惯为自己所喜欢的网络产品和服务付费，付费消费成为数字文化产业的主导型盈利模式。数字文化产业依托移动互联网技术和网络产品付费习惯，在未来将呈现爆炸式增长。如付费的网络文学阅读、网络影视戏剧、游戏动漫由泛娱乐转向新文创开发，成为数字文化企业的主导商业模式。

3. 数字技术促进了共享经济的产生

当今，人们的生活方式和数字技术之间存在互相加强的现象，比如人们对网络的依赖性越来越强。人们的生活方式对某个领域产生巨大依赖的地方，一定是商业价值非常大的地方。消费者对它的依赖度越强，它的价格就会自由上涨。新兴技术正形成数字创意新的基础架构，一方面，新技术将从消费向生产渗透，带来全要素效率升级，提升消费体验和资源利用效率；另一方面，新一代信息技术与文化创意领域的结合，催生了 O2O、分享经济等新模式，新业态持续涌现，创造出新的经济价值。

（六）产业的融合性

长期以来，文化领域存在条块分割、地域分割等问题，推动文化体制改革，就是要优化资源配置，实现文化要素跨行业、跨区域、跨所有制的有效流动。依托网络和数字化技术，文化产业打破了一些壁垒，实现了文化载体的多元化、文化业态的多样化，专业化、集约化程度不断提升。

1. 数字文化产业是技术与文化的融合

文化科技融合是科技创新促进文化产生新样式、新产品、新服务，以及科技活动、成果不断丰富其人文内涵的互动过程。当前，文化与科技的交融日益广泛和深入，科技已渗透到文化产品创作、生产、传播、消费的各个层面、各个环节，推动文化与科技融合创新。数字文化产业是创新融合发展 2.0 时代的产物，是“互联网＋”以及数字化技术在文化领域应用的结果，是文化与技术的时代性融合。由此，发展数字文化产业需要“科技＋”与“文化＋”协同创新，是两者在本性上的相互贴近，它不仅需要平台的整合与垂直分发能力，更需要文化的集成与价值的提炼与创新，使技术与文化（艺术）保持适度的审美张力，才会有意义的高地与价值的再创造，其成就的是一种新的文化业态和生活方式的变化。

2. 数字文化产业整合资源实现跨界融合

数字文化产业是渗透性、关联性极强的产业，数字文化产业链条的延伸、扩展和交织，使大多数与文化创意相关的行业由分散趋于融合，不断延伸产业价值链，使之成为一个越来越显著、越来越能提升价值，创造大量就业机会的文化产业群。发展数字文化产业的过程，意味着这首先是一种跨界的理念，即跨部门、跨行业、跨领域、跨技术门类等的资源和技术平台的合作。数字技术正在与国民经济各个行业相融合，催生出一系列新产业、新业态、新模式、新实践，已逐步成为当代社会发展中的主流产业，正在向更多经济领域、更多文化资源拓展，逐步融合到国民经济大循环中，成为新时代促进经济转型升级的新动力。

3. 数字文化产业与更多领域实体产业的融合

文化是一种相对抽象的精神感知，需要通过创新载体和媒介传播，实现形象化表达，这就需要文化产业与更多领域实体产业的融合碰撞，例如将文化创意和设计理念渗透到工艺品制作和个性化建筑之中，在实物产品上感知到文化特质。随着互联网的快速发展，传统的行业边界变得越来越模糊，数字化技术应用为文化创意和相关产业融合提供了新路径，数字文化产业与各行各业结合使得产业本身产生非常多新的业态、新的应用和不同的应用场景。通过跨界关联融合，数字文化产业与传统制造业、旅游业、金融业、广告业、商贸流通业、建筑设计业、信息业、包装业以及体育、教育融合发展，与实体经济的深度融合，有助于提高文化附加值，引领高质量新动能新发展。

二、数字化对文化产业的价值和影响①

在现代技术日益进入我们生活的各个领域并成为主导的时代，文化意义的创造，同时就有可能是它的技术表达方式的创造。数字化对文化产业有着全方位的影响，从文化生产到文化传播，再到文化消费，无不被打上数字化的烙印，数字技术促进了新的生产和消费方式的建立、新的产业群落的产生和新的消费人群的出现，并以高端技术带动传统产业实现数字化更新换代，创造出惊人的经济社会价值。数字文化产业已成为文化产业发展的重点领域和数字经济的重要组成部分，对促进我国新经济的快速发展，提高我国文化产业的影响力和竞争实力具有重要意义。

（一）数字技术推动了传统文化产业的转型升级

对于传统的文化产业来说，以“互联网＋”为代表的数字化技术的广泛应用，无疑能有效地促进传统行业的转型变革与融合创新，帮助其不断拓展产业边界，突破固有的发展渠道，大幅提高产业的上升空间，带来全要素的效率升级。在传统的传媒产业中，报刊、广播、电视等原先各自为政，而科技催生的数字内容产业打破了传统媒体之间的技术界限和鸿沟，使过去由不同媒介传输的不同形态的数据、文本、声音等信息都能无差别地转换为数字形式，在同一平台上相互包容、渗透和整合，各领域的资源交流共享能力大幅提升，产业结构因此变得更为紧密。以文化创意为核心、多元业态共同发展的产业链在科技的助推下正逐渐成形，并构成了以文化创意、影视制作、出版发行、印刷复制、广告、演艺娱乐、文化会展等为主体的现代文化产业结构。文化资源的数字化汇聚，既需要空间维度上的抽象聚集，也需要时间维度上的穿越凝练；既需要创新型的产品供给，也需要品质化的文化产品与服务。人工智能、5G、物联网、VR和AR、文化大数据等系列数字科技的使用，将更深度挖掘分众市场的文化产品需求，倒逼数字文化服务和产品的迭代升级和拓展延伸。

数字技术、网络技术、多媒体技术等多种技术的融合应用，使得文化内容的创造有可能在一种技术形态中获得更完美的实现，成为推动文化产业升级的重要力量。比如影视剧中高难度的特技场面，随着以数字技术为核心的高科技的运用，原先的真人替身已逐渐被电脑特技所代替，当今的影视产业在数字技术的推动下，也迈进

① 赵璐：《促进数字文化产业健康发展》，《中国社会科学报》2018年6月8日01版。

数字化和多媒体时代，如数字电影、数字电视等；代表当今影视科技先锋的3D、4D技术大大增强了人们对于传统影视产品的感受和体验，为影视业的发展提供了更为广阔的想象空间。再如，将传统会展产业与网络新媒体技术相结合的网上会展业，不仅可以解决传统展会在时间、场地和费用上的限制，同时还表现出越来越强的发展独立性和自主性，已日益成为会展行业的主流模式。随着传统文化产业数字化、网络化、智能化转型步伐加快，传统文化产业将跳出原有发展空间与模式的束缚，跃升为现代文化产业，向标准化、规模化、集约化发展，显示出前所未有的活力与发展潜力。

（二）数字技术催生了新兴的文化产业业态

数字技术、互联网、移动通信技术的广泛覆盖与强力渗透，为文化产业发展注入科技创新元素和新的生机与活力，不仅能有效推进传统文化产业的改造，而且还能培育新型文化产业的业态，形成高技术、集约化的现代文化产业形态。

科技创新催生出文化产业新兴业态。新兴文化业态区别于传统的、常规的文化产业业态，它是利用现代高科技手段发展出的创新型文化业态。这种数字文化产业具有低消耗、高效率、高附加值、可持续等诸多优点，传播速度更快、传播范围更广、交易成本更低、资源消耗更少；能提供丰富的精神文化产品体验，其更新换代赋能硬件制造企业工艺流程升级，创造新经济价值，蕴含着发展新动能，对于调结构、促转型、扩消费、促就业具有独特作用。

一方面，移动通信、大容量数据库、互联网信息服务、仿真技术、计算机图形技术、三维建模技术、数据压缩技术、数据传输技术等现代技术的发展，催生了一批新兴文化产业，包括动画、动漫、数字音乐、网络视频、网络游戏、网络商务、网络教育服务等，由于它们具有同类传统文化产品不具备的交互性、虚拟性和个性化等特性，因此受到了广大消费者的青睐。

另一方面，以数字化等高新科技为基础的文化创意产业新业态正在迅速创造、诞生和风靡，顺应科技时代的发展，凭借内容较短，更新速度快，内容与平台融合度高、娱乐性强等优势，数字文化产业发展迅速，文化市场上出现了一大批平台型文化企业，比如视频网站、网络游戏平台、文学网站、自媒体平台、网络直播平台等。这些平台型文化企业逐渐成长为文化产业中具有鲜明时代特点的重要组成部分，成为促进产品和服务创新、满足多样化消费需求、提高人民生活质量的重要途径。

（三）数字技术促进了文化产品和服务新消费的形成

科技的应用无时不在塑造着社会文化的形态，影响着大众的文化消费和文化变迁。科技与文化的交融日益深化，两者在相互促进、交融的过程中，对文化产品的接受和消费方式也产生了深刻影响，催生了一系列的文化产业新业态、新产品、新商业模式（如分享经济等）以及运营模式，有效地引导和开发出新的文化消费需求，培育起新的文化消费群体。

首先，发展数字文化产业，有利于改变人们的生活方式，提高人们的生活品质并推动经济结构转型升级。数字技术与文化产业的融合发展从根本上改变文化产业的市场结构、文化生产、传播和消费习惯，能够让消费者对科技含量高的文化产品产生更好的接受度和认可度，并能激发其对新产品、新服务的需求欲望，为新的科技含量高的文化产品培育出更好的市场需求。网络文化产业的崛起颠覆了传统产业链的运行方式，它用内容增值服务带动硬件投资，使文化产业真正成为高端信息产业，改变了大众的消费习惯，也给互联网企业聚集了大量的财富。

其次，因科技创新不断涌现出的新的技术手段，能够更生动具体地表达文化创意的形象和内涵，并使社会大众能够以更为迅速便捷的方式接触和接收文化产品，从而达到扩大文化消费的目的。数字存储技术和网络技术在文化产业中的应用及创新，以极其方便、快捷和高质量的服务，帮助人们获得了更多、更好、更全面的文化产品，带来了文化消费的大变革，大大提升了文化产业的附加值，缩短了文化产品从创意到实现所需的时间，使生产管理、传播和销售变得更为迅捷简便，极大地降低了这些环节的成本，充分发挥出文化产品资源的应有效益。

最后，科技设施的普及化有效地促进了文化产品的消费量。目前我国文化消费平稳增长，消费环境不断改善，电子消费终端迅猛发展，很大程度上得益于近年来互联网、通信、电子等行业科技基础设施的大力建设。网络使用的普及化、手机研发的平民化、电子终端消费的多样化都给文化产品的消费带来了极大的便利，也为相关文化产品的生产企业带来了巨大的利润。移动电子技术在文化产业终端上的应用已经成为文化产业发展的新亮点。

（四）数字技术提升了中华优秀传统文化的传承与传播力

人类社会步入网络和数字化传播时代，数字技术加入文化产品流通环节，为文化产品提供了前所未有的大规模传播的能力，使文化产业的流通空间变得更大更广，流通速度更快、周期更短。表现出流通空间立体化、时间快速化和手段现代化等特征的传播媒介和载体愈加多样化，传播范围更广，速度更快、效果更佳，从而大大提高了文化产业的竞争能力。

数字文化创意不断为高品质、多样化、个性化的产品和服务供给提供“文化＋”的解决方案，已经成为推动传统文化创造性转化、创新性发展，推动中华文化走出去、讲好中国故事的生力军。数字文化产业以创意融合驱动“中国制造”迈向“中国创造”，对于增强中华文化在数字化、信息化、网络化时代的国际竞争力、影响力、软实力，对建设文化强国具有重要的意义。文化产业结构从产业链到价值链不断优化，涌现出诸多文化新业态，越来越成为文化产业创新的源泉，特别是以中华文化基因的再生，实现了中华优秀传统文化创造性转化和创新性发展，在中华优秀传统文化的传承和创新中蕴蓄了文化产业发展新动能。

例如，故宫的文化通过数字技术让历史走进了千家万户。多款故宫 APP 陆续上线，“全景故宫”涵盖故宫所有的开放区域，游客点击 VR 模式，享受沉浸式体验，可以“走”进大殿，甚至“坐”上龙椅；官网推出的“数字文物库”，在公开的 186 万余件藏品基本信息外，首批精选了 5 万件高清文物影像进行展示；建筑类主题微信小程序“故宫：口袋宫匠”，将故宫屋檐上的脊兽化身为“紫禁城建造小分队”，帮助玩家在游戏中体验搭建养心殿、慈宁宫等宫殿的过程。这些都是数字技术对中国传统文化传播的积极影响。

第二节 数字文化产业的发展现状

一、国际数字经济快速发展

近年来，面对新一轮技术革命，数字化技术创新成为经济社会发展的驱动力，全球经济发展越来越呈现数字化特征，越来越从数字经济中汲取发展新动能，把发展数字经济作为推动经济增长的重要途径。数字经济是继农业经济、工业经济之后新的经济形态，它以数据资源为重要生产要素，以数字化转型为重要推动力。数字经济深刻改变了传统经济的生产方式和商业模式，数字经济带动数字变革，支撑数字经济发展的数字技术日益成熟，作为生产要素的大数据，已逐步深入社会生产全过程，它所体现的创新、高效、包容、开放等特征符合高质量发展内涵。以数字产业化为基础、产业数字化为特征的经济活动，通过改造提升传统产业竞争力，促进产业深度融合，助推新经济发展。数字文化产业，无论是从国际还是国内的角度来看，都是朝阳文化产业，该产业代表文化产业的主流方向。

从全球文化市场来看，数字文化产业呈现出高增长趋势。《国际文化市场报告2018》显示，2018年全球游戏市场同比增长13.3%，全球游戏市场总收入达1379亿美元；2010—2018年，全球电视收入平均每年增长6.20%，2018年全球电视收入约5244亿美元（包括付费电视收入、公共基金和电视广告），居各行业之首；2017年全球录制音乐同比增长了8.1%，收入总计173亿美元；2012—2017年，国际电影市场年均复合增长率近4%，2017年全球电影票房收入达到了406亿美元……总体上，全球文化市场继续呈现出高增长趋势①。

全球数字3D银幕的数量在持续增长。2017年，全球数字3D银幕的增速为14%，总量已经接近10万块，在全球数字电影银幕中的占比达到了59%。四大区域中3D数字银幕占比最高的为亚太地区，达到了81%。这在很大程度上源于亚太地区的后发优势。

截至2017年，数字音乐的收入增长19.1%，达94亿美元，并首次占到全球录制音乐产业收入份额的一半以上，高达54%。数字音乐产业收入的稳定增长足以抵消实体音乐收入的连续下滑。

带动数字音乐收入激增的核心动力是音乐流媒体以及付费订阅音频流媒体。截至2017年，全球流媒体收入增长了41.1%，其中付费订阅流媒体的收入更是激增

---

① 李怀亮：《〈国际文化市场报告2018〉显示：国际文化市场呈现十大特点》，《经济日报》2018年12月27日16版。

45.5%，付费用户的数量增加了6400万。到2017年年底，这一数字达到1.76亿，增长超过五成。至此，流媒体在全球数字音乐市场中的占比已高达80%。

移动游戏的强势崛起是近年来游戏市场的主要趋势之一。2018年，全球游戏市场总收入1379亿美元，其中，手游市场是当前最大的游戏市场，占比首次超过一半，手机游戏（占比41%）和平板游戏（占比10%）收入预计将增至703亿美元，占全球游戏总收入的51%。2018年，全球手游玩家数量达到22亿，占世界总人口的三分之一左右，其中大多数玩家都是通过智能手机玩游戏。

近年来，移动视频市场也逐渐分化，出现了综合性视频、聚合视频、垂直视频、网络电视、移动短视频等各个细分领域。其中，门槛低、时长短、易传播的短视频受到了用户的追捧。国外的YouTube、Snapchat短视频平台，以及国内的快手、抖音都积累了大量的用户群体，并进行海外市场扩张。

尼尔森公司的一项研究表明，全球社交电视市场的收入从2012年的1511.4亿美元上升到2017年的2564.4亿美元。

用户付费习惯正在逐渐养成。预计到2023年，全球付费电视和订阅型视频点播用户数量将会达到18.77亿，相比2017年，订阅型视频点播用户将会实现两倍的增长，而传统的付费电视用户仅增加9400万。至2021年，全球付费电视用户将达到10.74亿，付费电视的到达率为63.4%，亚太地区付费电视用户将达到6.47亿，占全球总数的60%。中国将成为全球付费电视用户最多的国家，预计到2021年，中国付费电视用户将达到3.29亿；其次是印度，电视用户将达1.78亿；第三是美国，电视用户将达0.95亿。

从全球来看，国际数据公司（IDC）预测，未来3年间，全球至少50%的GDP将以数字化的方式实现，数字技术将全面渗透至各个行业，并实现跨界融合和倍增创新。在全球市值排行前十名的公司中，数字企业已从2007年的1家增加到2018年的7家，其中包括中国的阿里和腾讯。

二、中国数字文化产业蓬勃发展

（一）国家大力推动数字文化产业发展

当前文化产业发展的新时代表征是，日益迈入一个以数字化和网络化为先导的全新发展阶段，主要显现于文化产业的结构性调整取得显著成效，数字化特征日益明显，这是文化产业发展的阶段性特点和基本态势，是新时代党中央对文化产业发展积极布局、政策引领与立法促进的结果。

2016年12月，国务院印发《“十三五”国家战略性新兴产业发展规划》，数字创意产业首次被纳入国家战略性新兴产业发展规划，成为与新一代信息技术、生物、高端制造、绿色低碳产业并列的第五大新支柱。数字文化产业是数字创意产业在文化领域的具体体现。上述规划提出到2020年，形成文化引领、技术先进、链条完整的数字创意产业发展格局，相关行业产值规模达到8万亿元，标志着文化产业在国民经济中的地位进一步凸显和提高。

2017年4月，文化部发布的《关于推动数字文化产业创新发展的指导意见》（文产发〔2017〕8号，以下简称《意见》）指出："数字文化产业以文化创意内容为核心，依托数字技术进行创作、生产、传播和服务，呈现技术更迭快、生产数字化、传播网络化、消费个性化等特点，有利于培育新供给、促进新消费。当前，数字文化产业已成为文化产业发展的重点领域和数字经济的重要组成部分。"《意见》从总体要求、发展方向、重点领域、创新生态体系、政策保障等方面，对数字文化产业发展进行了全面部署。这是国家部委层面首次对数字文化产业进行顶层设计，对文化资源数字化、数字文化装备、数字艺术展示等新型文化业态发展进行规划布局，积极构建数字文化产业创新生态体系。这是继推动数字创意产业纳入战略性新兴产业后，文化部推进供给侧结构性改革、促进数字经济加快成长的又一重要举措。

《意见》向行业和社会发出了支持数字文化产业创新发展的明确信号，得到业界和社会的普遍关注和认同，坚定了业界创业创新的信心，激发了社会领域的投资活力。2017年10月，党的十九大报告指出："加快建设制造强国，加快发展先进制造业，推动互联网、大数据、人工智能和实体经济深度融合，在中高端消费、创新引领、绿色低碳、共享经济、现代供应链、人力资本服务等领域培育新增长点、形成新动能。"报告中还首次出现了"数字经济"这一概念："经济建设取得重大成就。坚定不移贯彻新发展理念，坚决端正发展观念、转变发展方式，发展质量和效益不断提升。……供给侧结构性改革深入推进，经济结构不断优化，数字经济等新兴产业蓬勃发展。"

2019年8月8日，《国务院办公厅关于促进平台经济规范健康发展的指导意见》正式发布，从五个方面提出政策措施，其中包括在实体经济中大力推广应用物联网、大数据，促进数字经济和数字产业发展，加强网络支撑能力建设，加快5G等新一代信息基础设施建设等具体政策措施。

近年来，在国家的大力推动下，我国数字文化产业发展呈蓬勃之势，企业数量不断增加，产品形态不断丰富，产值不断增加，产业持续稳定发展，产业实力不断增强，社会影响力不断提高，数字文化产业正逐步成为我国文化产业发展新的增长点。

（二）我国数字经济持续快速发展

《中国数字经济发展与就业白皮书（2019年）》显示，2018年，我国数字经济规模达到31.3万亿元，增长20.9%，占GDP比重为34.8%，占比同比提升1.9个百分点。各地数字经济发展成效显著，其中广东省规模最大，超过4万亿元；贵州省增速最快，超过20%；北京市占比最高，超过50%。数字经济蓬勃发展，推动传统产业改造提升，为经济发展增添新动能，2018年数字经济发展对GDP增长的贡献率达到67.9%，贡献率同比提升12.9个百分点，超越部分发达国家水平，成为带动我国国民经济发展的核心关键力量，成为推动我国经济高质量发展的重要力量，具体如图6-1所示。

1. 我国数字产业化稳定增长

《中国数字经济发展与就业白皮书（2019年）》显示，2018年产业数字化规模超过

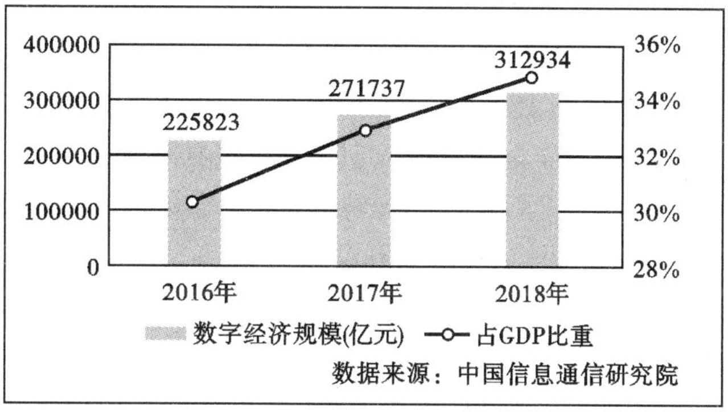

图 6-1　我国数字经济发展情况

24.9 万亿元，同比名义增长 23.1%，占 GDP 比重 27.6%。工业、服务业、农业数字经济占行业增加值比重分别为 18.3%、35.9%和 7.3%。2018 年我国数字产业化规模达到 6.4 万亿元，同比名义增长 12.9%，在 GDP 中占比达到 7.1%①。其中，软件和信息技术服务业、互联网行业增长较快。全国软件和信息技术服务业规模以上企业 3.78 万家，比上年增加 2881 家；累计完成软件业务收入 63061 亿元，同比增长 14.2%。互联网行业业务不断创新拓展，共享经济、数字支付、跨境电商等新兴业态不断孕育发展壮大，2018 年我国互联网业务收入保持较高增速，规模以上互联网和相关服务企业完成业务收入达 9562 亿元，同比增长 20.3%。从“互联网+”释放出的创新活力，正深刻影响着人类的生产与生活，在带来新机遇的同时，不可避免地带来了新的挑战。

2. 数字经济吸纳就业能力显著提升

2018 年我国数字经济领域就业岗位为 1.91 亿个，占当年总就业人数的 24.6%，同比增长 11.5%，显著高于同期全国总就业规模增速。

（三）数字文化产业进入全新发展阶段

就当前文化产业发展趋势而言，文化产品和服务的生产与传播以及消费的数字化、网络化进程加快，数字文化产业已成为文化产业发展的新动能和新增长点。

内容产业所占比重快速提升。数字文化产业的线上和即时性消费特点，使得内容消费需求迅速上升，优质内容和创意成为稀缺资源，“内容为王”的特征再度凸显。2014—2017 年的文化制造业增加值分别为 9913 亿元、11053 亿元、11889 亿元、12094 亿元，比上年分别增长 8.2%、8.4%、7.6%、1.7%，占文化及相关产业增加值的比重分别为 41.4%、40.6%、38.6%、34.8%。文化批发零售业增加值分别为 2014 年 2386 亿元，增长 11.2%，占 10.0%；2015 年 2542 亿元，增长 6.6%，占 9.3%；2016 年2872 亿元，增长 13.0%，占 9.3%；2017 年 3328 亿元，增长 15.9%，占 9.6%。文化服务业增加值分别为 2014 年 11641 亿元，增长 15.9%，占 48.6%；2015 年13640 亿元，增长 14.1%，占 50.1%；2016 年 16024 亿元，增长 17.5%，占

① 数字产业化中互联网行业收入根据工信部网站最新数据进行调整。

52.1%；2017 年19300 亿元，增长 20.4%，占 55.6%。2017 年，文化核心领域创造的增加值为 22500 亿元，比上年增长 14.5%，占文化及相关产业增加值的比重为 64.8%；文化相关领域创造的增加值为 12222 亿元，增长 9.8%，占比为 35.2%。

从营业收入来看，2016 年全国规模以上文化信息传输服务业营业收入为 6053 亿元，比上年增长 33.4%，文化新业态发展势头强劲。2017 年上半年以同比继续保持 32.7%的高速增长，文化新业态发展势头强劲。

国内第一份权威数字文化产业报告——《中国数字文化产业发展趋势研究报告》显示，从总规模来看，我国文化产业在 2004—2017 年的增速两倍于 GDP 增速。2017 年，数字文化产业增加值约为 1.03 万亿元～1.19 万亿元，总产值约为 2.85 万亿元～3.26 万亿元。预计到 2020 年，产值规模将达 8 万亿元。从上市公司数据看，自 2010 年以来，数字文化产业上市公司营收增速一直在 20%以上，2015 年数字文化产业企业上市公司营收为 668 亿元，增速为 49.6%，近两年的迅猛增长主要是由于 2014 年、2015 年有多家数字文化产业企业或借壳上市，或调整业务方向，剥离传统产业，切入数字文化领域（据不完全统计，2014 年以来共有 9 家企业借壳上市，6 家企业调整业务），充分显示出数字文化产业近年来发展的火热程度。

2018 年，中国游戏市场实际销售收入达 2144 亿元，重点网络文学网站营业收入达 342 亿元。

从这几年的总体情况来看，文化产业核心领域特别是文化内容创造的增加值始终保持高速增长，增速居前三位的是文化信息传输服务、文化创意和设计服务、文化艺术服务，增幅都是两位数，而且在文化产业增加值中所占比重逐年上升。这表明，文化内容服务的需求增速明显，人民对美好文化生活的需要不断增长，高度契合于新时代社会主要矛盾的变化①。

近年来，在互联网信息技术快速迭代升级的推动下，在人民群众消费升级、对精神文化产品需求日益增加的拉动下，数字文化产业迎来了大发展。从传统到现代，从产品到服务，从指尖到心间，文化消费需求的多样化、个性化选择为供给端的文化产业提供了更多市场机遇。数字文化产业以其技术更迭快、生产数字化、传播网络化、消费个性化等特点，更好地满足了人民群众文化消费新的需求。当前，数字文化产业已成为文化产业发展的重点领域和数字经济的重要组成部分，担当了促进经济高质量发展的新动能，也使得整个文化产业发展呈现出新的趋势。

2019 年 8 月 31 日，2019 世界人工智能大会在上海圆满落幕，并发布《关于建设人工智能上海高地，构建一流创新生态行动方案》。到 2021 年，上海将全力打响人工智能“一流创新生态”的标志性品牌，布局 10 大融合创新载体，部署 10 个全球领先的创新应用场景，打造 100 家创新标杆企业，形成重点产业 1000 亿元的产值规模。预计到 2035 年，我国数字经济将达 16 万亿美元，数字文化产业也有望开启万亿级市场空间。

---

① 范玉刚：《新时代数字文化产业的发展趋势、问题与未来瞩望》，载《中原文化研究》2019 年第 1 期，第 69～76 页。

三、数字文化产业发展存在的问题

尽管我国数字文化产业发展取得了可喜的成绩，但从整体来看，与数字技术发展和文化产业需求相比，数字文化产业仍存在发展动力不足的问题，丰富的文化资源和文明积淀是发展数字文化产业的优势，但尚未转化为产品和服务优势，亟待实现文化产业发展能力的突破。问题主要表现在：

（一）技术创新能力不足

数字文化对新技术依赖性较强，属于典型的技术密集型产业，同时数字技术迭代速度快，能否占领技术先机是数字文化发展成败的关键之一。一是技术研发能力不强。目前，我国数字文化领域的技术研发原创性理论研究基础、核心关键技术积累薄弱，原始创新有限，数字文化产业尚停留在成熟技术应用上，前沿技术应用不够。如 AR、VR、MR 技术是当前数字文化增强用户体验的主流技术，AI 技术是深度挖掘数据的重要手段，但在我国数字文化产业领域尚未普遍使用这些技术。二是协同研发力不足。与发达国家的数字文化产业发展相比，我们在关键技术创新和某些核心技术应用上仍有不小差距，需要借助于科技比较优势，充分发挥大国国内市场竞争优势，才有可能实现后来居上的技术赶超，为数字文化产业发展夯实技术基础。目前，我国各企业研发团队相对独立，没有进行企业间、团队间的合作研发，导致各企业只能应付简单的产品迭代开发，不能对数字技术进行集成并创新应用。

（二）产业生态系统不完善

数字文化产业的发展很大程度上取决于整合产业链上下游资源、打造生态系统的能力。目前，中国不同产业间的连接度不够，学界与业界的联动不足，产业圈层尚有短板，尤其是在大型数字系统、大规模应用系统以及基础平台等方面的积累不足。原始数据积累不足，不同行业、企业、政府间的数据共享不彻底，创新企业因缺少数据而无法实现技术提升；设备数字化、网络化程度较低。政府投入虽然巨大，但各级政府的科技投资往往受到风险评控能力与产业孵化能力的限制，并不一定能转化成优势。

（三）产业政策引导力不足

数字文化产业发展是满足人民群众高品质文化消费的重要途径，需要有效的政策作为支撑。一是数字文化产业发展的政策合力不够。发展数字文化产业涉及动漫、游戏、网络文化、装备产业、数字艺术展示和超前布局六个方面的工作，主管部门各不相同，不同领域出台的政策重点不同，未能聚力于数字文化产业。二是企业缺少专业技能、高级分析方法、充足的基础设施和先进工具以获得能指导决策的业务洞察；资本布局多样性不足，多集中在应用层，基础层领域相对缺乏。三是激励措施落地难。我国数字文化产业激励措施的普适性不强，部分举措难以在国有文化企业实施，国有文化企业的激励措施仍沿用传统文化产业激励模式，很难适应数字文化产业的发展。

（四）创新融合型人才不足

数字文化产业具有战略性新兴产业特征，是典型的融合型产业，它跨越高新技术、信息技术、文化产业等多个行业，需要大量通晓相关产业规律的融合型人才支撑产业创新发展。我国数字文化人才供给严重不足，我国高校和企业继续教育目前尚未形成数字文化人才供给能力。从业人员多集中在应用层，基础层和技术层人才储备不足，高端杰出人才稀缺，人员成本居高不下。

第三节 大数据、互联网和人工智能与文化产业

一、数字技术与文化产业发展

数字技术（digital technology）是一项与电子计算机相伴相生的科学技术，它是指借助于一定的设备将各种信息，包括图、文、声、像等，转化为电子计算机能识别的二进制数字“0”和“1”后进行运算、加工、存储、传送、传播、还原的技术。由于在运算、存储等环节中要借助于计算机对信息进行编码、压缩、解码等，因此数字技术也被称为数码技术、计算机数字技术等。

数字化是数字计算机、多媒体技术、软件技术、智能技术的技术基础。数字化的概念包含两个层面，一个是技术逻辑的层面，数字技术把人与物的各种信息变成数字信号或数字编码，通过各种程序进行处理，并伴随和推动互联网、物联网等的发展，逐渐进入数据化与智能化等更高的阶段。数字化的第二个层面，就是数字技术带来的社会影响和产业变革，其中最重要的是生活方式和生产方式的变革。

数字化技术还正在引发一场范围广泛的产品革命，数字技术本身就是科技革命产生的创新成果，并以数字化方式实现不同方式的创新，基于数据驱动的新动能正日趋成为经济发展的主力。在这样的背景下，数字创意产业的发展引起国家的高度重视，新一轮科技革命带来的是更加激烈的科技竞争，如此循环促进，文化产业的高质量发展才会有不竭动力。

（一）利用数字化技术加快对传统文化产业的转型升级

顺应数字经济发展趋势，围绕文化产业数字化转型要求，加强先进数字技术和数据资源在文化产业创作、生产、传播、服务等领域的深度应用，培育壮大新动能。重点加快对新闻、出版、会展等传统行业进行全方位、全角度、全链条的改造，提高全要素生产率，提升整体竞争力。数字出版产业或者数字文化产业涉及内容产业、平台产业和文化科技三个主要领域，内容产业可以具体化为电子图书、数字报纸、数字期刊、网络原创文学、网络教育出版物、网络地图、数字音乐、网络动漫、网络游戏、数据库出版物、手机出版物（彩信、彩铃、手机报纸、手机期刊、手机小说、手机游戏）等，如图 6-2 所示。

对于数字文化的发展趋势，一个重要的组成部分就是传统文化产业的数字化转型，

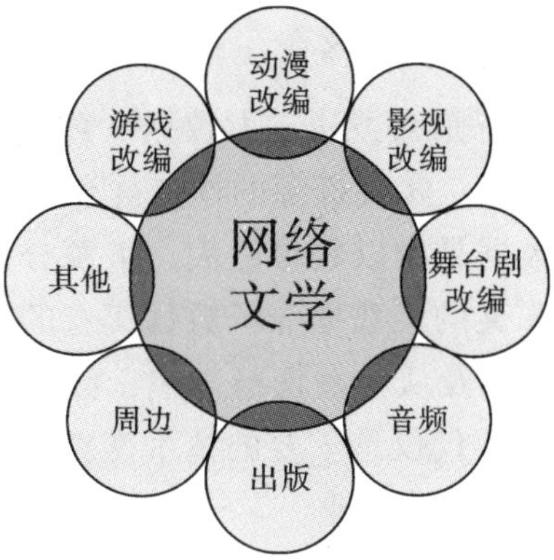

图 6-2　数字文化产业主要内容产业

当下对数字技术的运用，让传统文化产业面临一次脱胎换骨式的变革。如电视产业中，可通过细致研究消费者观看行为的变化，按需打造剧情，也有一些广受欢迎的新产品推出；同时，电视大屏和手机小屏的相互联动，电影、动漫等产品的相互协同，大大促进了“粉丝经济”的发展；而利用互联网众筹等新发展模式，又开发出各类衍生产品，大大助长了产业链条，丰富了产品变现渠道。随着大数据的不断发展，普通群众难以接近的文物、遗产也都“活”起来了，如近几年热起来的“我在故宫修文物”的大国工匠精神，正是基于数字打印技术的应用，把原来的许多不可能都变成了可能。

（二）利用数字化技术加快文化产业新业态和新产业的形成

以数字化培育新动能，用新动能推动新发展。依靠数字技术创新，推动文化与科技以及其他产业跨界融合，数字化催生了一批极具活力的新模式、新业态、新产业，释放出数字化对文化产业发展的放大、叠加、倍增作用，促进我国文化产业价值链由低端向中高端迈进。

数字娱乐产业十多年来呈现出生机勃勃的发展态势，是推动文化创意产业发展的重要力量，也是文化消费中最有活力的领域，对人们特别是青年一代正产生越来越广泛而深远的影响，因此，数字娱乐产业也成为城市品牌提升的重要媒介。要积极培育新兴数字娱乐产业，促进数字出版、数字摄影、数字音乐、数字电影、数字电视、卡通漫画、网络游戏、3D 动画、flash 动画、基础动图等产业发展，同时，在发展基本成熟的泛娱乐企业内部培育创新因素，让自身的产业链不断拉长，从纯游戏公司到数字娱乐行业开启全产业链泛娱乐布局。

充分运用数字传媒、移动互联等手段，大力培育以数字化产品、网络化传播、个性化服务为核心的网络视听、网络游戏、移动阅读、数字出版、手游直播、数字影视、智慧旅游、手机电视等新业态，提升文化产业的数字化、智能化、网络化水平，推动单一企业竞争向全产业链竞争演进，构建立体、高效、覆盖面广、功能强大的融合发展的现代新闻信息服务体系。与游戏、音乐、电影和数字文创结合，营造出虚拟与现实自由切换的全新文旅体验。

二、大数据与文化产业发展

作为经济学概念的数字经济是人类通过大数据（数字化的知识与信息）的识别—选择—过滤—存储—使用，引导、实现资源的快速优化配置与再生、实现经济高质量发展的经济形态。狭义的大数据是指以数量巨大、来源分散、格式多样、应用价值高为主要特征的数据集合。而广义的大数据除了数据集合的含义外，还包括对这类数据进行采集、存储和关联分析，以及从中发现新知识、创造新价值、提升新动能的新技术和新业态。大数据所代表的不仅仅是重要的技术变革，而且是战略性经济资源，大数据服务业已成为前景广阔的新技术产业。

高书生在《架构文化体系的十个问题》中指出："文化大数据分两类，一类为需求侧文化大数据，另一类为供给侧文化大数据。所谓需求侧文化大数据，是指在文化消费过程中所产生的数据。比如，读书看报所产生的阅读数据，可为读者的阅读行为画像；看电视（听广播）所产生的视听数据，可为观众（听众）的收视行为画像。所谓供给侧文化大数据，就是从文化遗产中'萃取'的数据。从文化遗产到文化大数据要经过许多环节，比如数据采集、数据存储、数据关联、数据解构、数据重构等。现在所谈论的文化大数据，一般都是指需求侧文化大数据。随着文化消费日趋个性化、分散化、便捷化，需求侧文化大数据越来越被重视、随处可见，更容易被人发现，但供给侧文化大数据并不常见，能跟文化大数据相提并论的，只有能源大数据。此外，需求侧文化大数据时效性都很强，过时即被废弃；但供给侧文化大数据不会过时，而是像'滚雪球'一样，越积越多。"

（一）大数据是信息也是资源

大数据的价值在于可提供尽可能多的详尽信息并对信息进行有效处理。通过全面、精确、即时的大数据技术，提升整体数据分析能力，推动大数据开放共享，促进资源整合，发现其中所蕴含的价值。大数据带来的科技革命和经济革命，将极大地影响经济社会的发展。以数据流引领技术流、人才流、资金流、物资流，推动生产要素的集约化整合、协作化开发、高效化利用、网络化共享，可形成新的资源配置模式，改变传统的生产方式和经济运行机制，提升经济运行效率和水平。目前已经有不少通过用户数据帮助相关领域企业做出更好产品的探索，接下来万物互联以后，生产环节的数据可以反馈给前端的创意设计领域，从而帮助企业设计和生产出更好的产品，这将是文化产业未来最大的增量市场之一——从消费性服务业迈进生产性服务业领域。

（二）大数据是引擎更是动力

以往经济增长方式多为高成本、低效益，效益呈递减趋势。在信息时代，大数据成为重要的生产要素，经济发展方式是低成本、高效率，而且效益呈递增趋势。由于大数据资产可以复制、递增、共享，以其效益递增可以弥补传统资源中的效益递减，这样就改变了以往资源的投入、组合和利用方式，加之依托互联网延展了资源配置平台，使得经济发展中的动力机制、要素依赖、创新驱动、思维模式、企业组织架构等均发生了明显的变化。互联网时代，数据的驱动作用日益增强，正在以数据为核心不断催化和重构生产要素，将促进以物质生产、物质服务为主的经济发展模式向以信息生产、信息服务为主的经济发展模式加速转变，从而大幅提升全要素生产率。数字文化产业这种发展是智慧的、绿色的、共享的可持续发展，是发展方式的真正转变。

（三）努力开发利用大数据资源

为用好大数据资源，应大力发展大数据及其产业，围绕数据收集、储存、处理、应用等环节，加快计量、标准化、检验检测和认证认可等大数据产业基础建设，加速大数据开发应用。大力开发大型通用海量数据的存储与管理、大数据处理与开发等软件产品，着力开发海量数据存储设备、大数据一体机等硬件产品，带动芯片、操作系统等技术产品发展，构筑健全的大数据产业体系。提供与重点行业领域业务流程及数据应用需求深度融合的大数据解决方案，提升相关产业大数据资源的采集获取和分析运用能力，带动技术研发创新、管理方式变革、商业模式重建和产业价值链重构，推动大数据在研发设计、生产制造、经营管理、市场营销、售后服务等产品全生命周期、产业链各环节的应用。大力发展便捷服务、用户体验、个性化服务、数据价值挖掘等新型大数据服务业，提升生产智能化、经营网络化、管理高效化、服务便捷化能力和水平。

（四）将中国传统文化资源数字化

将中国传统文化资源数字化，第一步就是实现数字文化与传统共生。每个时代都在用最新的表达方式弘扬传统文化，创造新的文化内容，从而让中华文化经典在数字时代传承和发扬、融入现代人的生活。用数字创意传承文化资源遗产，集成运用新技术和新思维，打造中华文化宝库，对文化生产及再生产必将产生深刻影响。针对文物遗产和非物质文化遗产，可借助于记录媒介，归档整理形成可视化、可体验的资料库。第二步是文化产业数字化。引入新一代信息通信、数字传媒、人工智能、虚拟现实、区块链等技术，通过集成创新重构文化产业内核，打造数据归集、传送、存储、处理的反馈控制系统，打通文化产业不同层级间的信息孤岛和数据壁垒，提高文化全产业链整体运行效率，构建全新的数字文化产业体系，以此为载体激发创意生成，打造高质量文化产品。

三、网络技术与文化产业发展

我国是全球网民最多的网络大国，互联网、移动互联网用户规模全球第一。第44次《中国互联网络发展状况统计报告》显示，截至2019年6月，我国网民规模达8.54亿，互联网普及率达61.2%；我国手机网民规模达8.47亿，网民使用手机上网的比例达99.1%①。互联网科技给人类经济社会文化带来了深刻影响，据统计，近年来

① CNNIC发布第44次《中国互联网络发展状况统计报告》（2019年8月30日），中国网信网，http://www.cac.gov.cn/2019-08/30/c_1124939590.htm.

互联网数字技术的快速发展和全面渗透，深刻变革着文化的生产、传播和消费模式，全球技术创新的成果有80%来自互联网领域①。“互联网+”为文化产业的全方位创新、集约化经营提供了新机遇。

（一）互联网催生文化产业的新业态

互联网是基础，是平台。现代社会的任何领域，特别是信息领域和文化领域，不利用网络信息传播手段不仅是没有出路的，也是不可想象的。通过互联网和物联网实现人与人、人与物以及物与物之间的高速连接，促进信息的自由流动，提高了交易效率和生产效率，催生了新模式和新业态，是价值的创新过程。文化产业是以知识和创意为主要资源的新兴产业，“互联网+”为文化产业的创新提供了更便捷、低成本、多渠道的技术平台，极大地降低了社会交易成本，提高了资源优化配置效率，提高了产品、企业、产业附加值，从根本上推动了文化产业快速高质量发展。

“互联网+”代表一种新的经济形态，它以移动和泛在的网络、庞大的数据库和超强的大数据处理能力，推动了诸多传统产业与互联网跨界融合，引发了社会生产、生活、思维方式的变革。随着移动互联网的普及，传播快、影响大、覆盖广、社会动员能力强的社交网络及即时通信工具用户快速增长，庞大的网络人群成为动漫游戏、网络文学、网络音乐、网络视频等数字产品快速发展的基础，数字文化产业越来越融入百姓生活中，这不仅推动了人们休闲娱乐方式的改变，同时也为文化的传承和创新带来了更多的新机遇。

（二）大力发展互联网文化产业

1. 大力发展基于5G的数字文化产业

随着5G时代的到来，超宽带来的高速度和低时延，将使整个世界更加快速而广泛地连接，为各种新技术的应用打开大门，将真正地推动虚拟现实、增强现实、混合现实（VR、AR、MR）技术实现商用，进而形成产业规模；电子游戏、影视视频、会展、旅游、新闻出版等产业将受益；4K高清视频直播将有力推动文化娱乐和文化教育产业发展。网络直播、影视、动漫、游戏、创意设计、网络文学、在线教育、VR等文化创意与5G的深度结合，将引领文化新供给，促进文化新消费，形成全新的文化产业生态。要全面推动5G产业技术创新、成果转化，培育一批行业领军企业，建设一批基于5G的数字化文化企业，建设壮大集基带芯片、基站设备、智能终端等于一体的5G全文化产业链。大力发展以5G为核心技术的新型文化产业。比如，利用云计算、人工智能等新技术，以数字文化为核心，促进文化旅游融合。未来人们可以在任何旅游地体验5G视频电话、5GWi-Fi、机器人服务、区块链开票、自动匹配位置的智慧停车场、360度无死角的智能安防设备。游戏、音乐、电影和数字文创结合，从自然风光美景、文化遗产的人文场景，到特色美食、植物、服饰、传说中的精灵，营造一个线上线下

---

① 范玉刚：《新时代数字文化产业的发展趋势、问题与未来瞩望》，载《中原文化研究》2019年第1期，第69～76页。

无缝融合、虚拟与现实自由切换的神奇之旅，这将为游客提供全新的文旅体验。

2. 线上线下结合聚集强大消费能力

所谓O2O，即线上线下的结合。线上的优势在于充分利用互联网跨地域、无边界、海量信息、海量用户、挑战时间极限、用户信息精准等，可聚集强大的消费能力。线下首先使交易得以实现，其功能毫无疑问不可替代。O2O模式从更深层次和更宽的角度表现出了对人的重视、对消费者的尊重，它从以人为本的角度出发，重新定义了经济哲学。

（三）构建文化产业互联网新生态

文化产业互联网是一个庞大的生态体系，在传统生产方式下，社会联系是间接的，企业管理具有垂直式、中心化等特点，而互联网社交平台、区块链等技术则赋能个人，使个人获得“无组织的组织力量”，使社会联系越来越呈现出点对点的直接性、协作性、分布式等特点，极致信任变得越来越重要，企业若是仍按传统理念和方式运作，将很难获得可持续发展。深化文化产业与互联网深度融合发展，积极推进文化企业大数据、云计算、电子商务等服务平台建设和服务模式创新，推动文化产业互联网研发应用，加快建设文化产业互联网体系，建成一批国家级文化产业互联网公共服务平台，形成顶级节点、二级节点、企业级节点一体的文化产业互联网标识解析体系，培育资源共享、协同生产、个性化定制等网络化生产新模式，加速形成文化产业互联网健康发展新生态。未来十到十五年，数字技术与互联网的融合将成为推动数字文化产业发展的重要机遇，数字文化产业将成为文化产业的重要组成部分，成为文化消费中最具活力的领域。

四、人工智能与文化产业发展

数字经济也称智能经济，是工业4.0或后工业经济的本质特征，是信息经济—知识经济—智慧经济的核心要素。脑科学与数理、信息等学科领域的结合，正在催生脑—机交互技术，将极大带动人工智能、复杂网络技术发展。人工智能通过状态感知、实时分析、科学决策、精准执行，实现了对生产、交换、消费中隐性数据的显性化和技术、技能、经验等隐性知识的显性化，推动形成了数据—信息—知识—决策的数据智能流动闭环，代表着智慧社会的发展方向。

2019年3月，人工智能第三次被写入政府工作报告，“智能＋”的全新理念被首次提出。2019年6月17日，《新一代人工智能治理原则——发展负责任的人工智能》由国家新一代人工智能治理专业委员会发布。北京、上海、深圳、天津等20个省市（包括计划单列市）出台了人工智能相关的产业政策。8月31日，2019世界人工智能大会在上海圆满落幕，并发布《关于建设人工智能上海高地，构建一流创新生态行动方案》，提出到2021年上海将全力打响人工智能“一流创新生态”的标志性品牌，布局10大融合创新载体，部署10个全球领先的创新应用场景，打造100家创新标杆企业，形成重点产业1000亿元的产值规模①。无论从全国角度还是从各省市角度，人工智能

① 王泽宇：《AI发展的国际经验：科技、人才和相关产业布局政策的地区比较分析》，《中国社会科学报》2019年9月25日06版。

产业发展都将成为未来经济发展和产业布局的重要落脚点。

（一）人工智能与数字创意产业的融合

在新兴业态中，人工智能与数字创意产业的融合，催生出新技术、新产品和新产业，促进生产方式变革和生产效率大幅提升，从而极大提升了文化产业的质量。数字化支撑下的文化创意以其内涵溢出，经由设计、制造融入产业内核，而成为产业核心竞争力的灵魂，创意设计服务与制造业的融合不仅解决了产品外观和美学问题，更是在日常生活审美化中引领了一种生产方式、生活方式，提升了民众的生活品质。不仅从产品外观上进行了革新，还将创意与实体经济相结合，体现了“中国智造”的能力，提升了“中国创造”的国际竞争力，进而促进了中国经济形态的高端化、高级化。人工智能实现了人、数据和机器的连接，其最终目的是支撑和完成需要大规模社会化协作的工作，特别是在复杂系统中提供知识功能和知识服务。其应用可以优化社会生产与社会组织关系，重构生产、分配、交换、消费等经济活动各环节，促进决策科学化、服务高效化和监管精准化，推动人类进入普惠型智能社会。

（二）加快人工智能的文化产业运用

人工智能是以知识自动化系统为核心系统，以知识计算为核心技术，以获取知识、表达知识、交换知识、关联知识为关键任务，寻求建立包含人、机、物在内的智能实体之间语义层次的联结，以实现各智能体所拥有的知识之间的互联互通。AI并不是一种产品，而是一套技术或一种能力，要想挖掘其商业价值，还必须把它和企业的核心应用场景结合起来，把它嵌入现有的产品和服务中。在AI行业发展中，要强调与现有的行业配合，进行行业赋能，整合基础行业资源，在应用AI进行行业赋能的传统产业之中，实现“智能+”的全部融合，推动人工智能技术在文化领域的深度应用和创新发展。支持智能技术和创新服务在出版发行、广播影视、演艺娱乐、印刷复制、广告服务、会展服务等传统文化产业中的应用，实现服务模式和业态创新。

（三）加强人工智能文化服务升级

加强智能化技术的开发应用，探索将虚拟技术、人工智能、物联网、区块链等技术成果应用到文化领域，促成了文化产品的颠覆性改变和文化产业的转型升级，最大限度地提供满足人性需求的文化产品和服务。加强文化领域人工智能公共服务平台建设，强化文化领域新一代人工智能技术的有效供给。加快广播电视网络升级和智能化建设，支持内容制作、传输和使用的相关设备、软件和系统的自主研发及产业化。加强智能化的文化遗产保护与传承、数字化采集、文化体验、公共文化服务和休闲娱乐等专用装备研制。利用人工智能对文化产品创造、运营、交易到消费全程提供版权保护。

当前，网络化、数字化、智能化是新一轮科技革命的突出特征，也是新一代信息技术的核心。数字化为社会信息化奠定基础，其发展趋势是社会的全面数据化。数据化强调对数据的收集、聚合、分析与应用。网络化为信息传播提供物理载体，其发展趋势是信息物理系统（CPS）的广泛采用。信息物理系统不仅会催生出新的工业，甚至会重塑现有产业布局。智能化体现信息应用的层次与水平，其发展趋势是新一代人工智能。目前人工智能的热潮已经来临。建立在互联网、大数据、人工智能技术基础上的数字经济，成为全球经济社会发展的主导趋势，数字革命创造的信息产业成为主导全球综合国力竞争格局的战略性产业。

第四节　发展数字文化产业的措施

我们正在进入一个数字化颠覆的时代，全球范围内数字技术与网络技术正在融合形成以网络为依托，以数据为关键资产，以高度智能化为发展方向，带动经济社会文化整体发展的新兴数字创意产业。作为数字创意产业核心内容的数字文化产业，代表了文化产业发展的主流方向，其发展是不可阻挡的时代趋势。

一、数字文化产业发展的趋势与规律

（一）数字文化产业发展的趋势

目前，不局限于我国，数字文化产业正处于新一轮爆发性增长的前夜，其发展呈现出三大趋势。

一是新技术在文化产业发展中的作用更加突出。以5G为基础，以人工智能、大数据、云计算以及区块链技术为代表的新技术在产业发展中的作用日益重要，将成为数字文化产业发展的重要引擎。

二是产业互联网和消费互联网将实现相互融通。目前网络文化产业发展的商业模式仍主要侧重于消费互联网，但随着物联网的发展，网络文化产业正在向包括产业互联网在内的更多经济领域拓展，由消费互联网向产业互联网转变。随着产业互联网和消费互联网的融通，文化产业尤其是数字文化产业作为生产性服务业的带动作用将得到充分发挥。

三是数字产业竞争将从国内市场迈向全球市场。随着数字技术的迅猛发展、文化意识的加强、文化市场的进一步开放，数字文化产业市场的竞争将从国内竞争逐步转向国际竞争，而且竞争将越来越激烈。发展数字文化产业，不仅关系到国家的文化主权安全、文化竞争力和影响力，同时也会对国家的整体经济社会发展产生积极的重要的影响。

（二）数字文化产业发展应遵循的规律

发展数字文化产业必须遵循文化发展、产业发展和市场发展的基本规律。一是要遵循文化创作的个性化、非标准化、不拘常规、不可复制、不可预测的规律，重视文化内容创意。二是遵从数字产业特有的技术规律和产品生命周期，使高风险产品能够取得成功和得到回报，重视文化技术创新。三是遵从市场规律，解决供求矛盾，为市场提供更多有效供给，让消费者获得更多更好的精神文化产品和服务，重视文化市场驱动。

二、促进数字文化产业发展的措施

壮大数字经济、建设数字中国，推进信息化和工业化深度融合发展，是党中央、

国务院的一项长期性、战略性部署。习近平总书记高度重视发展数字经济，他在党的十九大报告中强调，促进数字经济和实体经济融合发展，加快推进数字产业化、产业数字化，努力推动高质量发展、创造高品质生活。以数字文化产业推动高质量发展，是“五位一体”总体布局各方有机统一的重要体现。新时期，我国必须立足全球数字化变革的时代语境，坚定文化自信，以文化供给侧结构性改革为主线，充分利用我国丰富优质的文化资源和现代科技、金融等手段，推陈出新，不断创新开发适应我国和世界未来文化消费市场要求的文化产品和服务，提升文化建设质量和国际竞争力。

（一）坚持正确的政治方向和价值导向

数字化时代，科技与文化是驱动人类社会进步的双轮，文化引领科技发展。中国数字文化产业的发展必须要有正确的政治方向和文化价值导向，必须在正确的文化发展方向的指引下推动文化产业的经济价值与文化价值的良性循环。

一是要坚定文化自信。发展数字文化产业，要善于从中华优秀传统文化、革命文化和社会主义先进文化中汲取营养、选取素材，进行创造性转化和创新性发展，打造更多富有鲜明中华文化内涵与特色的精品力作，让作品更好地体现出中国精神、中国风格、中国气质，传播社会主义核心价值观和社会主流价值观，不断满足大众日益增长的精神文化需求，从软实力和硬实力两方面彰显文化自信。

二是要坚守文化价值。文化的价值导向事关人们的文化获得感、幸福感，事关文化产业发展的前途与命运。要坚守文化产业的精神属性，必须使作品从设计和研发开始，就具有积极向上的格调和精气神，或传递美好，或给人激励，或使人愉悦，或普及知识，总之需要在传播真善美、弘扬正能量上做足文章。数字文化产品的设计者和生产者，在设计和生产产品时要注重人性化，把情感融入设计中，将数字内容产业发展成一种技术与艺术、文化与产业融为一体，既有娱乐性又有实用性、既有内涵又有审美趣味的产品，使之更加符合人类的情感需求，丰富人们的日常生活。

（二）坚持以满足人民精神文化需求为目标

习近平总书记在全国宣传思想工作会议重要讲话中指出：“要推动文化产业高质量发展……培育新型文化业态和文化消费模式，以高质量文化供给增强人们的文化获得感、幸福感。”这为中国文化产业的发展指明了前进方向，提出了更高的要求。

一是增加数字文化产品供给。中国特色社会主义进入新时代，我国经济发展已经从高速增长阶段转向高质量发展阶段，社会主要矛盾已经转化为人民日益增长的美好生活需要和不平衡不充分的发展之间的矛盾。努力实现人民群众对美好生活的向往，需要不断创新文化的内容、形式、手段、方式，补齐内容短板，丰富服务模式、提升消费体验。数字文化产业契合人民群众对美好生活的向往，符合人们对高品质文化产品和服务供给的需求，故要努力增加数字文化产业的有效供给。要借助于数字化、互联网技术支撑，积极促进文化与科技融合，催生新业态、创造新产品，支持数字媒体等新兴数字文化消费品发展。鼓励通过设计软件、移动 APP、微博、微信等服务化云平台和大数据平台，加快推进数字文化资源实现“一站式”服务。

二是加强数字文化消费引导。深入研究数字文化消费特征和趋势对数字文化产业发展影响的深度和广度，顺应群众期盼和市场需求，积极引导大众数字文化消费。把握知识产权环境改善、用户付费习惯养成、网络支付手段普及的有利机遇，不断提高民众的审美品位和艺术情趣。充分挖掘数字文化消费潜力和市场价值，创新网络视频、网络音乐、网络文学等数字文化内容产品付费模式，满足广大消费者网络化、智能化、定制化和体验式的现代生活方式需求，将广泛的用户基础转化为有效的消费需求。以"文化+"推动文化产业与国民经济各门类融合发展，不断引领时尚消费潮流和现代生活方式，以丰富的数字文化产品和服务使人民有更多的文化获得感和幸福感。

（三）加强技术创新能力建设

科技创新是提高社会生产力和综合国力的战略支撑，居于国家发展全局的核心位置。唯有不断地进行技术创新，才是发展之道。互联网、大数据和人工智能等技术的不断创新，不仅催生了数字文化产业的产生，而且将极大地促进数字文化产业的发展。数字文化产业要把创造创新精神贯穿研发、生产和运营的全过程，追求内容呈现方式创新、技术应用创新、产品形态创新和管理手段创新。

其一，加快数字文化产业核心技术研发。发展数字文化产业必须充分利用新兴技术手段，实现产品内容或服务的更迭升级。要加强数字化领域基础技术和共性技术研发，行业共性关键技术研发与应用，瞄准数字文化领域关键核心技术，突破重要关键技术，增强数字文化产业的核心竞争力。加快新科技在文化产业领域的应用，构建新的平台，创造新的形式，促进传统文化产业转型升级。积极推进文化产业的数字化转型，以新技术、新业态的示范应用为渠道，大力发展以新一代移动通信技术5G、物联网、云计算、人工智能为支撑的新兴文化业态，加快实现文化生产的高端化和集约化。

其二，加大企业自主创新能力的培育。努力提高文化企业自主创新能力，是中国文化产业发展的关键。要以加强自主创新能力为核心，以先进技术的自主研发为重点，以文化创新示范区为载体，加强文化产业创新体系建设。大力扶持一批高新技术特别是拥有自主品牌的文化企业，努力掌握一批具有自主知识产权的核心技术和关键共性技术，在重点领域和关键环节形成更多具有自主知识产权的创新技术，努力抢占文化产业发展制高点。充分利用高新技术进一步提高文化产业的装备技术水平和文化企业的制造技术水平，加强产业关键技术设备改造更新，提高企业整体技术水平。

其三，构建数字文化技术标准体系。重视数字文化技术标准的研发、创新和应用转化。积极参与数字文化领域国际标准建设，力争突破几项国际标准。健全技术创新、知识产权与标准化互动支撑机制，及时将先进技术转化为标准。加强手机（移动终端）动漫标准应用推广，推动虚拟现实、交互娱乐等领域相关产品、技术和服务标准的研究制定，构建全面有效无缝的数字内容交换标准体系。推动建立数字文化标准行业组织，促进资源整合共享，建设数字内容生产流程、产品和服务的质量管理体系并加强推广应用。

其四，增强数字文化装备产业实力。适应沉浸体验、智能交互、软硬件结合等发展趋势，推动数字文化装备产业发展，加强标准、内容和技术装备的协同创新。研发具有自主知识产权、引领新型文化消费的可穿戴设备、智能硬件、沉浸式体验平台、应用软件及辅助工具，加强以产品为基础的商业模式创新。研发智能化舞台演艺设备和高端音视频产品，提升艺术展演效果，满足高端消费需求。支持文物和艺术品展陈、保护、修复设备产业化及应用示范。

（四）推进文化生产高新技术化

要充分运用文化资源、创意思维、高新技术促进数字文化产业创新，把“中国制造”变成“中国创造”，从而提高我国数字文化产业的核心竞争力和综合国力。

其一，加强科技创新技术集成运用。大力支持文化领域新产品、新技术的研发，直接引进、利用高新技术的最新成果。积极引导扶持数字产业内容集成、服务集成、技术研发平台建设，积极开发移动文化信息服务、数字娱乐产品服务，为各种移动便携显示终端提供文化内容服务。积极利用数字技术集成改造传统文化产业，通过深加工，开发一批科技含量高、市场前景好、竞争能力强、能形成产业规模的文化产品和服务项目，开发文化产业社会服务的新领域，拓展文化产业发展的空间。以供给侧结构性改革为主线，提升数字文化产业的文化内涵、技术水平和产品质量。

其二，促进传统文化产业转型升级。用高新技术强化文化产品的艺术表现，促进传统文化产业结构调整和升级。大力推进数字电影、数字电视、数字出版、数字印刷的发展，影视制作业要满足多种媒体、多种终端对影视数字内容的需求，综合运用现代高新光电技术和传播技术，进行影视、广播、广告节目的制作、播放、传输以及音像光盘制品的开发和生产；出版业要加快从主要依赖传统纸介质出版物向多种介质形态出版物的数字出版产业转型；印刷复制业要发展高新技术印刷、特色印刷，建成若干各具特色、技术先进的印刷复制基地。要充分利用“三网融合”的契机，构建全新生产模式，重构产业价值链，拓展文化产品的交互式传播渠道，提升传播能力和传播效率。

其三，强化数字文化产业原创能力建设。发挥数字技术对内容创作、产品开发、模式创新的支撑作用，提高产品品质，丰富表现形式。深度应用互联网、大数据、云计算、人工智能等科技创新成果，促进创新链和产业链有效对接，提高不同内容与形式之间的融合程度和转换效率。适应互联网和各种智能终端传播特点，创作生产优质、多样、个性化的数字文化内容产品。积极推进新闻出版、广播影视、动画动漫、演艺产业的技术升级和手段更新，不断丰富文化的生产方式和传播方式，有效增强文化的创造力和传播力。大力推动演艺娱乐、艺术品、文化旅游、文化会展等传统文化产业的数字化转型升级，推进文化产业结构调整和优化。探索基于互联网的个性化定制、精准化营销、协作化创新、网络化共享等新型商业模式和文化业态，不断提升文化产品的吸引力和影响力。

（五）助推特色文化产业发展

借助于现代科技手段，过去许多被排斥在经济领域之外的特色文化形态，开始进入经济学家和投资人的视野。数字文化产业本质上是一种内容产业，没有特色的内容必然是空洞和缺乏生机的。要充分利用现代科学技术将传统文化和特色文化资源转化为现代经济资源，产生巨大的经济效益。

其一，立足特色文化发展数字经济。通过实施特色文化科技提升计划，加强对地方特色文化的数字技术应用产品的开发，对那些可以进入市场的地方特色文化产品进行创新改进，促进新产品、新服务、新品牌和新业态的形成，从而使这些文化产品的原有艺术特色和所传达的传统文化艺术信息更浓，更符合现代人的欣赏品位。探索特色文化的数字化和现代化价值升级，立足现代生活，依托地方特色文化，融合数字化技术和全新创意，加强现代设计与传统工艺对接，开发具有鲜明区域特点和民族特色的数字文化产品。促进融合创新，结合本地文化元素，让游戏、动漫、电竞等数字文化与地方文化双向结合，以数字化生动交互的形式为传统文化创造出展现丰富的文化内涵、浸润于当下的文化体验，让更多经典变成流行，让一些小众艺术走向大众。

其二，促进优秀文化资源数字化。创新的技术全方位颠覆了文化的感知和体验方式，赋予文化以全新的数字生命。在对传统文化进行现代改造时，要加强对新、奇、特传统产业的引导，找到“人无我有、人有我优”的希望点，把数字技术引入传统产业，把知识经济理念渗透到传统产业的生产、经营、管理、服务等各个环节，提高其技术含量和附加值。实施数字内容创新发展工程，鼓励对艺术品、文物、非物质文化遗产等文化资源进行数字化转化和开发，实现优秀传统文化资源的创造性转化和创新性发展。依托文化文物单位馆藏文化资源开发数字文化产品，提高博物馆、图书馆、美术馆、文化馆等文化场馆的数字化智能化水平，创新交互体验应用，带动公共文化资源和数字技术融合发展。

其三，利用数字技术推动中华文化走出去。中华文化走出去，开发国际文化市场，具有巨大的潜力和空间。中国是一个历史悠久、文化资源丰富的国家，把中华文化传播到世界各地，讲好中国故事，是我们神圣的历史使命。在“一带一路”建设、市场内生动力和数字技术发展推动下，中国文化企业正在努力走出去，讲好中国故事正在变为企业实实在在的市场战略，这为中国文化产业走向世界提供了机遇与动力。要深入挖掘、研究中华优秀传统文化的价值品质，充分吸收全世界的优秀文明精华，采用本地熟悉、全球认可的文化形象来传递，比如将中华优秀价值观念 IP 植入人设、故事情节、游戏玩法等进行有效传递。另外，我们还可以与全球优秀的创作力量进行合作，打造由中国团队主导、全球共享的中国故事。

（六）推进数字产业与相关产业融合发展

当前，以 IP 为核心的文化创意产业正从内容融合向产业生态融合迈进，新业态、新模式不断涌现，行业发展焕发新活力，呈现新技术引领、生态化运营、产业化发展的新动向，这将是推动数字文化产业发展的重要机遇。

首先，高度重视数字文化产业融合发展。当今，数字文化产业正在由消费互联网向包括产业互联网在内的更多经济领域拓展，正朝着生态化竞争深入、“IP＋产业”全面融合、新技术广泛应用等方向推进。以大数据、智能化为引领，加快内容资源数字化处理，促进数字内容智能化和知识化组织、管理、呈现、存储等技术研发与应用，积极推进传统文化产业转型升级和新业态的产生发展是文化产业融合发展的必由之路。

其次，积极推进数字文化产业融合发展。推进数字文化产业与先进制造业、消费品工业融合发展，与信息业、旅游业、广告业、商贸流通业等现代服务业融合发展，与实体经济深度融合。推动数字文化在电子商务、社交网络的应用，与虚拟现实购物、社交电商、“粉丝经济”等营销新模式相结合。提升旅游产品开发和旅游服务设计的文化内涵和数字化水平，促进虚拟旅游展示等新模式创新发展。推动数字文化在农业、教育、健康、地理信息、航空航天、公共事业等其他领域的集成应用和融合发展，通过“文化＋”提高相关产业的文化内涵、创意水平和附加价值。推动数字文化产业纳入军民融合创新体系。

（七）加强数字文化产业平台建设

2019年8月8日，《国务院办公厅关于促进平台经济规范健康发展的指导意见》强调，要鼓励发展平台经济新业态，加快培育新的增长点，其中包括在实体经济中大力推广应用物联网、大数据，促进数字经济和数字产业发展。硬件软件一体化、数字技术的创新与文化内容的创意具有相互依存的关系，数字文化产业发展既需要内容创作支持，更需要技术平台支撑，加强平台建设成为数字文化产业发展的必要条件。

其一，加强数字文化公共服务平台建设。在平台经济大力发展的情况下，政府要加快打造一批公共服务平台，建立技术转移中心、科技企业孵化基地等创新服务机构，健全中小文化企业技术创新服务体系，为其建立信息平台、投融资平台、公共技术服务平台和人才交流平台，提供有效便利的专门服务。夯实科技支撑基础，加强共性技术供给，服务中小企业创新；组织服务推介活动，扩大资源共享范围；为广大市场主体和创新主体提供宽广舞台，特别是为广大中小企业、为年轻人的发展创造有利条件。鼓励平台开展创新任务众包，更多向中小企业开放共享资源，支撑中小企业开展技术、产品、管理模式、商业模式等创新，进一步提升创业创新效能。

其二，支持企业建立数字文化专业平台。数字文化内容产业具有创意和制作、内容运营、消费体验等产业链，数字文化综合平台的构建，必须包括生产、提供、传递、服务和人员培训平台的整合与完善。在使用权比所有权变得更为重要的共享经济背景下，平台应具有高度的开放性、共享性。数字文化企业和服务机构需要多方联动，共筑平台，探索中介平台建设，扩充平台服务功能。要支持龙头企业建设创新平台，发挥平台的规模效应，带动上下游产业技术协同创新，从而创造出新的业态，孵化出更多产品。鼓励产业集群的龙头企业主导建立产业技术研究院、企业重点实验室、工程实验室、工程（技术）研究中心、企业技术中心，等等。加快各类技术创新平台的服务功能建设，完善创新平台的创新基地条件，提高创新服务能力。按共同的理念搭建共享的平台，打通共有的渠道，共同合作打开数字文化产业发展的新局面。

其三，重视国家级数字文化大平台建设。首先，要依托现有的国家级文化和科技融合示范基地，建设一批具有产品设计开发、研究咨询、内容制作、系统集成、营销策划、消费与售后服务等产业链完备的特色文化与科技融合示范园区，围绕特色文化产业孵化器建设，加快培育提供网络引擎、数据存储、运营管理、人才培训等服务的综合服务平台，引导和形成一批有规模的特色文化产业创新集群。其次，要整合全国数字文化骨干企业和研究机构的力量，建立国家级数字文化大数据实验室，着力研究不同结构数据库间数据交换的问题，破解数字资源孤岛问题；构建大数据资源价值评价体系，对各类数字文化资源的社会价值和市场价值进行评价，为数据交易提供基础服务。

（八）优化数字文化产业发展环境

要深入实施以大数据智能化为引领的创新驱动发展战略行动计划，营造良好的数字文化产业发展环境，大力发展数字经济，推动数字产业化、产业数字化，加快传统产业转型升级，培育壮大战略性新兴产业，最大限度地释放全社会创新创业创造活力。

其一，营造创新创业氛围。构建一个良好的、有利于创新的文化环境，这已成为一个民族决胜创新时代的必由之路。营造创新文化环境的关键在于建立起一种和谐一致的创新氛围，即有利于创新的文化生态系统①。当前数字技术在文化领域创新和转移的力度，要聚焦市场主体和创新主体反映强烈的突出问题，通过改革的办法切实解决影响创新创造的突出体制机制问题，为创新松绑，为创业加油，为创造助力。进一步提高我国数字文化的原创能力，创造一种能充分发挥人的创造能力的文化环境，既需要充分动员 UGC（User-Generated Content，用户原创生产内容）的力量，也要更加重视专业创意组织带动的 PUGC（Professional User Generated Content，专业用户生产内容）的生产，并鼓励传统文化机构和数字文化企业合作，更好地向全社会开放数字文化资源。要全面梳理现有部门政策法规，由涉及部门联合出台相应扶持意见或由政府出台产业发展指导意见，重点突破所有制在数字文化领域的障碍，为各类所有制企业和数字文化产业的生产者营造公平、透明、法治的发展环境，建立一体化的合法合规合理的激励机制，让广大市场主体提高创新积极性，增强发展的信心。

其二，建立社会价值监管体系。文化与科技融合发展具有跨行业、跨领域的特点，必须深入研究文化与科技融合发展的规律，积极探索科学有效的科技文化产品社会价值监管体系，构建一个良好的、有利于科技创新的文化环境，以形成健康的、正面的文化价值引导功能。建立以企业为主体、产学研用相结合的，跨部门、跨地区的文化科技融合工作机制。例如，当前人工智能在文化领域的运用、基于互联网的泛娱乐文化产业发展等，想要因势利导、促使其科学发展，需要在深入调研的基础上总结规律、创新监管，营造良好的产业发展生态。首先，政府应加强政策引导，积极构建相应的管理法律法规体系和监管体系，为防范文化科技融合发展过程中的文化价值风险，促进文化产业健康发展提供制度保障。其次，充分发挥科技和文化行业协会（学会）等

① 金吾伦：《科技文化与制度创新》，载《自然辩证法研究》2001年第S1期，第62～63页。

专业组织的作用，为文化技术研究和开发人员制定科技工作伦理规则和道德行为守则，提供行动指南，并加强对重点科技类文化产品社会价值的第三方评估，以确保文化产业正面社会效益的积极发挥。

其三，加强知识产权保护。2008 年出台的《国家知识产权战略纲要》，提出了“建设创新型国家”战略，建成中国特色、世界水平的知识产权强国目标。在当今原始性创新已成为科技持续创新能力的核心的年代，在知识产权已成为重要财富源泉的年代，数字文化产业发展必须加强知识产权保护，实现严格保护和有效运用的平衡，真正实现有效保护。一是要构建更加完善的司法—行政—市场合作机制。从政策层面来说，要尽快落实相关配套政策，健全监管体系；从行业层面来说，要建立行业联盟或行业协会，加强行业交流，形成行业规范。二是要鼓励版权保护技术和模式创新。利用区块链等技术从技术端入手强化正版源头管理，提高盗版识别能力，提高反盗版的行政执法能力；在政策环境方面，要进一步降低数字内容产业的进入壁垒，以优惠的政策扩充市场规模；鼓励中小微企业、个人创意者和专业创意组织，积极开展内容原创，保护商业变现的权利。三是要加强市场监管。进一步规范市场秩序，打击市场势力对数字内容产业的控制与限制，营造良好的数字内容市场运行环境，加强数字内容产业的市场竞争程度；进一步加大对侵权者的惩罚和对被侵权人的赔偿力度。四是要实行严格保护和有效运用相结合。要将鼓励版权运用与加强版权保护放在同等重要的位置上，设置较为简便的应用程序，拓展合理使用的范围。

（九）加强数字文化产业人才队伍建设

在人才已成为经济和社会发展的重要战略资源的年代，创新型人力资本已成为数字文化产业最核心的竞争力。

其一，建立多层次教育体系。一是要依托高校或研究机构，开展适合数字文化产业发展的创新性复合型人才的学历教育，以需求为导向，以大学本科为重点，兼顾中职、高职教育和专业硕士、博士培养，完善产学研用结合的协同育人机制，促进与科技的结合，推行产学研“双导师”制，培育造就一批熟悉市场运作、具备科学背景的创新创业人才及青年科技人才。二是要创新数字文化人才继续教育形式。从数字文化企业中遴选从事技术、产品、管理、市场等领域的人才到国内外高校、知名企业集中进行理论、技术和实践操作的培训，重点对其进行知识融合性再造；在优秀的社会组织中开展数字文化发展创新讲座，将参与时长和贡献纳入继续教育学时。三是政府应鼓励国有文化机构通过公开课等形式，开放更多文化教育资源，对企业开展原创能力培训，培养出更多复合型文化创作人才。

其二，加强人才培养引进。培养和引进一批拥有自主知识产权核心技术的海外高层科技领军人才及高水平创新团队和管理人才（团队）；培养造就一大批具有全球战略眼光、市场开拓精神、管理创新能力和社会责任感的优秀企业家；培育一支能开展技术攻关、在关键岗位解决疑难问题的高层次高技能人才队伍，厚植创新创业创造的沃土。

其三，完善人才激励机制。加大人才政策的创新力度，加大对人才发展的资金投入力度；健全有利于科技人才创新创业的评价、使用和激励机制，发挥人才在创新活动中的基础性作用。积极推进以增加知识价值为导向的分配政策，探索实行股权、期权、分红等激励措施，提高科研人员的收益。高校、科研院所科研人员的科研劳务收入按照单项劳务报酬计缴个人所得税，不纳入调控的绩效工资总额。完善科技奖励制度，加大经济效益评审权重，进一步提升高校科技进步奖中产学研合作型、直接产生经济效益研发项目比重。在国家人才计划中单列数字文化产业人才专项，并将其纳入特殊人才职称评定范围。

其四，优化人才成长环境。实行更加开放的人才政策，完善相关配套政策，营造创新创业的良好氛围。破除人才流动障碍，打破户籍、地域、身份、学历、人事关系等制约，促进人才资源合理流动、有效配置。打破制约创新与创业的政策壁垒，促进高校、科研单位和企业之间的人才互动交流。完善引进境外高层次人才的政策措施，建立与国际接轨的高层次人才招聘、薪酬、考核、科研管理、社会保障制度，简化外籍高层次人才的居留证件、人才签证和外国专家证办理程序。支持和鼓励企业、高新技术产业园区、高等院校和科研机构等建立境外高层次人才创新创业基地，通过项目引才和岗位引才等方式，为高层次人才提供工作平台。为创新型人才在企业设立、项目申报、科研条件保障、岗位聘用以及出入境、户口或者居住证办理、住房、配偶安置、子女入学等方面提供便利条件。

总之，只有在网络普及、宽带普及、多媒体技术发展、多种创意和技术融合以及良好的政策环境等各种条件具备的前提下，共同营造良好的社会文化，使得大众理解并支持数字内容的发展，同时利用独具优势的传统文化，创造具有民族特色的数字内容，才会有真正的中国数字文化产业的发展。

关键概念

数字经济　数字文化产业　数字技术　互联网　大数据　云计算　人工智能　技术创新　技术平台

主要观点

数字文化产业是以文化内容为核心，以创意为动力，将各种文化资源与最新数字技术相结合，依托数字技术进行创作、生产、传播和服务的新兴产业。

数字文化产业具有内容的创意性、主体的大众性、生产的科技性、传播的平台性、产业的融合性与价值的共享性等特性。

数字技术促进了新的生产和消费方式的建立、新的产业群落的产生和新的消费人群的出现，并以高端技术带动传统产业实现数字化更新换代，创造出惊人的经济社会价值，数字文化产业已成为文化产业发展的重点领域和数字经济的重要组成部分，对促进我国新经济的快速发展，提高我国文化产业的影响力和竞争实力具有重要意义。

数字化技术创新成为经济社会发展的驱动力，全球经济发展越来越呈现数字化特征，越来越从数字经济中汲取发展新动能，把发展数字经济作为推动经济增长的重要途径。

从全球文化市场来看，数字文化产业呈现出高增长趋势。中国文化产业发展日益迈入一个以数字化和网络化为先导的全新发展阶段，主要表现为数字经济持续快速发展，文化产业的结构性调整取得显著成效，数字文化产业已成为文化产业发展的新动能和新增长点。

全球范围内数字技术与网络技术正在融合形成以网络为依托，以数据为关键资产，以高度智能化为发展方向，带动经济社会文化整体发展的新兴数字创意产业。作为数字创意产业核心内容的数字文化产业，代表了文化产业发展的主流方向，其发展是不可阻挡的时代趋势。

发展数字文化产业必须遵循文化发展、产业发展和市场发展的基本规律；坚持正确的政治方向和价值导向，加强技术创新能力建设、推进文化生产高新技术化；促进数字经济和实体经济融合，助推特色文化产业发展；优化数字文化产业发展环境，加强数字文化产业人才队伍建设，加快推进数字产业化、产业数字化。

延伸阅读

章章不一样
每章都精彩

1. ［加］马歇尔·麦克卢汉：《理解媒介：论人的延伸》，何道宽译，译林出版社2011年版。

2. ［英］约翰·诺顿：《互联网——从神话到现实》，朱萍等译，江苏人民出版社2001年版。

3. ［英］维克托·迈尔-舍恩伯格、肯尼思·库克耶：《大数据时代：生活、工作与思维的大变革》，盛杨燕，周涛译，浙江人民出版社2013年版。

4. ［英］戴维·冈特利特：《网络研究：数字化时代媒介研究的重新定向》，彭兰等译，新华出版社2004年版。

5. ［美］尼尔·波斯曼：《技术垄断——文化向技术投降》，何道宽译，北京大学出版社2007年版。

6. ［美］多克·希尔斯：《意愿经济：大数据重构消费者主权》，李小玉、高美译，电子工业出版社2016年版。

7. ［美］尼葛洛庞帝：《数字化生存》，胡泳、范海燕译，电子工业出版社2017年版。

8. ［美］刘易斯·芒福德：《技术与文明》，陈允明等译，中国建筑工业出版社

2009 年版。

9. ［斯洛文尼亚］阿莱斯·艾尔雅维茨：《图像时代》，胡菊兰、张云鹏译，吉林人民出版社 2003 年版。

10. 崔保国：《数字文化产业的未来》，清华大学出版社 2016 年版。

11. 谈国新、钟正：《民族文化资源数字化与产业化开发》，华中师范大学出版社 2012 年版。

12. 熊澄宇、张铮、孔少华：《世界数字文化产业发展现状与趋势》，清华大学出版社 2016 年版。

思考问题

1. 简论数字文化产业的特征。
2. 谈谈对“数字文化产业代表了文化产业发展的主流方向”这一判断的理解。
3. 试论中国数字文化产业发展存在的不足。
4. 简论数字技术、网络技术和人工智能技术各自的特点与优势。
5. 结合具体实际论述如何利用数字技术优势发展文化产业。
6. 简论发展数字文化产业应遵循的规律。
7. 试论大力发展数字文化产业需要采取的主要措施。

第七章　文化产业人才培养

2014年6月9日，习近平总书记在中国科学院第十七次院士大会、中国工程院第十二次院士大会上的讲话指出："我国是一个人力资源大国，也是一个智力资源大国，我国十三亿多人大脑中蕴藏的智慧资源是最可贵的。知识就是力量，人才就是未来。"① 2018年3月7日，习近平总书记在参加全国人大广东代表团审议时强调："发展是第一要务，人才是第一资源，创新是第一动力。"② 人是推动社会经济发展的主体，人才是驱动技术创新的主体。文化产业发展，必须建设一支规模宏大、结构合理、素质优良的创新人才队伍。

第一节　文化产业人才的素质和类型

一、文化产业人才的素质

文化产业是一种智力密集型创意产业，它以内容创意为核心，综合产品的制造（创作、生产）、市场营销和推广（开发），形成文化品牌优势，带动后续产品开发，形成上下联动、左右衔接、一次投入、多次产出的链条③。文化产业链所揭示的是文化产业在运动过程中不同的环节之间，以及它与不同产业形态间相互作用的价值关系。文化产业链的核心主要由创意创作—产品生产—商品销售—市场开发等四个环节构成，包括产品进入市场后的各种反响反应以及市场信息反馈到创作创意环节，从而促进新的创意作品的产生、带动新的产品开发。因此，文化产业链条是以人才的创意为核心，将智力、技术、创意等精神要素组合转化，并在物质载体上进行创作、生产，通过一系列原创性或经营性的活动，使创意最终成为商品进入市场，实现社会生产和消费环节的价值增值。文化产业链模式如图7-1所示。

文化产业是智慧产业，是源自个人创意、技巧及才华的行业，是文化、知识和技术高度关联的产业，由此决定了文化产业所涉及的每一个环节都与人才密不可分，是

---

① 习近平：《在中国科学院第十七次院士大会、中国工程院第十二次院士大会上的讲话（2014年6月9日）》，《人民日报》2014年6月10日02版。

② 《习近平参加广东代表团审议时强调——发展是第一要务，人才是第一资源，创新是第一动力》，载《新华每日电讯》2018年3月8日01版。

③ 陈亚民：《高校文化产业人才培养模式初探》，载《经济研究导刊》2009年第3期，第187～188页。

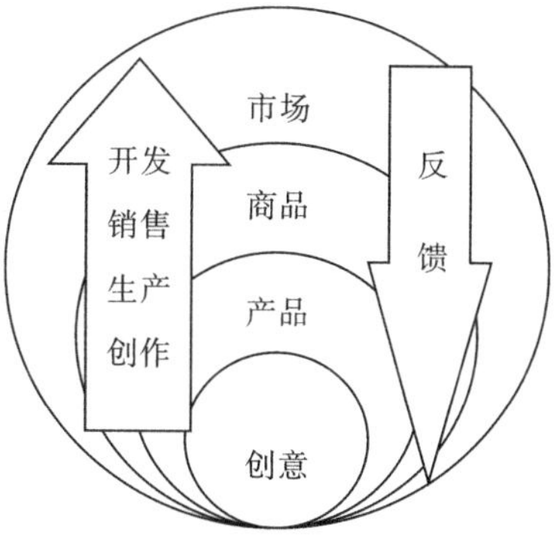

图 7-1　文化产业链洋葱式模型

一种极其依赖个体大脑和心智能力的文化创造活动①。因此，文化产业不是单纯依靠固定资产的积累和原材料的投入，而是更注重人力资本的投入，更推崇创新和个人创造力。人才资本是发展文化产业最核心的资源，是文化产业最核心的竞争力。新时期经济社会的新发展对文化产业发展提出了新需求，对文化产业人才的基本素质和专业素养提出了更高的要求。与其他行业人才相比，文化产业对人才在基本素质专业素养方面的需求具有如下特点：

（一）文化产业从业人员的基本素质

这里的基本素质既包括一般从业人员都应该具备的基本素质，也包括文化产业从业人员应具备的特殊素养，具体如道德品质、价值观念、学习和沟通能力等基本素质。这些素质是做好本职工作的基础和前提。

1. 良好的道德品质

法国作家罗曼·罗兰曾经说过："品德比学问更重要。对个人来说，品德才是保障个人生存的最大的力量。"② 如果把从业人员应具备的各种素质比喻成一棵大树的话，那个人道德修养就应该是深深埋入泥土中的大树的根，只有根深才能叶茂。从业人员的道德品质素养主要包括以下方面：

第一，诚实守信。文化产业是市场经济的产物，它必须遵循市场规律，服从市场法则，信用是其发展的基石。诚实守信既是每个公民的道德责任，更是一切职业道德的立足点。诚实守信要求从业人员忠诚老实，做老实人，说老实话，办老实事；忠诚于自己从事的职业，信守自己的承诺，勇于承担自己的责任和义务。

第二，坚强意志。文化产业是融创新性与风险性于一体的产业，从业人员尤其是领军人才除要具备一般人才的意志品质外，还要有高度稳定的心理状态，具有应对各种困难和挑战的勇气和信心。在遇到困难和挫折时，能不忘初心，以锲而不舍、百折

① 常晓霞、周寄中：《平面媒体创意人才匮乏问题研究》，载《中国人力资源开发》2010 年第 8 期，第 97～100 页。

② ［法］罗曼·罗兰：《罗兰小语》，见李剑桥主编《世界名人名言金典·哲理荟萃》，辽海出版社 2007 年版，第 8 页。

不挠的精神，克服前进道路上的各种艰难险阻，始终如一地完成既定的任务。

第三，团队精神。文化产业有着比一般产业更为复杂的产业链，是一种需要各种力量通力合作、共同完成的产业，每一个从业人员都只是这个产业链上的一分子，是这个机器上的一个齿轮和螺丝钉。因此，从业人员需要具有强烈的集体责任感，有顾全大局的意识、齐心协力的合作精神。为了确保完成团队赋予的使命，要和同事一起，利用个性和能力的差异，在团结协作中实现优势互补，发挥积极协同效应，积极地创造性地开展工作。

2. 正确的价值观念

职业价值观指人生目标和人生态度在职业选择方面的具体表现，是一个人对职业的认识和态度以及他对职业目标的追求和向往①。个人的理想、信念、世界观对于职业的影响，集中体现在职业价值观上。因此，人要用远大的理想追求、坚定的生活信念和正确的世界观指导自己的人生和工作。

第一，良好的政治素质。政治素质是个人的政治方向、政治立场、政治观念、政治态度、政治信仰、政治水平、政治技能的综合表现。良好的政治素质是人们从事社会活动所必需的基本品质，是人的事业获得更大成功的根本保证。文化产业是为人们提供精神产品与服务的产业，其所具备的政治导向作用会对社会产生巨大的影响。因此，文化产业从业人员必须要有正确的政治立场，并用正确的政治方向指导自己的创作、生产和经营。具体来说，文化产业从业人员必须熟悉党的路线方针和文化政策，具有较强的法律意识和法制观念。牢固树立正确的政治理想，站稳政治立场，努力提高政治素养，在前进道路上不迷失方向，在工作中增强前进的动力。

第二，爱国主义精神。文化产业发展既事关民族文化传统的弘扬，更事关民族文化的国际地位和影响力，因此，文化产业从业人员必须具有民族意识和爱国主义精神。爱国主义是指个人或集体对祖国的一种积极和支持的态度，集中表现为民族自尊心和民族自信心，为保卫祖国和争取祖国的独立富强而献身的奋斗精神②。爱国主义是中华民族的光荣传统，也是中国各民族大团结的政治基础。陶行知指出："国家是大家的，爱国是每个人的本分。"爱国主义是一种生动的集体责任感，要求每个人都将国家利益置于个人利益和团体利益之上，国家的利益高于一切。

第三，正确的世界观。世界观是人们对整个世界以及人与世界关系的总的看法和根本观点。文化产业必须坚持正确的价值引导，从业人员必须树立正确的世界观、人生观和价值观，正确认识世界，正确认识自己，积极实现自己的人生价值。在工作中，坚持用辩证唯物主义和历史唯物主义世界观和方法论看待和解决工作问题，思想不僵化、不教条，增强处理局部和全局、当前和长远、重点和非重点关系的能力。在生活

① 尹萍：《高职院校国际化人才核心素养与培养路径研究》，载《现代职业教育》2019 年第 11 期，第 40～43 页。

② 高莉莉：《乐善好施的爱国主义对公共行政重塑的论述》，载《世纪桥》2019 年第 4 期，第 78～79 页。

中，正确审视自己生存的目的和意义，正确看待金钱、名利、得失，舍小我，为大我，成为有着高尚道德情操、充满正能量、乐观向上、积极进取，有着远大目标的人。

3. 深入学习的能力

学习能力一般是指人们在正式学习或非正式学习环境下，自我求知、做事、发展的能力，而深度学习能力就是指观察和参与新的体验、把新知识融入已有的知识，从而改变已有知识结构，并将它转化为自身本领的能力①。文化产业是一个不断快速发展的新型产业，因此，文化产业从业人员更需要具备深度学习、不断接受新知识、新事物的能力。

第一，主动学习。子曰："知之者不如好之者，好之者不如乐之者。"意思是：对于任何学问和事业，懂得它的人不如喜爱它的人，喜爱它的人又不如以它为乐的人②。面对新时代新任务新要求，面对新发展新机遇新挑战，文化产业从业人员必须增强与时俱进的学习意识，把学习摆在重要地位，激发内心深处的学习欲望，增强学习的动力，主动积极地去学习，抓住每一个学习的机会，不断吸取新的知识，努力培养自己敏锐的眼光与深邃的洞察力，适应新时代的发展需求。

第二，终身学习。世界上的一切事务都不是一成不变的，尤其是在这知识日新月异、知识经济飞速发展的时代，经济、社会发展的每一个活动都伴随着一个学习的过程。一个人与生俱来就有学习的需求，广泛学习、深入学习和终身学习的理念将伴随人的一生。终身学习是知识经济时代对劳动者的基本要求，整个社会生活的知识化、智能化要求从业人员必须不断地学习和更新知识，不断地提高自身素质，做到活到老、学到老，以适应工作和生活的需要。文化产业从业人员只有深刻理解不断学习的重要性，保持旺盛的求知欲，坚持孜孜不倦地学习思考，才能适应新的形势。

第三，学以致用。英国哲学家培根曾经说过："知识就是力量，力量就是知识。"学习的根本目的在于把知识转化为力量，做到学以致用，把学到的理论知识运用到工作实践中，解决实际工作中的具体问题。文化产业从业人员必须在学习中结合实际进行深入思考，在研究中实现学习能力的转化，在学习中培养实践能力，在实践中提升对问题的研究能力和对知识的转化能力，通过提高分析和解决问题的能力，增强工作的预见性和创造性。

4. 良好的沟通能力

人际沟通能力是指一个人与他人有效地进行信息沟通的能力，包含着表达能力、争辩能力、倾听能力和设计（形象设计、动作设计、环境设计）能力③。在工作中，基于共同的利益，与他人共事，能够与不同文化背景或不同智力水平的人员交流，与他人协商共事，并具有承受和解决冲突的能力，是一个人的重要能力。沟通能力是胜任

---

① 王济平：《学习能力培养探析》，载《江西师范大学学报（哲学社会科学版）》2004年第6期，第103～105页。

② 转引自刘冬梅：《浅谈二十一世纪会计人员应具备的素质》，载《时代金融》2011年第14期，第106页。

③ 穆铭：《基于未来社会的未来人才探究》，载《未来与发展》2019年第2期，第68～72页。

工作的优良主观条件，是个人素质的重要体现。

良好的沟通交流能力，有助于提高个人能力、促进身心健康，有助于进行信息交流、获取外部信息，有助于个人融入集体、促进与相关利益者的和谐相处。在实际工作中，一个人的沟通协调能力十分重要，良好的沟通效果往往会使人很快在工作中打开局面，赢得宽松的发展空间，并且有较高的成就感；而沟通不畅则经常会让人感到举步维艰，有较强的挫折感。因此，文化产业从业人员必须努力培养与他人沟通协调的能力，提升自己的公关能力、谈判能力、协调能力，达到提高工作效率的目的。

（二）文化产业专业人才的专业素养

现代文化产业专业人才应具备理论知识、职业素养、专业技能和国际视野这四种知识与能力。理论知识包括文化理论、政策解读、行业预测、学理研究能力；职业素养包括创新意识、市场敏感、挑战精神、表达能力、好奇心、责任感以及合作精神；专业技能包括审美鉴赏、创意控制、行业经验、市场营销等技能；国际视野包括对国家法律知识、国家战略思维、国际市场预测、国际人脉资源以及国际商业模式的熟悉和运用。这四个方面的知识与能力呈阶梯状上升趋势，体现了文化产业人才的能力提升规律，符合人才的职业发展轨迹。初级人才在具备了第一层理论知识的学习和运用能力后，在从业过程中可逐步累积和学习第二层职业知识和素养能力，并完成从底层员工到项目负责人、小组组长等初级管理岗位的晋级。在形成第三层专业技能后，可以实现到部门负责人、管理团队成员等中级管理岗位的晋升。最终获得第四层能力的人才，可实现职业经理人、创业企业家等高级管理岗位的职业目标①。文化产业专业人才能力的各种关系构成，具体见图 7-2。

上述文化产业人才能力结构模型反映的是不同层级的文化产业人才所具备的能力。一个合格的文化产业专业人才必须具备较高的文化素养、创新精神、营销能力、管理能力、国际视野以及对专业知识进行综合运用的能力。也就是说，文化产业专业人才必须是多元综合型、多能复合型的人才。

1. 文化素养

文化产业是通过对知识资源的开发而延伸出诸多新产品、新市场、新机会，进而促进经济社会发展的行业，决定文化产业发展壮大的是深层次的文化底蕴。作为进行精神产品生产和服务的文化产业，必须提供文化正能量、奏响文化主旋律。花建认为："文化产业包含了文化的追求，它的核心价值量中，文化艺术的含量越高，发展的后劲就越大，但是，文化产业绝对不是纯艺术，不是文化人的纯粹精神活动，而是紧紧地依附商业运作，以产业化的运作作为主体。这就要求文化产业的从业人员团队，仿佛包容了火焰与海水这两种品质，是'科学人'和'文化人'的有机结合，是'企业人'与'创意人'的有机结合。"② 文化产业的生产者和经营者，必须坚持正确的文化价值

---

① 宋晓：《大众创业、万众创新时代背景下文化产业人才"三品转化"培养模式研究》，载《中华文化论坛》2017 第 12 期，第 161～166 页。

② 花建：《区域文化产业发展》，湖南文艺出版社 2006 年版，第 172 页。

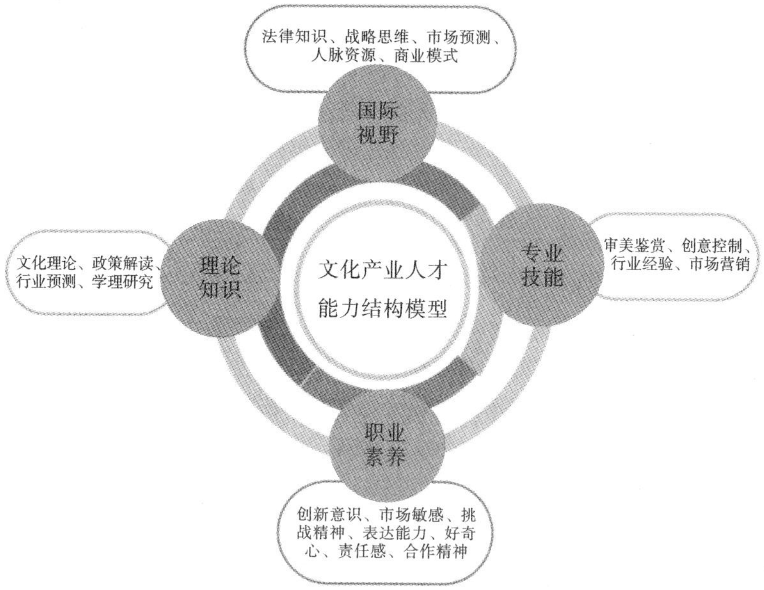

图 7-2　文化产业人才能力结构模型

导向，为广大人民提供丰富的、正能量的精神食粮。文化产业是通过挖掘文化资源、提取文化精华、提升文化品位，以高质量的文化产品和服务满足人们精神体验的经济形态，它要求文化产业从业者自身必须具备较高的文化素养。这不仅需要具有包括文学、历史、哲学、艺术等知识在内的人文素养，也需要具有美学知识、美学技能、美学感受力、审美鉴赏力和评判力，并能创造性地运用这些知识和能力将文化资源转化为文化产业，实现其经济价值①。

对于文化创意人才来说，如果没有底蕴深厚的文化素养，就不可能产生高水平的创意作品。具备深厚的文化素养有助于开发出更具特色、更有创新力的文化产品。越是文化素养高的人，越是能对各种文化知识广采博取和融会贯通，其作品和产品越能够显示出蕴藉深厚的文化性。对于文学家、艺术家、音乐家和书法家来说，他们正是以自身独特的文化底蕴和独特的文化创造力生产出高品位的文化创意产品，从而将自己的才华转化为文化经济价值。而对于从事动漫产业、影视产业、电子游戏产业的设计师来说，除了要掌握计算机编程、网络开发、动画图形设计、非线性编辑、特效制作、技术合成等技术外，还必须具有基本的文化修养，只有这样，才能准确把握艺术内涵，精准地用技术表达文化的深厚意蕴。对于文化产业管理者来说，随着文化产业和多种行业的融合发展，文化产业价值链不断拓展，这就更加迫切地需要既精通企业管理和商业模式，又具备较高的文化艺术素养和管理能力的复合型人才。

2. 创新精神

创新是一个民族进步的灵魂，是一个国家兴旺发达的不竭动力。文化产业是一种

① 范林：《高校创意人才培养探析》，载《贺州学院学报》2011 年第 3 期，第 109～111 页。

以创意为核心价值、以创新为导向的经济，创意和创新贯穿于产业运作的全过程，无论是创意产品的策划与制作，还是生产与营销，都离不开人的创新灵感的迸发。创新能力是文化产品生产和销售过程中的核心资源，它决定了独创性和原创性文化产品的生产和被市场接受的过程。创意来源于人的创造性的思维活动①。创作生产人才要通过创造性的构思、创意和灵感，实现文化资源的创造性转化和创新性发展；经营决策人才要通过独创性的策划，突破原有的模式和规范，并通过经营、推广和销售创意实现文化产品的价值②。文化产业人才创新能力的最大特点就是一般不受传统习惯和思维的约束，具有打破常规的精神状态，充满创新意识与激情、创造能力与活力。

（1）创新意识是指人们根据社会和个体生活发展的需要，产生创造前所未有的事物或观念的动机，也指人们在创造活动中表现出的意向、愿望和设想。它是人类意识活动中的一种积极的、富有成果性的表现形式，是人们进行创造活动的出发点和内在动力③。在知识经济时代，创新是整个时代的灵魂，文化产业是创新的产物，创新渗透于文化产业的各行各业、各个环节和各个方面，没有创新就没有文化产业的发展。文化产业人才必须以敏锐的眼光，发现文化资源中显性和隐性的经济价值，并通过创意将抽象的文化直接转化为具有高度经济价值的文化产品，在这种利用文化资源和个人智能创造产值的过程中，文化生产者的创新意识起着至关重要的作用。

（2）创造能力是指产生新的思想、发现和创造新事物的能力，是成功地完成某种创造性活动所必需的心理品质，是由知识、智力、能力及优良的个性品质等复杂的因素优化而成的④。创造新概念、新理论或新技术，发明新设备、提出新方法、创作新作品等，都是创造力的表现。文化产业是一种使用知识与智能创造产值的产业。文化产业人才最突出的特征是头脑灵活、思维敏捷，具有丰富的想象力和独立思考问题的能力，他们不受常规和传统的约束，能以市场需求为导向，在文化创意产品的策划、构思、设计、生产、推广过程中，将创意、点子等转化为文化产品（服务）载体，使之具备商品化、规模化、产业化的潜质。

3. 营销能力

文化产品的营销是指对产品的商业性变量如价格、分销和促销进行调整，从而使产品与足够多的消费者联系起来，并实现文化企业目标的手段。文化营销使得艺术家的产品抵达可能对这些产品感兴趣的细分市场⑤。从产业链的角度来看，文化产业是一种市场行为，是一种经营行为，离开了市场性与经营性，文化产业就失去了根基。在产品营销环节，需要文化产业人才具备较强的文化推广能力、公关能力、谈判能力，能

① 范林：《高校创意人才培养探析》，载《贺州学院学报》2011年第3期，第109～111页。

② 范林：《高校创意人才培养探析》，载《贺州学院学报》2011年第3期，第109～111页。

③ 陈敬全、孙柳燕：《创新意识》，上海科学技术出版社2010年版，“内容提要”页。

④ 谭德荣、孙亮：《现阶段普通工科院校研究生创新能力培养模式探讨》，载《科技信息》2011年第1期，第144、146页。

⑤ ［加］科尔伯特：《文化产业营销与管理》，高福进等译，上海人民出版社2002年版，第18页。

熟练使用营销和传播工具，来完成文化产品（服务）的市场流通任务。

文化产业人才是指从事文化生产和提供文化经营服务，具有一定知识或技能，有创新意识和创造能力，并能为产业发展创造一定价值和做出贡献的人①。文化产业人才要对文化产品的策划、设计、生产、销售过程进行市场化经营，要对人、财、物进行组织与管理。经营能力是文化产业人才从基础性人才向管理层乃至决策层上升转化的关键能力。作为文化产业的经营者，要具有敏锐的市场眼光，善于发现和把握潜在的文化市场机会，善于充分发掘文化资源的价值，拓展文化市场，具有树立、推广和维护文化品牌等能力。在现代商业社会中，要增强产品的市场竞争力，除了要非常注重产品自身的品质外，产品的商业化包装、推广也是极为重要的，因此文化产品的营销能力对于文化产业人才来说是很重要的②。

4. 管理能力

管理能力是指管理人员具备强烈的创业意识和敏锐的市场嗅觉，能完成创业公司的初创、成长、壮大这一过程的领导能力，以及不断提高组织效率的能力③。文化产业管理人才必须具有扎实的专业知识、丰厚的文化行业经验、敏锐的市场洞察力，具有较强的冒险精神、批判性思维、反思能力、战略思维、成本意识、风险意识、服务意识、资源配置意识、资本运作能力、政策运用能力、组织管理能力以及领导与决策能力等。

管理能力从根本上说就是提高组织效率的能力。管理者应当能够审时度势，对文化产业的现实状况、发展前景进行科学预测，从而设计和规划出文化产业的发展战略，对文化项目的策划、设计、生产、包装、销售等各个环节进行规划、统筹和运作；同时，还要熟悉金融领域，有较高的文化产业投融资水平，进行文化产业人力资源的管理以及资本运作，并能站在行业的角度审视本企业的发展方向，及时调整经营策略。企业管理者最重要的功能是把企业的经营思路、经营目标等信息准确地传递给职工，并指引和带领他们完成目标。良好的沟通和协调能力是建立良好人际关系的重要前提，是完成既定工作的基础，是管理者必备的基本素质。作为管理者，必须具备较强的沟通协调能力，以清晰的逻辑思维和良好的语言表达能力，顺畅地与工作相关人员、相关部门进行沟通，保证各方面人员都能够接纳其意见和要求，支持和帮助其工作，促成管理目标尽快达成。

5. 国际视野

国际视野，也称全球视野、国际意识，是指人们能从全球高度了解世界历史和当今国际社会，评价本国地位和作用，认识自己的权利和义务，并在国际交往中有恰当的行为与态度，是一个人在全球化背景下具有的意识、知识、能力的综合体现。国际

---

① 向勇：《文化产业创意经理人胜任力素质研究》，载《同济大学学报（社会科学版）》2009 年第 5 期，第 57～62 页。

② 何玮、陆恂斌：《培养文化产业创意经理人迫在眉睫》，载《才智》2013 年第 14 期，第 379～380 页。

③ 宋晓：《大众创业、万众创新时代背景下文化产业人才“三品转化”培养模式研究》，载《中华文化论坛》2017 年第 12 期，第 161～166 页。

视野，从经济学角度来说是指能够站在全球或更广阔的角度上观察经济运行、市场营销，从而为企业的发展服务。

文化的生命和价值绝不仅仅在于它具有民族性和时代性，还在于它的超越性，即跨时空性和超民族性。因此，文化产业人才必须克服狭隘的民族主义和偏执的地域情结的局限，具有广阔的国际视野和国际理解的胸怀，具有关注世界发展新动向的意识和高度的敏感性，以高瞻远瞩的视野、海纳百川的胸怀、广采博取的方式，充分了解异域文化、民族习惯、价值标准、思维方式以及世界文化创意发展的规律与潮流，在国际文化创意活动空间具有很强的深层交流、交往、对话、沟通和抗衡能力，走在世界文化创意潮流前面，领导和引领世界文化创意潮流发展。

文化产品要走出去，赢得国际市场，必须拥有一大批具有国际视野的人才。一个人拥的国际视野越宽广，其知识储备量和文化涉猎就会越多，这有利于培养多元思维，加深对文化理解的深度。文化产业人才必须了解国际市场、熟悉国际规则，要认真学习、践行国际文化市场通行的操作惯例和规则，学习国际前沿管理理念、创意思路和运营模式，把握住国际文化市场的变化规律，以世界眼光观察中国文化产业实践，反思中国文化产业经验和智慧，用国际先进的经验推动中国文化产业的发展。

6. 综合能力

文化产业是一个高复合度的产业，其产业链各环节中不同岗位的人才扮演着不同的角色，发挥着不同的作用，所需具备的素质和能力各有侧重。有专家在研究文化产业不同岗位人才所需要的能力时指出：“创意产品的生产者需要有敏锐的市场意识，知道如何使自己的创意被创意市场所接受；创意产品的营销人员需要一定的文化领悟力和经营才能；创意企业的管理者需要通晓创意产业链从生产到销售的各个环节；创意企业的决策者不仅是从事本专业的人才，而且还是创意产业经营和管理的通才，同时还要善于捕捉各种信息，提高企业的竞争力，引领企业在激烈的市场竞争中立于不败之地。”①

现代文化产业发展需要大量复合型人才，尤其需要一大批复合型的经营和管理高级专门人才。理想的文化产业管理人才应当具有较强的综合素质，具备将专业知识与其他领域的知识相联系的综合运用能力。既通晓文化、熟悉政策法规，又熟谙经济、善于经营；既拥有传统文化的积累，又了解现代文化、流行文化；既有艺术的底蕴和修养，又精通市场运作之道；既具有创新意识，又熟知产业运作方式。他们是能综合运用各种知识和能力、总领和驾驭文化产业发展的创新型、复合型人才。

二、文化产业人才的主要类型

文化产业是人类知识创新、技术创新、科技发展的结果。文化产业发展的关键是根据文化产业链整合各种要素，使之协同转化成为具有市场竞争力的产品和服务。文化产业人才的生存基础是文化产业的价值链条体系，它的每一个环节都对应着相应的人

① 范林：《高校创意人才培养探析》，载《贺州学院学报》2011年第3期，第110页。

才。文化产业是一个强调人的主观能动性的智慧型产业，涉及的行业众多，领域十分广泛，各个产业链的不同环节对人才的需求不同，基于有关专家对文化产业价值链体系的分析①，文化产业人才分为以下几种类型：

（一）文化产业创意人才

所谓文化创意产业，就是要将抽象的文化直接转化为具有高度经济价值的精致产业。文化创意人才是创意内容的提供者和创意产品的完成者，主要从事内容的创作、设计。文化产业发展初期主要依靠创意设计人才的创意推动市场的发展。

这类人才必须懂得文化产业发展的规律，并能按照文化艺术和产业规律深层次地发掘文化创意的价值，通过创意将抽象的文化直接转化为具有高度经济价值的精致产品或优质服务，这是文化产业价值体系中的核心部分。对于艺术品本身的感悟和理解，以及对于人们审美取向或者说文化消费市场把握的敏感程度是这类人才最为重要的素质。这类人才主要有文学创作者，各个艺术门类的艺术家、设计师、影视和舞台剧导演等。

代表职业：作家、服装设计师、工艺美术设计师、编剧、导演、导播、词曲作家、音乐家、演员、短信写手、彩铃制作者等。

（二）文化企业经营人才

文化产业经营人才是小型文化企业和具体文化项目的负责人。他们需要对文化产业环境进行评估和把握，制定企业发展战略，对策划、设计、生产、包装、销售等各个环节进行规划、统筹和运作，站在全行业的角度审视本企业的发展方向，及时调整经营策略，对市场变化有敏锐的判断力。这类人才主要有演出场所的经理、演出院团团长以及相关企业的职业经理人。

代表职业：各报纸、杂志社的社长，各唱片公司、网站、演出公司的首席执行官，电影、电视剧的制片人等。

（三）文化产业技术人才

文化产业是一种科技型产业，它具有渗透性强、增值性高、资源消耗小的特征，能通过应用技术的嫁接和各行各业的融合，为产品和服务提供新的价值元素，实现从产品创新向价值创新的转变。文化产业技术人才包括包装、印刷、影视工程技术、摄影摄像技术、出版发行等方面的人才。

代表职业：游戏（软件）程序编写员、媒体美工、音乐制作人、电影制作人、录音师、摄影（像）师、灯光师、音响师等。

（四）文化产业营销人才

文化产业营销人才是指文化产品分销企业（包括制造企业、代理企业、批发商以及零售商）中协调渠道成员关系、与渠道上下游进行有效沟通、对产品的销售及客户的开发起首要作用的人才。他们掌控着文化产品分销的渠道，影响着文化产品的销售，是联结文化生产商和文化消费者之间的纽带。

---

① 向勇：《文化产业人力资源开发》，湖南文艺出版社2006年版，第26～28页。

代表职业：影院的经营者、影视网络的经营者、报刊分销商、票务网络经营者、艺术品拍卖行的经销者等。

（五）文化行业管理人才

文化行业管理人才，一部分是指政府体系中文化产业行业系统的管理人员，主要是指宣传、文化、广电、新闻出版署系统以及各类文化产业行业组织中的相关管理人员；另一部分是指现代企业管理体系下大型文化企业中的高层管理者。

代表职业：电视台、广播台台长，广告部经理，出版社总编，各类作为企业领导者的职业经理人，公司财务总监（CFO），人力资源部总监等。

总之，文化产业具有自身的特点，因适应文化产业自身的特点和运行规律，不同文化产业人才资源在不同过程和阶段具有不同作用。有专家曾分析指出：在文化产品的创意产生阶段，文化创意人才要对文化产品的创意价值进行甄别，对创意风险进行评估，准确深刻理解文化产品的创意内涵，通过创意将文化内容转化为文本。在文化产品的创意制作阶段，经营人才要平衡文化产品的艺术价值和商业价值，通过产品制作保证文化产品的价值实现，保证文化产品的创意“叫好”和商业“叫座”。在文化产品的创意流通阶段，经营人才是保证文化产品进入流通渠道、实现创意消费的主要推动力量。在文化产品的创意消费阶段，渠道经营人才是保证文化产品的创意价值（艺术价值和商业价值），完成并确保文化企业投资回收从而实现企业利润的最后守护者。在文化产品的创意商品化阶段，文化产业管理人才要关注文化产品的细分市场，进行商业决策和商业执行，实施文化生产、销售的管理①。

第二节　我国文化产业人才总体状况

一、文化产业人才队伍建设的重要意义

2011年10月，《中共中央关于深化文化体制改革推动社会主义文化大发展大繁荣若干重大问题的决定》提出：“推动社会主义文化大发展大繁荣，队伍是基础，人才是关键。要坚持尊重劳动、尊重知识、尊重人才、尊重创造，深入实施人才强国战略，牢固树立人才是第一资源思想，全面贯彻党管人才原则，加快培养造就德才兼备、锐意创新、结构合理、规模宏大的文化人才队伍。”② 文化发展，人才为本，人才是文化建设中最活跃、最富创造性、最重要的因素，推动社会主义文化大发展大繁荣，兴起社会主义文化建设新高潮，关键靠人才。人才在文化产业发展中越来越具有决定性意义，文化产业人才队伍的建设是中国文化产业大发展的前提。

---

① 向勇：《文化产业创意经理人胜任力素质研究》，载《同济大学学报（社会科学版）》2009年第10期，第57～62页。

②《中共中央关于深化文化体制改革推动社会主义文化大发展大繁荣若干重大问题的决定》，2011年10月18日中国共产党第十七届中央委员会第六次全体会议通过。

（一）人才是实施文化产业发展战略的基础和保障

党和国家历来高度重视人才工作，早在1977年，邓小平同志就明确强调："一定要在党内造成一种氛围：尊重知识，尊重人才。"这是邓小平关于人才理论的核心内容。2002年党的十六大报告中，江泽民同志进一步强调指出，必须"尊重劳动、尊重知识、尊重人才、尊重创造"，要把优秀人才集聚到党和国家的各项事业中来。2003年12月，全国人才工作会议提出把实施人才强国战略作为党和国家一项重大而紧迫的任务，作为新世纪新阶段我国人才工作的根本任务，并对实施人才强国战略作了全面部署。2004年4月，文化部制定了《关于实施人才兴文战略进一步加强文化人才队伍建设的意见》，明确提出："人才兴文"战略是人才强国战略的重要组成部分，是发展社会主义文化事业、繁荣社会主义文化产业的根本战略之一。2009年7月22日，国务院常务会议讨论并原则通过的《文化产业振兴规划》指出："培养文化产业人才。继续抓好全国宣传文化系统'四个一批'人才培养工程，着力加强领军人物和各类专门人才的培养。继续办好经营管理人才培训班，培养一批熟悉市场经济规律，懂经营、善管理的人才。吸引财经、金融、科技等领域的优秀人才进入文化产业领域。注重海外文化创意、研发、管理等高端人才的引进，为我国文化产业发展提供强有力的人才保障。"

党的十八大以来，习近平总书记多次就人才工作发表重要讲话。他指出，"人才是事业发展最宝贵的财富，人才资源是党执政兴国的根本性资源"，"必须造就一支规模宏大、素质优良、门类齐全、结构合理的人才队伍"，"科学技术是第一生产力，人力资源是第一资源"。2017年5月，中共中央办公厅、国务院办公厅印发的《国家"十三五"时期文化发展改革规划纲要》强调："加强文化人才队伍建设。坚持党管干部、党管人才，突出抓好思想政治建设，全面提高能力素质，加快培养造就一支政治坚定、业务精湛、作风优良、党和人民放心的文化人才队伍。""加强文化产业投资运营、文化企业管理、媒体融合发展、网络信息服务等方面复合型人才、紧缺人才培养，多渠道引进海外优秀文化人才。"

尊重知识、尊重人才良好氛围的形成，人才强国战略的实施，为文化产业人才队伍的建设提供了前所未有的机遇。实施人才战略才是发展我国文化产业的重中之重，汇聚各方人才，凝聚各界智慧，努力建设一支优秀的高素质的文化产业人才队伍，已成为贯彻落实人才强国战略的重要举措，实施文化产业发展战略的基础和保障，对于推动文化事业的繁荣、加快文化产业发展和建设文化强国具有十分重要的意义。

（二）人才是提高我国文化产业竞争力的重要保障

国家竞争力的关键是人才竞争，谁拥有人才和智力资源，谁就能在世界综合国力竞争中赢得主动权。因此，人才资源作为最重要的战略资源，在世界综合国力竞争中越来越具有决定性的意义。

世界各国在发展经济的过程中，对优先开发物质资源还是优先开发人才资源这一问题，出现了两种不同做法，导致了两种不同结果：一是实施物质资源优先开发战略（如许多发展中国家）；二是实施人才资源优先开发战略（如大多数发达国家）。两种不同做法带来的结果是，后者的优势明显地大于前者。中国有着丰厚的文化沉积和底蕴。有五千年的文明历史，中华优秀传统文化源远流长；有五十六个民族的多彩文化，民族文化瑰宝璀璨夺目，这些文化资源优势是其他国家所不能比拟的。文化产业是源自个人技巧、才华的行业，是文化、知识和技术高度关联的产业，它所涉及的每一个环节都与人才密不可分，是一种极其依赖人脑和人的心智能力的文化活动。人才是文化产业最核心的生产要素，文化产业是适应人才资源优先开发的最好领域。发展文化产业只能走人才资源优先开发之路，能否拥有大量的各类文化产业人才，将成为夺取文化产业发展制高点的决定性因素。

与文化产业发达国家相比，我国的文化产业发展还有一定的差距，面临着许多问题，而文化产业人才的匮乏已成为严重制约我国文化产业发展的一个瓶颈性问题。为推动文化产业发展，文化部已制定并颁布实施了《全国文化系统人才发展规划（2010—2020年）》，这是文化系统第一个关于人才发展的规划。规划提出要培养造就规模宏大、门类齐全、结构合理、梯次分明、素质优良的文化人才队伍，为推动我国由文化资源大国向文化发展强国迈进奠定坚实的人才基础。为实现这一目标，按照导向性、创新性、示范性的原则，我们将实施以“文化名家工程”为龙头的九项人才工程和计划。“文化名家工程”着眼于培养造就造诣高深、成就突出、影响广泛的文化领域杰出人才。此外，还有文化党政干部能力建设培训工程、基层文化人才培养工程、文化产业高层次经营管理人才培养工程、文化艺术专业人才知识更新工程、非物质文化遗产保护管理和专业人才培养工程、海外高层次文化艺术人才引进计划、西部地区文化人才支持计划、优秀青年文化艺术专业人才扶持计划。这样的发展规划形成一套衔接紧密、配套齐全、内容完整的工程项目体系，基本覆盖文化人才发展的各个方面，涵盖文化党政人才、文化经营管理人才、文化艺术专业技术人才、公共文化服务人才、高技能文化人才、文化科技人才、文化外交人才共七支人才队伍的建设。该规划的实施，对把我国丰富的文化资源转变为文化资本，推动文化产业高质量发展，提高文化产业竞争力具有重大意义。

（三）人才是保证我国文化产业快速发展的内在动力

文化产业是在全球化的消费社会背景下发展起来的一门新兴产业，被公认为“21世纪全球经济一体化时代的朝阳产业”或“黄金产业”。社会生产力越发达，人们对生活质量的要求越高，文化产业的发展空间就会越大。

近年来，世界经济面临的风险和不确定性明显上升，我国经济发展面临的国际竞争十分激烈，特别是中美贸易摩擦不断升级，我国的经济发展受到严重冲击。我国面对严峻的国内外环境，牢牢把握经济工作的主动权，采取了一系列措施，转变经济发展方式，走科学发展之路，靠人才拉动发展，大力发展由人力资本主导的新经济——文化产业。文化产业在我国GDP中所占比重不断增加，对国民经济的影响越来越大。2017年，全国文化产业增加值为34722亿元，占GDP的比重为4.23%，比上年增长12.8%（按现价计算）；增加值过千亿元的省、自治区、直辖市已有13个，其中，广东、江苏、浙江、山东等省超过3000亿元；文化产业增加值占GDP的比重超过5%的省市有 4 个，分别是北京（9.64%）、上海（6.79%）、浙江（6.19%）和广东（5.37%）①。2018 年，全国文化产业实现增加值 38737 亿元，比 2004 年的 3440 亿元增长 10.3 倍；2018 年文化产业增加值占 GDP 比重为 4.30%，比 2004 年的 2.15%提高了 2.15 个百分点。2019 年上半年，全国规模以上文化及相关产业企业实现营业收入 40552 亿元，比上年同期增长 7.9%。文化产业结构继续优化，文化新业态发展势头强劲。在文化及相关产业九个行业中，增速较快的新闻信息服务（25.1%）、创意设计服务（12.4%）、文化投资运营（10.2%）、内容创作生产（9.8%）均涵盖了大多数文化新业态。其中，广播电视集成播控、互联网其他信息服务、互联网广告服务、工业设计服务、互联网文化娱乐平台、电子出版物出版、用户可穿戴智能文化设备和虚拟现实设备等业态的营收增长速度均在 20%以上，文化新业态发展势头强劲，拓展和创新了文化发展领域，引领和推动了我国文化产业的发展②。

实践证明，文化产业的发展，已经成为我国调整优化产业结构、推动新旧动能转换、保持经济平稳快速健康发展的一支重要力量。文化产业发展，主要靠人才。唯有人才，才是推动中国文化产业发展的原动力；唯有人才，才是塑造中国国家文化形象的不竭动力；唯有人才，才能为推动中国经济健康发展增添动力。

二、我国文化产业人才队伍建设存在的主要问题

作为一个新兴行业，文化产业人才队伍建设还处于初级探索阶段，与目前文化产业迅速发展的态势相比，还存在着很大差距。无论是文化产业人力资源现有的总量、结构、水平，还是文化产业人才培养和培训教育体系、人才使用和管理制度等，都不能令人满意，人才队伍一直是制约我国文化产业发展的瓶颈。当前我国文化产业的人力资源状况可概括为三个“并存”：人力资源丰富与文化产业人力资本③短缺并存，文化产业人力资本短缺与人才结构不合理并存，文化产业人才资源总体短缺与区域分布不合理并存。

（一）人力资源丰富与文化产业人力资本短缺并存

我国有 14 亿人口，是一个人力资源丰富的大国，也是一个智力资源大国，人才资源开发潜力巨大。但与发达国家相比，目前我国人口的整体素质并不高，表现在文化产业领域更是人力资本短缺。

1. 文化（文物）单位从业人员数占全国就业人员总数比例严重偏低

第一，文化产业人数占全国就业总数的比例与发达国家差距很大。我国文化（文物）单位从业人数，2017 年达到 248.25 万人，占当年全国就业人员总数 77640 万人的

---

① 张玉玲：《文化产业迎来加快发展的“黄金期”——国务院关于文化产业发展工作情况的报告解读》，《光明日报》2019 年 6 月 29 日 07 版。

② 《国家统计局社科文司高级统计师殷国俊解读 2019 年上半年全国规模以上文化及相关产业企业营业收入数据》，国家统计局网，http://www.stats.gov.cn/tjsj/sjjd/201907/t20190731_1682993.html.

③ 人力资本是指凝聚在劳动者身上的知识、技能及其表现出来的能力。这种能力是经济增长和生产发展的主要因素，是一种收益率很高的资本。

0.32%。从全国第六次人口普查的数据来看，我国文化、体育和娱乐业从业人员324.5万人，占总就业人员数的0.42%，其比重与荷兰的8.80%、美国的8.35%、澳大利亚的8.00%（具体情况见表7-1）以及世界主要城市纽约的12%、伦敦的14%、东京的15%差距极大。

表7-1　部分国家文化产业从业人员占全国从业人员比重表

国　家	年　份	比重（%）
美国	2013年	8.35
加拿大	2004年	5.55
荷兰	2009年	8.80
俄罗斯	2007年	7.30
澳大利亚	2011年	8.00
韩国	2012年	6.24
新加坡	2007年	6.21

第二，文化产业从业人员数增长速度远远低于文化产业增加值增长速度。2012年，我国文化产业实现增加值18071亿元，2018年增长到38737亿元，增长114.36%，年均增长14%。而近八年文化（文物）单位从业人数仅增长17.77%，各年度具体情况见表7-2。由上述数据比较可以看出，我国文化产业人力资本仍处于严重短缺状况。

表7-2　2010—2017年我国文化（文物）单位从业人员数情况

年份	从业人员（人）	增幅（%）
2010年	2107926	/
2011年	2212956	4.98
2012年	2288389	3.41
2013年	2154948	－5.83
2014年	2040199	－5.32
2015年	2294445	12.49
2016年	2348021	2.34
2017年	2482480	5.73

资料来源：根据国家统计局发布的《中华人民共和国年度统计数据（2010—2018年）》整理。

2. 规模以上文化及相关产业法人单位从业人数增速大大低于产业收入增速①

2014年，我国规模以上文化及相关产业法人单位从业人数811.8万人，2018年增加到845.4万人，增长4.14%。特别是2017年、2018年全国规模以上文化及相关产业企业从业人数增长幅度为1.12%和－4.09%（具体情况见表7-3）。而2017年、

① 国家统计局与文化部的统计口径不同，所以统计出来的数字不一致。统计数字显著不同，恰巧说明文化产业内部业态、产业结构受经济、技术以及市场的影响较大、调整频繁。并且，两组数据虽不同，但数据中呈现出的人才问题是一致的，因此，本书采用其作为参照数据。

2018 年全国规模以上的文化及相关产业企业收入分别增长 10.8%、8.2%。这说明文化产业收入增长的速度大大高于从业人数增长的速度。

表 7-3　2014—2018 年规模以上文化及相关产业法人单位基本情况

年份	从业人员总数（人）	比上年增减（%）	文化制造业		文化批发和零售业	
			从业人数（人）	占比（%）	从业人数（人）	占比（%）
2014 年	8118036	/	5197164	64.01	521208	6.42
2015 年	8389290	3.34	5212161	62.12	535180	6.37
2016 年	8716754	3.90	5202723	59.68	566996	6.50
2017 年	8814391	1.12	4876696	55.32	553683	6.28
2018 年	8454113	−4.09	4646465	54.96	524407	6.20

资料来源：根据文化部发布的《中华人民共和国国家统计局年度统计数据（2002—2018 年）》整理。

3. 规模以上文化及相关产业法人单位重点行业从业人数占比偏低

2018 年规模以上文化及相关产业法人单位中，新闻信息服务从业人员占 5.73%，文化传播渠道从业人员占 8.09%。而从事文化辅助生产、文化装备生产和文化消费终端生产的人员占 46.29%。具体情况见表 7-4。从全国第六次人口普查的数据来看，我国新闻出版业和广播、电视、电影和音像业从业人数为 123.15 万，仅占当年总就业人口 71547 万的 0.17%。从产业类型看，2018 年收入增速超过两位数的大都是运用高新技术、拥有高附加值的上游文化服务业，如“互联网＋”等文化信息传输服务业增长率高达 34.6%。在全球化、信息化、数字化的当今世界，文化产业已然成为知识、信息、技术、人才密集交织的业态，那些成长路径丰富、知识结构合理、从业经验丰富的文化产业高端专门人才已成为文化产业市场的关键要素和核心竞争力。以上这些数字充分表明中国文化产业高端人才更是奇缺，不适应文化产业快速发展的需要。

表 7-4　2018 年规模以上文化及相关产业法人单位基本情况

类别	法人单位数（个）	年末从业人员		营业收入（亿元）	营业利润（亿元）	利润总额（亿元）
		人数（人）	占比%			
新闻信息服务	2142	484358	5.73	8099.4	2020.8	2055.9
内容创作	12082	1911494	22.61	18239.4	1665.0	1732.0
创意设计服务	10371	906163	10.72	11069.3	741.5	775.8
文化传播渠道	7424	683495	8.09	10192.5	349.4	397.6
文化投资运营	352	36627	0.43	411.5	149.8	156.0
文化娱乐休闲服务	5564	517938	6.13	1489.4	127.8	148.9
文化辅助生产	10486	1626971	19.24	15093.6	944.5	1010.0
文化装备生产	2732	682284	8.07	8378.3	402.5	419.9
文化消费终端生产	8755	1604783	18.98	16283.5	494.3	511.0
合　计	59908	8454113	100.00	89256.9	6895.6	7207.1

（二）文化产业人力资本短缺与人才结构不合理并存

在文化产业人力资本本来就十分短缺的情况下，文化产业从业人员还存在学历结构和专业职称严重偏低的现象。

1. 学历结构偏低

文化产业的兴起是现代科学技术的推动所带来的结果，离开了现代科学技术就无所谓文化产业。文化产业要实现跨越式发展，离不开掌握高科技知识、具有较高文化素养和创新能力的高素质人才。虽然学历高低不能绝对说明人才素质的高低，但在现阶段学历仍然是衡量人才素质的一个重要标准。近几年，我国文化产业从业人员中本科以上人员所占比重有所提高，但总体来说所占比重较低。2010 年 9 月文化部发布《全国文化系统人才发展规划（2010—2020 年）》，明确提出：到 2020 年，全国文化系统具有大学以上学历的人才达到 60%，专业技术人才中具有中级以上职称的达到 60%左右。从全国第六次人口普查的数据来看，我国文化产业从业人员的学历稍高于全国平均水平（具体情况见表 7-5、表 7-6），大专及以上学历的从业人员占就业总人数的 37.75%，但是距离文件 60%的要求相去甚远，文化产业各行业之间从业人员学历结构不平衡、不合理问题突出。

表 7-5 全国第六次人口普查文化、体育和娱乐业从业人员受教育情况统计

学历	文化、体育和娱乐业		全国	
	就业人员（人）	占百分比（%）	就业人员（人）	占百分比（%）
大专及以上	122517	37.75	7192856	10.06
初中、高中	183982	56.70	44840904	62.67
初中以下	18002	5.55	19514229	27.27
合计	324501	100	71547989	100

从不同产业从业人员的学历结构来看，各产业分布不均衡，传统产业高学历人数少，新兴业态高学历人数较多。

表 7-6 全国第六次人口普查中文化、体育和娱乐业从业人员受教育情况分行业统计

（单位：万人）

项 目	合 计	未上过学	小学	初中	高中	大学专科	大学本科	研究生
全国从业人员总计	71547.989	2442337	17071892	34916372	9924532	4263212	2653730	275914
文化、体育和娱乐业小计	324501	1096	16906	102093	81889	60210	56302	6005
新闻出版业	54136	81	1531	8568	9512	12693	18823	2928
新闻业	11232	20	348	1715	1777	2804	4117	451
出版业	42904	61	1183	6853	7735	9889	14706	2477
广播、电视、电影和音像业	69010	63	1036	9195	15545	20456	21044	1671

续表

项　目	合　计	未上过学	小学	初中	高中	大学专科	大学本科	研究生
广播	15101	9	193	1835	3524	4812	4433	295
电视	32801	20	303	2840	5736	10209	12605	1088
电影	10389	22	310	2018	3425	2639	1819	156
音像制作	10719	12	230	2502	2860	2796	2187	132
文化艺术业	51070	118	2134	11239	13428	12940	10193	1018
文艺创作与表演	19035	42	1090	5357	5206	4022	3040	278
艺术表演场馆	5044	11	178	1198	1640	1222	744	51
图书馆与档案馆	8377	7	120	949	2105	2623	2317	256
文物及文化保护	3074	14	104	571	765	900	644	76
博物馆	4697	7	119	684	1089	1367	1241	190
烈士陵园、纪念馆	1161	6	83	271	315	282	194	10
群众文化活动	4538	13	238	972	1115	1233	910	57
文化艺术经纪代理	1331	1	15	142	279	395	460	39
其他文化艺术	3813	17	187	1095	914	896	643	61
体育	13804	117	1084	4776	3409	2370	1881	167
体育组织	7668	49	556	2690	1702	1337	1207	127
体育场馆	4030	29	262	1231	1204	791	488	25
其他体育活动	2106	39	266	855	503	242	186	15
娱乐业	136481	717	11121	68315	39995	11751	4361	221
室内娱乐活动	87041	459	7529	46163	25081	6036	1701	72
游乐园	6126	40	562	2415	1875	820	384	30
休闲健身娱乐活动	26466	139	1780	12184	7834	3000	1461	68
其他娱乐活动	16848	79	1250	7553	5205	1895	815	51

2. 职称结构偏低

专业技术职务尤其是高级专业技术职务人员占从业人员的比例在一定程度上反映了本部门、本行业和本单位专业化的程度、人才的实力和发展后劲。从文化产业从业人员的职称状况来考察，中高级职称所占的比重较小，一些从业人员甚至没有任何职称。据文化部文化系统的统计数据来看，2002—2006 年，每年度没有任何职称的从业人员所占的比例高达 95%左右。到 2006 年高级职称人数所占的比例还不到 2%，中级职称人数的比例虽略高，但总体来看基本维持在 5%左右①。近些年，文化产业及相关产业从业人员的职称比例有所提高，但仍难以适应文化产业快速发展的需要。

① 黄春平：《中国文化产业人才发展报告》，载《中国传媒报告》，2008 年第 3 期。

3. 复合型人才奇缺

目前，文化产业复合型人才、创意人才和产业的领军人物更是稀缺，既懂文化又懂市场，同时具有宽广的文化视野、先进的文化理念和现代产业经营意识和能力的顶级人才可以说是凤毛麟角。有数据表明，文化产业核心领域中，传媒业从业人员虽达到60多万，但真正懂媒体经营管理的人才还不足1%①。目前我国的广播电视系统十分缺乏既懂文化又懂观众市场，既有宽广的人文视野，又有精深的产业理念的复合型的策划、管理人才。缺乏具有大型集团经营管理经验的人才，缺乏熟悉国际惯例和规则、擅长媒介市场运作、具有战略思维的外向型经营人才。这类人才的匮乏，使得我国没有专门的人才对中华优秀传统文化进行产业运作，导致西方文化产品大规模进入中国市场，而中国传统文化资源却在大量流失。

（三）文化产业人才资源总体短缺与区域分布不合理并存

2018年国家统计局统计数据表明，我国文化产业发展与经济发展格局基本相同，呈现东高西低的态势。从文化产业单位数量、从业人员数、营业收入、营业利润和利润总额的地区分布看，东部地区远高于中西部地区。具体情况见表7-7。

表7-7 分地区规模以上文化及相关产业法人单位基本情况

地区	法人单位数（个）	年末从业人员（万人）	营业收入（亿元）	营业利润（亿元）	利润总额（亿元）
北京	3848	51.32	9770.0	791.6	817.0
天津	974	11.08	2070.2	166.7	176.7
河北	1734	19.33	885.6	30.0	36.1
山西	335	3.72	171.3	0.2	3.1
内蒙古	251	1.94	105.1	−4.2	−0.4
辽宁	740	11.81	666.7	18.4	25.7
吉林	570	4.15	161.0	13.0	15.2
黑龙江	271	3.05	115.4	−4.5	−2.4
上海	2464	38.26	8742.8	627.2	675.4
江苏	7627	105.08	10817.8	686.2	720.7
浙江	4672	52.99	8627.6	1316.1	1361.9
安徽	2351	24.46	2437.8	177.1	185.0
福建	3389	44.55	4303.7	264.8	270.7
江西	1575	21.97	1548.5	123.8	125.3
山东	4803	65.66	6521.6	283.9	304.5
河南	3324	48.61	2060.2	146.5	155.3
湖北	2153	27.88	2657.0	179.9	188.5

① 张友臣：《关于我国文化产业人才培养的忧思》，载《东岳论丛》2006年第2期，第71～72页。

续表

地区	法人单位数（个）	年末从业人员（万人）	营业收入（亿元）	营业利润（亿元）	利润总额（亿元）
湖南	3526	45.58	3132.8	199.2	209.9
广东	7891	178.78	16679.5	1306.8	1332.2
广西	804	12.92	592.9	27.9	30.1
海南	150	2.39	269.5	40.1	40.0
重庆	1082	13.10	1309.5	95.9	101.1
四川	1811	25.87	3219.5	260.2	264.7
贵州	849	6.55	342.2	18.7	20.4
云南	763	8.36	761.3	65.2	69.5
西藏	30	0.24	11.4	0.7	0.8
陕西	1205	9.21	843.8	40.9	52.3
甘肃	325	2.74	119.3	0.8	3.1
青海	50	1.02	72.4	−0.3	0.9
宁夏	106	1.09	48.1	1.4	2.8
新疆	235	1.70	192.4	21.2	21.3
合计	59908	845.41	89256.9	6895.4	7207.4

统计表明，文化产业法人单位数量在省与省之间存在着非均衡发展的情况，法人单位数超过4000个以上的省份有广东、江苏、山东、浙江，而西部的西藏仅有30个，青海50个，宁夏106个。文化产业的从业人员数量在省与省之间也存在着非均衡发展的情况。文化产业从业人员数超过50万人的有广东、江苏、山东、浙江、北京，以上5省市占全国文化产业从业人员的53.68%。可以对比的是2018年西部的西藏0.24万人，青海1.02万人，宁夏1.09万人。可见，文化产业人才的地区发展存在着相当大的差距。这种状况的存在和经济区域发展的不均衡以及文化产业区域发展的不均衡有着重要的关系。东部地区经济发达省市吸引了大批文化产业人才，西部地区由于经济落后，大部分文化产业人才流失，从而也导致了东部文化产业的发展迅速、西部地区文化产业的发展相对落后。如不采取强有力的措施，这种差距将进一步扩大，不均衡、不合理现象将更加突出。

我国文化产业起步较晚，而文化产业人才发展起步更晚。文化产业人才的匮乏已经影响到文化产业的发展，必须加强文化产业人才的培养。发展我国文化产业的根本途径是迅速培养出一大批高素质、复合型的文化产业专门人才：一是要培养从事文化建设、文化产业发展的理论研究人才，二是要培养具有文化创造力的创意设计人才，三是要培养能把握市场经济规律、精通文化产业经营管理的人才。

三、我国文化产业人才队伍建设问题的成因

产生上述文化产业人才问题的原因很多，概括起来主要有人才观念较淡漠、管理

体制有障碍、用人机制不灵活、管理制度不规范、培养体系未建立、培训经费缺乏等。

（一）人才观念淡漠，重视程度不够

长期以来，我国在文化领域只讲文化事业而不讲文化产业，文化事业与文化产业作为两个不同的概念在2002年中共十六大时才被正式做出区分，才开始把大力发展文化产业作为我国全面建设小康社会的一项重要的战略任务。我国文化产业起步较晚，发展还不成熟，造成我国文化产业人才观念普遍比较淡漠。特别是在一些文化产业企业中，人才资源是第一资源的观念还没有真正被接受，市场竞争就是人才竞争的意识还不强，人才的重要性还没有引起足够重视。这些企业固守传统观念，只重视设备、厂房、土地等有形资产的增值，不重视人才的培养、引进、智力开发和素质提高等无形资产的投入；只重视项目、资金的引进，忽视对人力资源的开发。在人才的使用上，随意性也比较大，未能给人才提供发挥才能的工作岗位和条件，导致“英雄无用武之地”。另外，有些人才对单位、组织的依赖性较高，自我学习、自我培训和自我提高的意识不强，主动性不够，导致其素质和能力提高不快，适应不了文化产业快速发展的要求。这些现象归根结底都是没有树立起人才资源是第一资源的观念造成的。

（二）体制不够健全，机制不够完善

其一，事业观念的影响。我国大部分文化产业企业是从过去的事业单位转制而来，往往重行政指令、忽视市场运作规律、很少讲究经营管理技巧，因而具有现代企业意识和管理经验的文化产业人才短缺。

其二，从业人员自身的缺陷。现在的文化产业从业人员大多是在事业单位体制下成长起来的，受原来计划经济的影响，他们的市场观念和经营意识不强，很难适应现代文化产业的要求。

其三，国企体制障碍。现有文化产业单位绝大多数属于国有企业，由于传统体制性障碍，在人才使用和管理方面，人才资源很难得到优化配置，未能充分发挥应有的作用。

其四，体制不完善和执行乏力。最近几年，各文化产业单位也出台了不少制度来规范人才的管理，但没有得到很好的落实，特别是人才能进能出的流动机制尚未完全建立起来，仍存在人才自由流动渠道不畅、用人机制不活等现象。

其五，人才激励和评价机制不够健全。已出台的文化产业人才政策还缺乏具有针对性、可操作性强的指导意见，人才的收入分配、薪酬奖励、教育晋升、流动渠道、社会保障、能力激励和评价体系建设没有新突破，存在官本位和论资排辈等现象，难以激发文化产业人才的积极性和创造性。

其六，不少文化产业企业未制订人才队伍建设规划。对人才的培养、引进和使用缺乏长期规划和计划，统筹性、针对性和前瞻性较差，影响了文化产业人才队伍建设。

（三）人才储备不足，供需矛盾突出

在社会转型和文化产业蓬勃发展的大背景下，文化产业人才供应不足，高素质人才严重匮乏。

其一，由于我国的文化产业作为一个新兴的行业，发展历史短暂，原有文化人才储备本身就不足，当新的文化产业业态产生并快速发展之后，人才短缺现象不可避免。

其二，快速发展的文化产业对人才的需求远远超过学校和社会现有的培养能力，从而导致文化产业人才呈现供不应求的局面。

其三，文化产业人才总体素质和水平不高。尤其是能将优秀传统文化转入市场、将文化形成产业、将本土文化与国际商贸接轨的人才少之又少，创新型、复合型、外向型、协作型人才更是奇缺。

其四，不少文化产业单位还存在对人才重使用、轻培养的现象，导致人才发展后劲不足，潜能得不到充分发挥。

（四）教育体系不健全，培养方式单一

目前，我国文化产业人才的培养和培训体系尚处于探索阶段，还很不成熟，培养途径主要是高等院校的学历教育和社会力量组织的在职培训。从学历教育来看，尽管目前有些高校开设了文化产业相关专业，但是由于文化产业专业教育起步较晚，教学理论和实践尚处于探索之中，现行的教材、课程设置以及培养体系等与现代文化产业市场需求脱节，因此许多学校的教学还仅仅停留在专业知识的灌输上，培养出来的人才普遍缺乏市场意识和管理意识，缺乏实际所需的技能训练。而在职培训又存在培训规模小，培训内容相对比较单调，特色品牌不突出，专业化水平较低，专业师资匮乏、水平不高，培训效果并不理想等问题；政府、企业、院校以及其他社会力量各自组织不同的培训机构，致使培训力量缺乏有效的整合，培训层次偏低，培训效果不佳。政府、企业和学校在人才培养、培训方面缺少互动，产学研衔接不够紧密。

第三节　学校教育体系的建构

文化产业作为一门新兴的学科，发展历史很短。在计划经济体制下，我国只有文化事业而没有文化产业，因而高校没有设立文化产业类专业，更没有这方面的专门人才培养。21 世纪以来，随着文化产业的蓬勃发展以及对文化产业人才的需求不断增加，一些高校意识到设立文化产业专业对社会急需人才培养的重要意义，相继开设了文化产业经营与管理专业。

2000 年，北京大学文化产业研究院设立硕士点。2004 年初，教育部开始在全国试点开设文化产业管理本科专业，属于本科专业目录外的特设专业，学制四年，学生毕业后颁发管理学或艺术学学士学位。当年，教育部批准山东大学、中国海洋大学、北京广播学院（中国传媒大学）、云南大学等四所全国重点高校开设文化产业管理专业。2005 年 4 月，教育部论证确定了在全国开设文化产业管理的本科自学考试。2011 年，文化产业管理专业被纳入高等教育本科专业招生目录中。据不完全统计，到目前为止，北京大学、复旦大学、南京师范大学、浙江师范大学、对外经济贸易大学、上海交通大学、山东大学等开设文化产业管理专业的大学共近 140 所，初步形成了从专科、本科到硕士、博士及博士后，从全日制教育到非全日制教育、从“双一流”建设高校到

普通本科院校、独立学院以及民办高校等多类型多层次的人才培养体系，为我国文化产业的发展提供了人力资源。

高校作为教学和科研中心，拥有著名的文化品牌、深厚的文化传统、雄厚的知识储备、人力资源和技术条件，在人才培养上具有先天的优势，培养各类高级专门人才是高等学校首要的功能与职责。2016 年 4 月，习近平总书记在致清华大学建校 105 周年贺信中指出："我国高等教育要紧紧围绕实现'两个一百年'奋斗目标、实现中华民族伟大复兴的中国梦，源源不断培养大批德才兼备的优秀人才。"2018 年 9 月，习近平总书记在全国教育大会上讲道："要提升教育服务经济社会发展能力，推进产学研协同创新，着重培养创新型、复合型、应用型人才。"当前，我国正处在经济转型升级、文化产业快速发展的关键时期，高校能否培养出能适应文化产业大发展需求的各方面的专业人才，将成为夺取文化产业未来制高点的决胜因素。

一、高校文化产业人才培养存在的主要问题

虽然近年来我国高校在文化产业人才培养方面有突破性的进展，但由于我国文化产业专业人才培养起步较晚，同时文化产业的复杂性导致它对人才需求具有特殊性。因此，目前快速发展中的文化产业人才培养还存在诸多问题，无法满足当今社会对文化产业人才的需求，概括起来主要有以下方面的问题。

（一）文化产业学科体系尚未形成

文化产业人才的培养必须与文化产业人才市场的需求紧密结合，与具体的文化产业业态相结合。但目前我国文化产业人才教育存在学科体系不健全、学科定位不清晰等问题，导致人才培养与产业发展实际不适应，培养目标不具体、市场对接不紧密，致使培养人才与社会需求脱节。

1. 学科体系不健全，学科定位不明确

作为一门交叉型学科，文化产业的学科归属问题至今没有得到根本解决，没有建立与文化产业市场发展相适应的人才培养学科体系，这严重影响了文化产业人才的培养。

文化产业在我国兴起于 20 世纪 80 年代中期，但直至 2004 年教育部才审批通过北京广播学院、山东大学、中国海洋大学和云南大学设立文化产业管理专业，2005 年教育部才论证确定文化产业管理的本科自学考试。目前，在教育部普通高等学校本科专业目录中，虽然文化产业管理占有一席之地，并被划分在学科门类（12 管理学）的一级学科（1202 工商管理类）下的二级（120210 文化产业管理，可授管理学或艺术学学士学位），但文化产业、文化产业管理学科并不在教育部本科专业的一级学科、二级学科目录中。

近几年，文化产业相关专业的开办数量迅速增长，办学层次也已经由本科上升到硕士、博士研究生。但由于教育部关于文化产业在研究生学科体系中的归属没有明确，因此，各高校的文化产业专业在研究生学科体系中的归属基本上处于各自为政的状况。目前，在研究生教育体系中的文化产业及相关学科和专业，只是通过学校学科增列为二级

学科而定位，有的学校是由某一级学科直接增列的二级学科，有的则是由多个学科交叉而成的交叉学科。截至 2019 年 5 月，由教育部备案增列的二级学科和交叉学科详见表 7-8。

表 7-8　学位授予单位（不含军队单位）自主设置二级学科和交叉学科中增设文化产业及相关专业学校名单（截至 2019 年 5 月 31 日）

<table>
<tr><td colspan="3">一、普通高等学校自设二级学科名单</td></tr>
<tr><td>学校名称</td><td>增设学科</td><td>依托的一级学科</td></tr>
<tr><td>首都师范大学</td><td>中国语言文学</td><td>文化产业</td></tr>
<tr><td>对外经济贸易大学</td><td>公共管理</td><td>文化产业管理</td></tr>
<tr><td>浙江大学</td><td>新闻传播学</td><td>文化产业学</td></tr>
<tr><td>江西师范大学</td><td>中国史</td><td>传统文化与文化产业</td></tr>
<tr><td>山东大学</td><td>管理科学与工程</td><td>文化产业管理</td></tr>
<tr><td>青岛科技大学</td><td>工商管理</td><td>文化产业管理</td></tr>
<tr><td>齐鲁工业大学</td><td>设计学</td><td>设计文化产业</td></tr>
<tr><td>山东师范大学</td><td>中国语言文学</td><td>文学与文化产业管理</td></tr>
<tr><td>长江大学</td><td>工商管理</td><td>文化产业管理</td></tr>
<tr><td>武汉轻工大学</td><td>工商管理</td><td>文化产业管理</td></tr>
<tr><td>四川大学</td><td>艺术学理论</td><td>艺术生产与文化产业</td></tr>
<tr><td>西华大学</td><td>工商管理</td><td>文化产业管理</td></tr>
<tr><td>云南大学</td><td>民族学</td><td>民族文化产业</td></tr>
<tr><td>西南林业大学</td><td>工商管理</td><td>民族文化产业管理</td></tr>
<tr><td>西安建筑科技大学</td><td>公共管理</td><td>文化产业管理</td></tr>
<tr><td colspan="3">二、普通高等学校自设交叉学科名单</td></tr>
<tr><td>学校名称</td><td>增设学科</td><td>依托的一级学科</td></tr>
<tr><td>山西财经大学</td><td>文化产业管理</td><td>应用经济学、管理科学与工程、工商管理</td></tr>
<tr><td>华东政法大学</td><td>文化产业管理</td><td>应用经济学、公共管理</td></tr>
<tr><td>苏州大学</td><td>媒介与文化产业</td><td>应用经济学、中国语言文学、中国史</td></tr>
<tr><td>中国海洋大学</td><td>文化产业管理</td><td>应用经济学、海洋科学、工商管理</td></tr>
<tr><td rowspan="2">济南大学</td><td>文化产业管理</td><td>应用经济学、管理科学与工程、工商管理</td></tr>
<tr><td>文化产业史</td><td>应用经济学、社会学、工商管理</td></tr>
<tr><td>山东财经大学</td><td>文化产业管理</td><td>应用经济学、工商管理、公共管理</td></tr>
<tr><td>武汉大学</td><td>文化产业管理</td><td>应用经济学、公共管理、
图书情报与档案管理</td></tr>
<tr><td>华中师范大学</td><td>文化资源与文化产业</td><td>中国语言文学、中国史、
管理科学与工程、公共管理</td></tr>
<tr><td>中南大学</td><td>文化产业学</td><td>哲学、法学、工商管理</td></tr>
</table>

续表

学校名称	增设学科	依托的一级学科
湖南师范大学	文化产业管理	中国史、世界史、工商管理
暨南大学	文化创意与文化产业	应用经济学、中国语言文学
陕西师范大学	文化资源与文化产业	中国语言文学、中国史、地理学

由这些学校文化产业专业二级学科或交叉学科的增列情况可以看出，一般是按照自身教育资源及学校师资的客观条件来考虑专业的归宿和发展，在教育指导思想、培养目标定位、课程体系、教学方式与手段等方面均存在着明显的差异。

目前，各高校文化产业专业大多是在原有的中国语言文学、中国史、文化艺术管理、公共管理、新闻传播、历史学以及工商管理等专业的基础上转化而来的。由于学科惯性，在课程设置上具有较强的路径依赖特征，表现为“有什么设什么”，因此专业归属更是五花八门。如有的文化产业专业在历史学院、文学院，有的在经济学院、工商管理学院，有的在新闻学院、艺术学院，如此等等，不一而足。其结果是文化产业学科不能自立门户，只是寄人篱下，处于现有学科的边缘地位，其发展前景堪忧。

文化产业学科专业归属不明问题的深层原因是：作为一个学科来讲，对文化产业的经济属性、文化属性、社会属性以及与现存体制与机制的关系缺少深入的探讨和明晰的认识，还没有真正建立起自己独立的话语体系。教育主管部门缺乏对高校文化产业学科地位和整体发展的研究，各高校对文化产业学科发展缺乏战略思考，人才培养模式缺乏顶层设计。在这样的背景下，学科归属是不可能明确的。文化产业专业本科招生挂靠在其他一级或二级学科之下，研究生的招生也没有明确的归属，这导致学科发展受到限制，培养的人才与文化产业市场需求相去较远。

2. 培养目标不具体，学科体系不清晰

由于受文化产业快速发展的激励、教育管理体制的影响和经济利益的驱动，近十年来，我国高校文化产业发展呈现两大趋势：一是专业设置盲目跟风。目前，已经有100多个高校开设了文化产业类专业，这导致专业设置的重复性很高。一些高校没有重视社会发展的需求，盲目开办文化产业热门专业，由于专业方向特色不鲜明，开设的专业与产业链脱节，致使出现“你培养的不是我需要的，我需要的你没培养出来”的尴尬情况。二是招生规模盲目扩张。学校在确定文化产业招生规模时，存在对文化产业人才市场需求调研分析不够，没有建立与文化产业社会需求相适应的供求关系等问题，出现学校不顾文化产业人才业态的具体需求、不顾自身的办学条件，盲目扩大招生规模的现象。这导致人才培养质量不高，最终导致一些学生毕业时学非所用，甚至毕业生就业困难。

各高校盲目开办文化产业专业和盲目扩大招生规模的深层次原因在于经济利益驱动。因为文化产业类（尤其是与艺术相关的专业）学生学费比普通专业学生学费高得多，学校及有关部门在没有认真分析文化产业人才市场的实际需求的状况下，盲目进行专业上马，盲目扩大招生规模，导致高校的文化产业专业人才培养模式呈现趋同化，文化产业人才跟不上文化业态的变化。这种学校教育与市场脱节的做法对文化产业人才的培养是极其有害的，要改变文化产业人才培养的这种状态，教育界还需从学科定位和市场需求出发，合理布局，高校还需要根据自身的条件，扎实办学，只有这样，才能培养出一批具备真才实学的、真正为市场所需要的文化产业人才。

（二）文化产业教学体系建设滞后

我国文化产业虽然已经有二十多年的发展历史，取得了很大的成绩，但是由于学科归属、学科体系的问题没有真正得到解决，因此，到现在为止，我国文化产业学科自身还没有形成较为成熟的教育教学理论体系。

1. 理论教学缺乏系统性

由于文化产业自身的复杂性和多学科交叉的特点，至今为止教育部对其没有明确的学科定位，也没有组织编制全国统一的文化产业教学大纲和教材，因此，各高校在文化产业的教学方案、课程设置和教材使用上进行了百花齐放式的探索和试验。

首先，课程设置没有统一的标准，具体设置随意性较强。许多高校多是基于本校现有的师资力量和优势专业来自行设置专业和开设课程的，因此，在课程设置上具有较强的随意性。例如，有的大学文化产业专业开设课程有艺术概论与美学、文化产业概论、文化经济学、新闻与传播学、编辑与出版发行、表演艺术与经营管理等；有的大学则侧重于学生管理能力的培养，开设文化产业导论、管理学原理、文化产业投融资管理、动漫与网游产业管理、文化娱乐产业经营管理等课程；还有些大学开设的是文化资源学、管理学原理、民族艺术与文化、美学概论、社会调查与方法、会展策划等综合性课程。可见，各高校的文化产业人才培养方案中所开设的主干课程不仅缺乏统一性，更重要的是缺乏专业的方向性，地域性特色不鲜明。

其次，教材使用没有统一的要求，具体使用时多是各自为政。由于教育部没有就文化产业专业组织编制统一的教学大纲和指定统一的教材，因此各高校在教材的编写和选用上也是各自为政，各高校自编教材往往忽视文化产业人才培养的基本要求，缺乏科学性与严谨性，这使得学生知识结构的完整性和系统性受到严重影响。浙江传媒学院的“全国文化产业管理专业学科建设”课题组编制的《全国文化产业管理专业学科建设分析报告》认为，文化产业人才培养存在的比较具体的问题表现为：教学计划的逻辑性、合理性和延续性有待进一步加强；全国尚缺乏一套内容规范、权威性强的统编教材；博士、硕士等高层次专门人才目前较为稀缺；理论教学、实践教学和素质拓展三大教学体系尚不健全，尤其是实践基地的建设严重滞后于人才培养的需要。

2. 实践教学脱离实际

高校是培养文化产业人才的主阵地，由于产业理论研究和实践发展的错位，我国文化产业人才培养在专业教学上存在教育观念陈旧、理论与实践脱节的问题，缺乏对学生独立思维、创意创新能力的培养。

首先，教学上重理论、轻实践。受传统应试教育和学科本位的影响，目前文化产业专业的教育强调文化产业理论学习，以文化产业学科体系为线索，重点传授文化产业学科前沿的理论知识。这种人才培养模式能充分发挥专业教师的主导作用，在较短的时间内把文化产业管理知识系统地传授给学生，让学生的专业基础知识更为扎实牢固，增强了学生的研究能力。但这种人才培养模式存在重知识积累、轻动手操作的弊病，基本上都是从理论到理论，用理论取代了实践环节，宏观知识讲得太多，学生所学专业理论未能有针对性地指导专业实践，培养出来的学生属于研究型人才，很难与市场对接。

其次，专业实习形式大于内容。尽管有些学校也设定了文化产业实践教学环节，但总体上看形式大于内容。学校内的实践中真正让学生动手操作的训练环节较少，内容窄，有的学校甚至以理论讲授代替实践环节。教学实习活动不仅是专业理论与实践结合从而提高学生专业技能的重要途径，也是学生的学校学习与就业对接的关键环节，但许多学校并没有按照文化产业人才培养的要求和文化市场的运作规律有针对性地进行社会实践教学，一些教学实习活动也大多是走马观花式和现场观摩式的，缺乏现场参与式的专业技能训练，学生参与市场实践的力度不够，缺乏实践能力和创新能力，与文化产业人才市场的实际需求差距较大。

3. 教学内容非复合型

首先，理论教学碎片化。很多高校在设置人才培养方案时，只注重专业知识技能的灌输，忽视学生文化素养的培养和对“大文化概念”的把握。在现阶段的教学环节中，常规的文化产业教学内容重在让学生对中外文化了解，对法律法规认识，对双语能力把握等一些基础性问题上，真正涉及文化产业的创意、经营、管理的内容不充分，对学生的实际操作能力的培养不够重视。不仅如此，现在的文化产业理论教学还将那些原本具有整体性意义的文化产业基础理论问题强行分解成单一学科问题，解决这些问题的学术工具也因此被局限在某个学科的视野内，从而使这些基础理论问题失去了本来的价值，或者由于研究方法的局限性而难以对症下药地解决问题。致使所培养的人才学科知识结构单一，懂文化的不懂经济、懂经济的不懂文化，懂技术的不懂艺术、懂艺术的不懂技术，动手能力差，无法与市场对接，难以适应文化产业发展的实际需求。

其次，培养要求同质化。由于高校专业划分过细，院系与专业之间缺少交叉融合，不能培养既有宽广的人文视野，又有精深的产业理念的复合型经营管理人才，培养出来的人才同质化现象严重。值得注意的是，在强调培养复合型人才的同时，有些高校又追求培养目标的宽泛性，简单地要求培养出大而全的人才。由于文化产业的包容性很强，包括新闻、广播、电视、电影、网络文化、出版、文化旅游等，而且随着文化与经济、文化与技术的进一步融合，文化产业的边界还会进一步拓展，因此，文化产业对人才的需求是具体的，各个门类对人才的要求也不同，任意一个专业不可能培养出适合文化产业所有行业的人才。

出现上述问题的主要原因，一是对于文化产业的基础理论和知识结构以及对国际文化产业学科发展的前沿研究不足，导致学科定位不清晰、教学要求不具体等现象普遍出现。二是文化产业专业课程内容的开发、教学方式的更新、教学效果的评估等没有及时地被纳入人才培养方案中，导致课程设置缺乏完整性和系统性。三是目前对于文化产业专业教学的评价指标不具体，教学评价还存在单一化、数量化的倾向，忽视了教学特色、个性化教育教学模式的评估。

（三）文化产业师资数量和质量都不高

当今，文化产业高质量发展对人才培养的素质和层次都提出了更高的要求。由于文化产业属于新兴产业，文化产业专业是新兴专业，到目前为止，我国尚没有形成一支数量充足、素质优良的文化产业专业教师队伍。师资力量不足和专业素质不高已经成为制约文化产业人才培养的主要瓶颈。

1. 师资数量不足，专业教师缺乏

作为一个国家积极鼓励大力发展的新兴产业，文化产业的迅速发展急需大量专业人才，这激发了各高校兴办文化产业专业的热情和扩大招生规模的积极性。然而，作为一门新学科，专业师资的培养与储备严重不足，各高校兴办文化产业初期的师资队伍中，文化产业专业教师是从其他专业转入的，他们没有文化产业专业的教育背景，之前他们大部分是管理学、经济学、历史学、文学、艺术学等领域的教师，虽然文化产业专业有学科交叉的特点，这些教师在学科的大背景上与文化产业专业有些关联，但也存在学科转向和知识更新问题。他们缺乏系统的文化产业知识的积累，更谈不上对文化产业现实状况和运作实践的把握，他们的文化产业专业教学，是通过自己课前先学习相关理论知识，然后再传授给学生的"现学现卖"而完成的。因此基本形成了"改行的教科班的，行外的教行内的，跨专业的教本专业的"局面。近年来，虽然有一批毕业于文化产业及相关专业的硕士、博士毕业生陆续充实到各高校文化产业专业师资队伍中，逐渐改善了文化产业教师的专业化比例结构，但这些新来的师资从学校到学校，没有在文化企业或文化市场上锤炼的实际经验，市场意识和职业岗位能力不强，一时难以胜任教学。另外，文化产业专业教师队伍数量不足，生师比较高也成为很严重的问题。

2. 教师素质不高，教学动力不足

从教师来源看，一方面，通过行政调配从其他专业转入文化产业相关专业担任教师，虽然不同学科背景的学者因为共同的文化产业人才培养事业走到了一起，但他们中有许多人不能积极地吸收其他教师的专业优势和特长，固守着以前的专业领域，转型的主动性不够，往往各自为政、画地为牢、各显其能，很难在文化产业专业基础上进行学科之间的交流借鉴和渗透融合。另一方面，新引进的一些高层次的人才，一部分来自文化产业实践一线，虽然实践经验丰富，但理论功底又显不足①，还有一部分来自理论研究领域，理论储备虽然深厚，但技术应用能力和实践动手能力较弱。总体来看，目前文化产业专业"双师型"教师比例偏低。从教师职业培训来看，由于学校文化产业专业教师数量偏少，许多专职教师走上岗位后，忙于学校内的教学科研工作，很少有时间到相关文化企事业单位进行在职锻炼，也很少与文化产业人才需求单位有直接联系，使得这些教师的专业教学内容陈旧，培养的人才素质达不到用人单位的要求。从

① 林嵒：《高校文化产业专业人才培养模式现状与选择》，载《理论学刊》2008年第4期，第107～109页。

教学效果来看，部分高校文化产业专业教师受传统专业观念的制约，受抱残守缺思想的影响，适应新形势的紧迫感不强，对新知识兴趣不足，惰于更新与补充知识，依旧沿用“老一套”，教学内容往往陈旧、死板、单一。教学方法和手段落后，基本上是“满堂灌”和照本宣科式。考查方法单一，以闭卷考试为主。整个教学只重视教师的主导作用，而忽略学生的主体地位，这样的教学不可能培养出具有复合型知识结构和创新型思维能力的学生。

影响高校文化产业专业师资队伍建设的重要原因之一是缺乏科学的教师评价体系。各高校对校内教师的绩效评价体系，普遍存在重科研、轻教学的现象。比如在教师职称评定上，科研成果量化占比往往很高，而对教师的教学能力和教学效果重视不够。另外，作为应用性的文化产业研究，由于与传统的学术研究有一定差别，在进行工作绩效评价时很难被承认，导致了重学术、轻应用的倾向。这些都使得文化产业教师队伍建设与文化产业高质量发展的要求不相适应。

（四）文化产业教育理论研究相对滞后

文化产业学是一门综合性、实践性强的学科，无论是文化产业行业自身的发展，还是文化产业专业人才培养，都有许多理论和实践问题亟待研究。但目前我国文化产业的相关理论研究远远跟不上产业实务的发展，这导致文化产业实践中很多急需解决的现实问题无法用理论来指导。从人才培养的角度来看，文化产业理论研究存在以下不足：

1. 没有形成相对成熟的理论体系

文化产业是一个新兴的产业部门，因此文化产业的学术研究整体上处于起步阶段，表现为对文化产业性质和规律的认识还处于逐步深化过程中，没有形成相对成熟的理论体系和研究框架，对于文化产业的基础理论和知识结构以及对国际文化产业学科发展前沿研究不足，全国还没有形成一支成熟的文化产业研究队伍。

首先，跨学科的综合研究不足。作为一门新兴学科，具有跨专业、跨学科的复杂特点，文化产业所涉及的产业领域宽泛而庞杂：新闻出版、广播电视、会展策划、电视电影服务、演艺产业、体育旅游，等等，在理论基础、研究方法上又与经济学、管理学纵横交叉。经济学和管理学的研究严重欠缺；研究方法以定性研究为主，很少有定量分析；微观层面的研究急需强化，跨学科的研究有待加强。

其次，科研运用机制尚未建立。文化产业研究的动态反馈机制尚未构建完成，产业实践的问题梳理、成败得失的理论总结、发展前景的前瞻性探索都不是迅速的、跟踪式的、长效式的，难以为国家经济战略、教育顶层设计提供宏观调控的学理依据。

2. 没有用科研成果促进教学

现代社会，科技革命更加迅猛，全球化更加明显，信息流动更加迅速……身处这样的社会中，高校文化产业专业发展需进行相应的变革，需要调整专业结构设置，以突出人才的国际视野、信息素养、学习能力及全面素质，但是，目前高校没有及时在文化产业人才培养理念层面变革自我。

首先，对教育基本理论研究不足。文化产业竞争力的源头在于人才竞争力，人才竞争力的源头在于教育竞争力。国家文化产业人才的培养教育迫切需要理论的支持，重视文化产业具体实践中的问题研究，忽视文化产业人才培养和教学中的问题研究，文化产业学术研究的欠缺导致了文化产业人才培养教育上的学科和专业定位不清晰、人才培养目标不明确、现存的人才培养体制与机制不能完全适应文化产业发展的需要，这就为人才的培养造成了很大障碍，影响了人才培养的质量和水平。因此，文化产业的科学研究，必须从学术研究和教学研究两个方面来进行，开展全方面、多层次、跨学科的研究，针对我国文化和文化产业发展现状进行研究，切实解决文化产业以及文化产业人才培养中的重大问题和热点问题。在为政府文化政策决策提供咨询和理论支持的同时，培养高层次、高学历、高素质的文化产业应用人才和科学研究人才。

其次，对学生科研能力的培养不够。目前我国文化产业领域的突出问题是文化产业人才缺乏创新能力。对学生进行科研训练是培养学生创新能力的主要手段，科研训练的目的，在于使学生对本专业的知识进一步深化，培养学生综合运用所学的基础理论、专业知识、基本技能的能力，提高其分析、解决实际问题的能力。它是专业教学的一个重要环节，也是对其他教学环节的扩展、综合和深化。因此，科研训练对于人才培养质量的影响尤为重要。为此，在培养学生的过程中，应该要求学生尽可能多地了解文化产业的发展动态，了解当前业界存在的亟待解决的新课题、新情况，让他们参与到文化产业的科学研究中来，积极思考问题和解决问题，培养自己的创新能力。

出现这类问题的主要原因是文化产业作为新的学科发展历史不长，研究基础相对薄弱，研究人员整体数量很少，既懂得文化产业行业实务、了解文化产业发展实际，又有文化产业教学经历和经验、有研究兴趣和能力的人更少。因此，无论是对文化产业整体理论的系统建构，还是对具体的文化产业教育与培养理论的研究都显得很不足。

二、高校文化产业人才培养改革

高校是国家文化建设的重要基地，是人才培养的摇篮，它们拥有其他社会单位所不具备的文化发展资源优势，集中体现为大学著名的文化品牌、深厚的文化传统、一流的教学和科研人才、先进的图书馆和设备设施，等等。因此，大学作为相对独立的文化单元，在文化产业人才培养上具有特殊的地位和作用。随着文化产业的发展，加强文化产业学科建设，加快高校文化产业高级专门人才的培养，已成为我国文化建设和教育发展的重要内容之一。

（一）正确定位人才培养目标

文化产业专业人才培养的总体目标和要求是：培养具有良好的文化素质和高品位的文化鉴赏能力，掌握文化产业的经营特点和运作规律，了解国内外文化发展趋势，具备现代管理、经济和文化基础知识，能在文化产业、媒体及政府机关、企事业单位相关部门从事文化管理、文化经营、文化产业项目策划以及文化经济、贸易、咨询和国际文化传播等工作的高级专门人才。

1. 准确定位文化产业学科，构建科学的学科体系

自 2009 年国务院审议通过《文化产业振兴规划》以来，我国的文化产业学科蓬勃

发展，来自文学、历史、艺术以及管理学等不同学科的专家学者带着理论自信和实践勇气聚集在一起，从产业角度对文化进行研究，将文化产品的生产、流通和消费领域作为研究对象，学科边界在讨论中逐渐明晰，前沿研究领域产生了一大批原创性的理论成果，也组建了具有权威性的学术组织来开展持续有意义的学术活动，培养的人才已经在高校、科研院所以及相关企业发挥重要作用，这一切都标志着文化产业学科正在从萌芽走向成熟。文化产业的蓬勃发展，文化产业学科的成熟以及社会、市场对文化产业理论、实践、研究方法日益增长的需求，成为一种倒逼力量，迫切要求在教育部的学科门类中找到定位、得到认可，使文化产业进入学科目录，并在此基础上建立起一个规范、稳定、系统、开放并有机统一的学科体系，从根本上解决文化产业学科归属与学科建设的混乱现象。

2. 坚持因材施教原则，实施分层分类培养

文化产业自身的实践性、应用性和创新性特点决定了文化产业人才必须是应用型、复合型、创意型和国际型人才。

其一，应用型。所谓文化产业应用型人才的培养，主要是强调文化产业人才必须掌握文化产业的有关实用知识和技能，注重培养和提高各种实践能力，如社交能力、表达能力、实际操作能力、文化创作和鉴赏能力、信息技术和数字化技术应用与操作能力、组织管理能力等。特别是针对大部分学生的培养规格，在具备了一定理论基础的前提下，突出专业方向和实践能力培养，使其具有岗位针对性强、工作上手快的优势和特点①。

其二，复合型。当代文化产业的发展要求培养大批复合型文化产业人才。这主要是强调文化产业人才应具有扎实的文化基础知识和良好的文化产业专业技能，文化产业人才培养必须按照“宽口径、厚基础”的要求，让部分学有余力的文化产业专业学生，在学好本专业的同时，按照个人兴趣爱好，通过“双学位”“双专业”“辅修专业”等方式，选择文化产业相关的其他学科或专业进行拓展性学习，使其发展更全面。

其三，创意型。培养文化产品的创意、策划、设计方面的人才，必须加强与创意策划有关的主干课程的学习，注重创新思维和创新精神的培养，加强文化创意实践能力的锻炼，使学生具有初步的产品设计研发创新能力，能够从事文化产品的研制、开发工作。

其四，国际型。为了适应经济全球化形势，文化产业高层次人才还必须具有国际化视野，能够结合我国文化产业状况的实际，把握世界文化产业的发展动向，具备跨国经营及走出去的知识和本领。同时加速培养针对文化产业方面的国际化经营人才、国际国内法律通识人才、高端外语人才、国际旅游人才、文化产业创意人才等。

培养高素质的复合型、应用型和创新型文化产业人才，首先，要改革不适应新形势的教育思想和观念，实现由专业素质教育观念向综合素质教育观念转变，由知

---

① 姜运生：《地方院校应用型本科人才培养模式研究与实践》，东北师范大学硕士学位论文，2006年10月。

识教育观念转为知识、能力、素质协调发展的教育观念。其次，在人才培养中应贯彻能力本位的原则，以培养学生的能力为核心。但能力的获得只有以知识为基础、以实践为途径方可实现，所以，文化产业人才的培养必须以传授知识为基础，以培养能力为核心，以形成素质为目的，建构文化产业人才知识、能力、素质三位一体的体系。

3. 坚持办学优势，以特色取胜

文化产业人才培养，要根据学校实际情况和人才市场对文化产业人才的要求，以文化产业价值链为基础，以突出地域特色、学校优势为切入点，构建文化产业人才培养的课程体系，以满足不同文化产业企业或环节对文化产业人才的需求。

其一，发挥学校优势，形成品牌。每个高校可以依托自身的学科、师资、课程、设施等优势开设专业方向，突出在某一领域培养学生的一技之长，让他们在某一方面掌握学理根脉，练就属于自己的“杀手锏”，形成自己的就业优势和创业路径。各高校文化产业人才培养应依据自身特点与优势实行差异化发展，用优秀人才和创新成果占领阵地，形成自己的办学品牌。

其二，对接区位经济，特色取胜。文化产业人才培养的最终目标是服务社会，为地方经济、区域经济、国民经济提供智力支持和人才保障。我国幅员广阔，地区性差异很大，区域经济社会发展具有不平衡性，各地文化产业的资源、基础、产品和市场均不一样，对文化产业人才需求的类型、规格也会有所不同。各高校可以依托所在的区域的优势文化产业，设置专业方向，为各高校所在区域的发展较快较好地培养文化产业人才。高校文化产业人才培养应该与所在地区、所在城市、所在省份甚至所在区域内文化企业的产业发展实际结合起来，根据所在区域的文化产业特点，有针对性地设计培养方案，安排课程重点，让培养的人才能直接为地方文化产业服务。各地的文化产业人才培养应该突出其区域性特色，坚持个性化发展，形成自己的办学品牌，使自己培养出的人才能够满足区位经济社会的发展需求。

其三，适应市场变化，供需结合。人才培养目标的关键看水平、看特色，落脚点在培养的人才满足社会需求的程度和服务社会的贡献率。各高校的文化产业人才培养目标，要参考国内文化产业发展情况以及经济发展的实际需求，做好文化产业专业需求市场定位，确立文化产业人才培养模式。文化产业专业在专业设置、课程设计和教学实施的过程中，必须立足实际，具有面向市场的开放意识，要与社会和经济发展的方向、水平和要求相一致，紧贴文化产业发展的趋势；必须以就业为导向，加强毕业生就业市场和生源市场研究，使专业定位、招生规模等都能按文化产业人才市场规律变化，并将社会经济对文化人才培养的需求，深化到培养管理的每一个步骤当中，使学生对知识的掌控按照预定的方向延伸发展。

（二）合理完善人才培养过程

从文化产业需求的角度出发，坚持通用型人才、专业性人才及复合型人才相结合的培养原则，抓好专业设置、课程结构，使用教材、教学实践等各教学环节，培养符合“宽口径、厚基础”要求，适应文化产业各个领域或子行业需要的人才。

1. 专业设置：把握目标与定位，突出优势与特色

文化产业人才培养既要培养能够进行原创性学术理论创新的高端人才，更要对文化产业直接操作人员进行技能培训；既要有文化产业的通识基础教育，又要有专业核心课程的系统化建设。文化产业专业设置，应注意准确把握人才培养的目标定位，充分考虑本学校的办学资源优势和学科背景特色，更好地为地方文化产业发展服务。文化产业的发展主要需要技术操作、创意创作、经营管理与战略研究三大类人才：技术操作人才的培养核心即与文化产业的直接需求密切结合；创意创作人才则需要了解市场、通晓文化产品生产和流通的基本规律；经营管理与战略研究人才应该按照“宽口径、厚基础”的要求，既有深厚的文化底蕴和艺术素养，又掌握现代经营管理知识和市场营销知识以及必要的信息数字化和网络技术，同时还必须具有国际化视野，能够结合我国文化产业状况的实际，把握世界文化产业的发展动向，具备跨国经营以及走出去的知识和本领。

2. 课程设计：强调综合性、渗透性和学科交叉性

文化产业学是一个开放性、交叉性、融合性的学科，它与经济学、管理学、传播学、艺术学紧密结合，同时依托资本、科学技术以及社会人文的发展。文化产业专业人才培养课程体系的建构是实现培养目标最直接的途径。要根据学校的实际情况和人才市场对文化产业人才职业岗位的知识与能力要求，以文化产业价值链为基础，以突出地域特色、学校优势为切入点，构建文化产业人才培养的课程体系，以满足不同文化产业环节对文化产业人才的需求。文化产业人才培养课程设置需要整合多学科教学资源，加强学科间的交叉与融通，应体现出综合性、渗透性、交叉性、实践性、专业性特点。课程中不仅要有文、史、哲、经、管、法等人文社会科学方面的内容，还应该有外语、营销、策划、宣传、制作、艺术设计、涉外资本运作等方面的教学内容，同时计算机信息技术等理工科知识的学习和实践训练也必不可少。要注意课程纵向、横向的交叉渗透，加强相关学科的相互渗透和相互结合，着力培养学生的实践能力，通过实践训练，培养学生独立获取和理解专业知识的能力、独立工作和协调工作的能力，提高创新能力；植根于当地特有的文化资源，开设具有地方特色的课程，更好地为地方文化产业发展服务；同时要加强综合教育，建立综合教育体系，使学生获得全面发展。

(1) 实现各课程群之间的协同与整合。首先，要从课程设计、教材编写和选择、师资培养及要求、课堂教学组织等环节入手，实现各课程群之间的协同与整合。专业课程设置要突出重点。文化产业人才的培养，需要整合多学科教学资源，对交叉型、复合型、应用型等人才的培养要在专业课程设置上突出专业特点。文化学课程群应当避免单纯讲述纯文化学视角的内容，要注重与文化产业发展历史及现实的关系；经济学课程群则应当特别关注经济与文化的交融趋势，关注经济学在社会文化、文化产业发展中的应用；经营管理类的课程必须特别强调文化产业的经营及管理，突出文化产业的特殊性。文化产业专业教育的特点应该是强调综合性、渗透性和学科交叉性，尤其是突出文化与技术的融合，注重理论联系实际。在众多学科专业的课程设置中，除注重基础课

程的教学外，各高校要根据自己的教学优长以突出自身特色、选择重点专业，全力构造“轴心培养、涟漪拓宽”的教学模式。

（2）教材的编写可以采取横向融合和纵向链接的方式。一方面，制定教育部文化产业教学大纲，并在这一大纲的统一指导下，打破专业壁垒，注重产—学—研结合，将不同专业、不同学校甚至不同行业的师资融合起来，按照统一的课程标准编写系统教材。另一方面，实现本、硕、博阶段教学内容的纵向链接。四年制本科教学是金字塔的基座，这一时期教材的学科划分不需要太精细，应该涵盖经济、管理、创意、技术等多科知识，以培养文化大方向的通识人才。硕士研究生阶段，可以采用系列教材，细分不同专业、不同研究方向，重点培养学生方法论的创新。博士研究生阶段应特别培养学生原创性学术研究的能力，注重学生的理论创新。

3. 实践教学：注重创新精神和实践能力的培养

对于文化产业专业教学来说，要坚决贯彻理论教学与实践教学相结合的原则，将实践教学环节纳入专业教学体系中，贯穿整个培养过程。实践性教学环节的课程建设，应追求质量的提高，保证有足够的实践教学时间。高校文化产业人才培养必须安排专业实习，如开展文化产业社会调查，走进文化企业，了解文化产品和服务的经营管理，参与文化创意、项目策划和资源开发，参加产品制作与市场营销。通过理论和实践相结合，培养学生的创新精神和实践能力，增强学生毕业后的适应能力。各高校在文化产业教学理念上要积极与现实接轨，要加强实习基地建设，要深入开展教学改革，整合学校和社会的资源，建立管理规范、形式多样的教学实习基地，积极探索与企业联合培养学生的途径，开展横向联系，与企业、事业单位联合办学，建立教学、科研、生产三结合的基地或联合体，为学生提供更多的参与实践的机会，通过实践更好地促进对所学理论知识的掌握，同时更有效地培养学生的应用能力和动手能力，为日后走上工作岗位提供丰富的实践经验。

4. 教学方法：实行开放式、启发式教学，坚持理论联系实际

首先，突出学生主体，实行启发式教学。教学的目的是教会学生学习，故学生应是教学的主体，教师是教学的主导，传统的单一知识灌输方式应转为培养创造力的启发方式。随着数字化时代的到来，学校应由对学生知识的传授向能力的培养转变，教师的作用由主导学生向引导学生转变，学生由被动的接受教育的主体转为主动学习的主体，学生应更努力追求获得知识的方法，教师应更注重方法论的教育。同时，文化产业的教学课堂要改革传统的教学模式，由封闭课堂教学向多维开放式教学转变，将单一的课堂教学扩大为学生自学、讨论、科学研究和实践，形成开放式教学模式。目前有的学校实施案例教学法和在大学本科学生中试行导师制，这既使教师面临压力与挑战，促进教师科研工作的开展，又能促进学生智力因素的开发、实践能力的提高。

其次，加强理论教学的融合导向。由于所涉及的学科基础广泛而分散，文化产业专业人才培养模式中往往会出现各个学科各自为政、各门课程之间互不协同的问题，难以形成专业教育的合力。因而，要注重发挥整合效应，形成各教学要素、各教学环节之间的合力，以有效提高人才培养的质量。在教育的整个过程中要融入各学科人文背景知识

和科学技术的共同学习，多方面全方位发展学生的知识技能，培养最终有能力进行创新作业的复合型人才。培养的学生要具有纵贯古今的文化视野，具有策划经营的文化理念，同时具有现代产业意识和经营思路，既懂文化又懂市场，既懂产业又懂法律，既懂国际贸易又懂英语，属外向型、创新型、复合型、协作型人才。

最后，加强实践教学的创新导向。文化产业专业课程应当更多地体现实践性、操作性的特点。为了更好地实现人才培养目标的要求，我们还应当紧紧围绕培养目标，切实抓好学生社会实践、专业实习、文化企业实习和毕业实习的实践性教学环节，有计划地安排学生深入文化产业的社会实践，循序渐进地培养和提高学生的实践能力。文化产业的重心是内容生产，而内容生产的核心竞争力是创新，因此创新型人才的培养是推动文化产业发展的核心力量。在教学过程中，要改革传统的以教师讲授为主的教学方式，探索多种教学手段，如聘请文化产业经营管理人员进行综合案例教学，利用案例分析、模拟训练、多媒体等现代教育技术组织教学，引导学生在实践中深化对知识的理解。应注重对学生创新能力的培养，强化学生的创新意识。教学方法上打破原有思维的框架和束缚，注重激发学生的学习创新思维、运用创新思维、训练创新思维、学会创新解决问题的方法。在教学实践中，注重营造创新氛围，加强学生批判能力和创造能力的培养，鼓励学生独立思考、大胆质疑，敢于标新立异，敢于别出心裁，让每一个有独特见解的学生有施展创意的舞台。

5. 教学手段：运用现代技术，实现教学方式的创新

（1）借助于“互联网＋”促进传统教学手段转化。“互联网＋”的运作理念为高校人才培养模式的创新指明了发展方向。在新时期，互联网改变的不仅是教学平台，教学方式的多样化也让学生感受到了“互联网＋”的优势。相比传统的人才培养模式，“互联网＋”教学理念的深入不仅能凸显学生的主体地位，还能给予学生足够的思考空间、实践机会。如慕课、翻转课堂等多种颠覆传统教学观念的教学方式，使文化产业教学课堂更加生动、有趣。同时互联网相比于传统的课堂讲授方式更具优势，可以打破地域、时间的限制，实现学生随时随地学习的需求。

（2）利用“互联网＋”实现校企资源共享。“互联网＋”具有实时性、开放性的特点。高校可以充分应用“互联网＋”的理念，形成专业优势互补，达到资源共享的状态。通过互联网还能够实现教学资源的整合，方便校企之间的信息交流。另外，通过互联网平台，可以帮助学生实现与企业的在线互动。在“互联网＋”时代，信息的共享、实时交流为“产—学—研”文化产业人才培养模式提供了更加便利的条件，高校完全可以借助企业的优势，将实践课堂放置于企业实习活动中，以此提高学生的综合实践能力。此外，高校还可以借助企业的优势资源，实现课程开发、教学改革，如高校可选派教师深入企业中，协助企业完成项目开发和研究，从而使教师能够根据实际的工作需求创新教学模式。

（3）培养教师的技术教育能力。培养文化产业人才，不仅要求教师具备较扎实宽厚的理论基础，而且要求教师具备一定的技术应用能力，掌握技术在文化生产中的应用状况，了解技术与文化融合的发展趋势。教师要能够熟练地运用各种教学手段和设备，在

课堂和实训室中创建职业岗位情景，引领学生在掌握技术规范的具体体验中，感受专业理论知识在实践中的作用，促进学生对理论知识的探究；教师要能够将文化产品策划创作、生产、营销、延伸开发等环节创建为学习环境，让学生亲眼看见文化和技术结合并通过文化产业链完成“文化增殖”的过程，体验通过岗位工作将文化和技术转化为文化产品和服务并成功的快感，训练学生的技术应用能力，培养其职业素养。

（三）培养专业教师，提升教师素养

1. 加强学科之间的融合

知识、能力结构的复合型和“双师型”是师资队伍的重要特征。文化产业学科的融合性、多样性、交叉性对专业教师的学科背景有着较高的要求，教师既要有理论创新的能力，又要具备从业实践经验。作为文化产业专业的教师，其特有素质主要体现于教师的知识应用能力、技术实现能力、实践组织能力、协调合作精神和文化创新能力。教师理论创新能力是创新型人才培养的重要基础，而行业实践经验是创新型人才培养的实践基础。文化和艺术类学科背景的教师应注重经营管理和科学技术的学习钻研；反之，信息技术、管理以及网络技术教师也要懂得艺术、文学发展、传播的基本规律。不同专业不同特长的教师之间加强彼此合作与交流，成为复合型教师。

2. 要与文化产业市场密切接轨

教师应该将课堂教学与社会实践紧密结合起来，才能培养出实践能力较强的专业人才。教师应一方面从事文化资源与文化产业管理方面的理论研究，另一方面与企业市场密切联系，进行文化产业个案研究和市场调查，锻炼实际操作能力。通过大量的案例分析与运营，熟悉产业运营规律，缩短与文化产业市场接轨的适应周期，使自己成为“双师型”教师。鼓励专业教师特别是业务课的教师去当地或者文化产业发达地区（有条件的）去短期实践、考察或者工作，掌握文化产业的实际发展情况；积极鼓励和支持老师参加各种相关的学术活动和文化产业实践（兼职）活动；还要聘请业内人士到学校教学、讲学、讲座，聘请其担任客座教授。

3. 建立跨学科的实验实践平台

打破学科之间的壁垒和学校院系的边界，在教师、科研人员以及企业的管理人员、技术人员之间建立一个相互了解、平等对话和合作研究的开放性实体性研究平台。在此基础上，以具有跨学科视野的文化产业学科带头人为核心，以文化产业研究中的重大基础性研究项目为纽带，以文化产业跨学科人才培养平台的软硬件设施为支撑，通过跨学科团队的通力合作，培养高素质的文化产业跨学科人才。

4. 与国际接轨培养国际化人才

如为了培养国际化的文化产业人才，高校应该在文化产业人才的培养过程中，把国内培养与国际交流相结合，通过学习国外文化产业先进技术和管理模式来提升文化产业人才的自学能力、研究能力、创造能力、表达能力、团队协作能力与组织管理能力，从而培养出具有国际化水平的文化产业人才。在培养本土师资的同时还要积极引进外来师资，为本土师资注入新鲜的血液，从而带动本土师资的成长，此外还可选派教师去国外深造，学习外国文化产业管理专业的精华来改善本土文化产业的不足。

（四）探索产学研一体的人才培养模式

1. 探索集科研、教育、生产于一体的文化产业人才培养模式

产学研结合的文化产业人才培养模式是一种集科研、教育、生产于一体的人才培养模式，它要求高校紧贴文化产业发展的趋势，立足实际、面向市场，开展横向联系，引导产学研合作。首先，积极与文化企业联合，建立教学、科研、生产三结合的基地或联合体，在文化企业设立实习基地，合作开展人才培训，推进企业、学校与研究机构的联合培养，提高人才培养的质量和水平。其次，与有经验的文化企业或创意机构联合起来，建立研学交流机制，加强以市场需求为导向的项目研发、基地建设和园区涵育，保障相互之间的信息流动、成果流动、人员流动，整合社会资源，为文化产业的学科建设储备力量。

2. 探索复合型、应用型、创新型三结合的文化产业人才培养模式

文化产业自身的实践性、应用性和创新性特点决定了其学科的产学研培养导向。首先，产学研文化产业人才培养模式要提高学生的综合实践能力，高校具有其他所有企事业单位所不具备的学科平台，将这些学术资源整合起来，充分融合不同专业的教学模式、思维方式和研究范式，作为学科研究的基础资源，加快复合型与应用型人才的培养。其次，加强校内实习基地和实验室建设，包括电子商务实验室、信息技术实验室、网络实验室、数字化技术实验室、文化创作室等的建设。以高校科研团队核心，开展与企业、政府相结合的项目实践活动。最后，扩大学校的开放度和社会化，发挥科研院所、高校的智力资源优势，鼓励和支持师生与企业建立互动、互助、互促的关系，鼓励其参与社会（企业）调查、参与研究咨询、凝聚各方力量，培养精英团队和领军人才。

3. 探索学校与社会、师生与生产劳动、理论与实践三结合的人才培养途径

学校与社会的结合具体表现在学校应与文化企业建立互惠互利的协作关系：要有计划地对文化企业人才需求情况进行调查，保证文化产业专业在一定时期内的方向性；要定期对专业人才培养目标进行分析，保证毕业生对岗位的适应性；按文化企业需求设计教学计划，保证教学内容的针对性；与文化企业联合开展技术应用项目开发，保证师生技术应用能力的持续提高和教学内容的应用性、新颖性；开发实训基地，保证教育教学的实践性；开展学生就业指导和聘用工作，保证毕业生就业渠道的稳定性。因此，高等院校应在文化产业实践教学、教师及员工培训、技术改造、新产品开发、毕业生就业等方面与企业开展广泛合作①，探索出市场与高校教育的对接点，使高校的文化产业人才培养目标更加接近市场和企业的需求。

第四节　在职培训体系的建构

利用高等院校和科研机构的力量培养文化产业高层次人才，固然是解决我国文化

---

① 华容：《基于产学研联盟的应用型本科院校科技创新模式的探索》，载《黑龙江高教研究》2005年第3期，第26～28页。

产业人才问题的长远之计，但这样的工作刚刚开始启动，它的成熟和取得成效还需要一定的周期。目前，最有效的办法是通过政府和社会机构建构的培训体系，按照文化市场的运作规律有针对性地对现有的文化产业人才实施培训，加快对现有文化人才的开发和利用。我国要树立“大教育、大培训”的观念，立足市场需求，完善人才培养体系，整合多方教育培训资源，调动全社会参与的积极性，建立一个从底层到高层的多方位多层次的阶梯式培训模式。在职培训体系的建构主要可以从以下方面展开：

一、积极开展委托和定向培养

文化产业是一整套围绕文化产品的策划、生产、传播、消费而建构起来的工业化、商业化运作体系。在这个体系中，需要各种各样的文化产业人才，如创意人员、制作人员、经纪人、营销人员、管理人员等。作为人才培养的应急机制，文化产业部门可以通过与高校产学研联合办学，委托、定向培养，双向交流等多种途径，培养文化产业急需的人才。加强在职人员的业务、技能培训，促进文化产业人才向高素质、专业化方向发展。依托高等院校、职业技术学校等机构，构建文化产业人才教育培训体系。这就需要遵循文化产业人才发展规律和市场经济规律，科学设置文化产业专业课程，突出教学内容的可操作性和现实针对性，改革教学方法，增强文化产业人才培养的针对性。每种人才都有不同的培养方式、不同的培养体系和标准，如委托院校举办专门的文化产业学历教育班和举办文化产业从业人员资格培训，就是一种非常有效的途径。

二、强化行业在职培训

文化产业人才的培养离不开实践的锤炼，特别是对于那些高端的文化产业经营管理人才，学校的教育是远远不够的，还需要长期的、系统的在职培训来提升他们的管理水平。充分利用知名院校与培训机构，采用短期脱产的方式，开设诸如文化产业经营管理高级研修班、动漫游戏人才基地班等文化产业人才培训班，可进一步拓展文化产业人才的文化视野，提高文化产业人才的专业理论水平，加强专业资格培训，并逐步规范文化产业人才的从业资格。对从业人员进行社会主义市场经济、现代企业制度、法律、市场营销、公关、现代媒体经济等相关知识的培训，可提高文化产业人才的专业理论水平。对现有的文化人才分门别类地开展继续教育，鼓励会展、旅游、演艺、体育、出版等文化行业的专业人才以访问考察、学术研讨、项目合作等形式开展双向学习交流，可提高他们的业务素质和管理水平。发展文化产业网络教育，可由高校和科研机构主办，也可成立专门的文化产业网络教育办学机构，发挥一些非正规院校的作用，培养社会急需的文化产业人才。另外，选派一定数量的优秀文化产业经营人才到国内外知名高等院校、知名企业进行培训或到大型文化企业、经济管理部门挂职锻炼等方式，也可以培养造就一批领军人物和学术带头人。

三、开展跨国交流培训

中国文化产业与国际接轨，是无法扭转的趋势。外国的文化企业即将进入中国市场，中国的文化企业也将成熟、壮大，最终打入国际大市场。中国文化企业及其从业人员必须对此有充分的思想准备、战略准备，要及早从组织上、技术上，特别是从人才培养上采取相应的措施。通过在员工中进行跨文化的培训，与美国、英国、日本等国家加强人才交流与合作，选派人员出国研修、考察、培训，聘请专家举办讲座等形式，使员工学习不同国家、不同经济模式下的民族心理、消费习惯和管理方式等，以达到培养世界水准的文化专业人才的目的。总之，在经济全球化、国际化趋势下，要推动文化产业人才全球化和国际化的进程，文化产业人才的培养要将国内培养和国际交流相结合，通过学习国外文化产业先进技术和管理模式，来提升文化产业人才的自学能力、研究能力、创造能力、表达能力、团队协作能力与组织管理能力。

四、通过项目和团队进行培养

就文化产业人才而言，学校的教学培养仅仅是培养过程中的一部分，只能给予其基础的文化知识和专业水平，想要在专业水平和综合能力方面有大的提升，除了学校科学的教学课程、丰富的课外活动等基础的内容外，还需要重大的、能锤炼意志和品质的文化产业项目对其进行培养，使一批优秀的文化产业人才脱颖而出。文化产业人才的培养要把知识熏陶与实践锻炼相结合，要形成由优秀高端人才带领有发展潜力的人才组建项目团队，共同参与文化产业项目建设的培养方式，要积极倡导推行“师傅带徒弟”式的导师制培养方式，提高培养工作的灵活性和系统性。如英国 1999 年启动的名为“创造性的伙伴关系”的文化项目，它是英国中央政府文化、媒体和体育部与英格兰艺术委员会在文化教育领域开展的一项旗舰项目，目的是通过文化创意机构（如电影院、电视工作室、艺术中心、历史建筑、图书馆、博物馆、网站设计组织等）与学校合作从事一些长期文化项目，为 5～18 岁的学生和教师提供开发他们创造力的机会，提高诸如服装设计、电视广播、互联网、舞蹈、电影和戏剧的指导和制作等新技能。这一项目既有利于青年学生在创造性的文化环境下发展他们的目标和批判分析能力，也使他们在参与过程中培养了对文化的兴趣，在文化创造性活动中体验文化的魅力，从而为未来文化产业的发展培养造就一大批潜在的人才。

五、建立专门的培训基地

目前，我国文化产业领域有特色的短期培训太少。集中力量发展文化产业人才战略，整合优势资源建立国家人才培训基地，举办适合文化产业发展的各种特色培训班来集中培训，在短时期内培养一大批文化产业人才，从而带动全行业的发展，正是集中解决国内现有文化产业人才知识结构单一问题的最好途径。为了进一步开发和整合国内文化产业教育资源，文化部与卓达集团合作，命名北京卓达经济研修学院为“国家文化产业人才培训基地”。这是文化部积极实施“人才兴文”战略、支持社会力量参与文化产业人才培养并为其提供优惠政策的具体举措，为高层次人才进行学术和研究工作的交流与合作提供了一个重要的活动基地，也开启了社会力量参与文化产业人才培养的先河，具有十分重要的现实意义。

六、构建人才创业平台

一要采取压担子、到重点项目或基层挂职、多岗锻炼等方式，不断提升人才的自身能力。积极借鉴先进地区的成功经验，每年选派一定数量的中青年拔尖人才担任大中型企业总经理、事业单位负责人或科研院所重点项目带头人。二要建设好各类经济技术开发区、企业博士后科研工作站、博士创业园和留学生创业园区，使人才掌握的科学技术尽快转化为现实生产力，为有志于创业发展、成就自我的人才创造条件。三要坚持国内培养与国外深造相结合，重点选送一批具有发展潜力的人才出国进修深造。四要拿出专项资金，重点扶持科技型中小企业，以支持科技人才的创新活动，从而为人才的发展提供一个良好的创业平台。

关键概念

人才素质　专业素养　文化产业人才　人才培养体系　人才队伍建设　复合型人才　应用型人才　创新型人才　学历教育　职业培训

主要观点

人才是第一资源，文化的竞争，归根结底是人才的竞争，人力资源是文化产业发展的根本保证，在文化产业发展中越来越具有决定性意义。

大力发展文化产业，必须建设一支规模宏大、结构合理、素质优良的文化产业人才队伍。

与其他行业人才相比，文化产业对专业人才在基本素质、知识结构和专业能力等方面有特殊的要求。经济社会新的发展不断对文化产业发展提出新需求，这对文化产业人才的基本素质和专业素养提出了更高的要求。

当前我国文化产业的人力资源状况：人力资源丰富与文化产业人力资本短缺并存；文化产业人力资本短缺与人才结构不合理并存；文化产业人才资源总体短缺与区域分布不合理并存。

当前，我国正处在经济转型升级、文化产业快速发展的关键时期，高校能否培养出能适应文化产业大发展需求的各方面的专业人才，将成为夺取文化产业未来制高点的决胜因素。

高校文化产业专业人才培养的总体目标和要求是：培养具有良好的文化素质和高品位的文化鉴赏能力，掌握文化产业的经营特点和运作规律，了解国内外文化发展趋势，具备现代管理、经济和文化基础知识的复合型、应用型、创新型高级专门人才。

要树立“大教育、大培训”的观念，立足市场需求，完善文化产业人才培养体系，整合多方教育培训资源，调动全社会参与的积极性，建立一个从底层到高层的多方位多层次的阶梯式文化产业在职人员培训模式。

延伸阅读

章章不一样
每章都精彩

1. 侯建东：《中国人才学史：1979—2015》，同济大学出版社 2017 年版。

2. 林崇德等：《拔尖创新人才成长规律与培养模式研究》，经济科学出版社 2018 年版。

3. 薛永武、徐文明：《文化产业人才资源开发》，北京大学出版社 2016 年版。

4. 成都市文化产业与人才建设研究课题组：《文化产业的人才支撑体系研究——以成都为例》，科学出版社 2009 年版。

5. 中央文化干部管理学院编：《2016 文化产业创业创意人才发展报告》，文化艺术出版社 2017 年版。

6. 薛永武：《人才开发新论》，中国书籍出版社 2019 年版。

7. ［美］黛博拉·佩里·皮肖内；［英］戴维·克劳利：《创新在于人，而不是产品：硅谷的人才秘密》，佟金宇译，中信出版社 2019 年版。

8. ［美］里德·霍夫曼、本·卡斯诺查、克里斯·叶：《联盟：互联网时代的人才变革》，路蒙佳译，中信出版社 2015 年版。

9. ［美］爱德华·E. 劳勒三世：《重塑人才管理》，何缨等译，机械工业出版社 2019 年版。

思考问题

1. 简论文化产业人才的基本素质。
2. 简述文化产业人才的主要类型。
3. 试论人才队伍建设对发展文化产业的重要意义。
4. 简论文化产业专业培养的总体目标和要求。
5. 如何做好文化产业人才在职培训？
6. 试论政府在文化产业人才培养中的重要作用。
7. 现代文化产业人才培养对教师队伍提出了哪些新要求？

后　记

2012年初，拙著《从文化资源到文化产业——中国文化产业发展现状评述》由华中师范大学出版社出版。这本书以如何通过文化创意将文化资源转化为文化产业为研究重点，展开对中国文化产业发展的基本理论和现实问题的探讨。“理论探讨篇”主要从当代社会发展、文化创意、科技创新、民族文化资源、文化产业园区、文化人才队伍六个维度，探讨了当代中国文化产业发展中的一些基本理论问题。“实践分析篇”从出版发行产业、广播影视产业、表演艺术产业、网络文化产业、动漫游戏产业、文化休闲娱乐产业、艺术品拍卖产业七个方面展开研究，探讨了这些产业的基本特点、发展状况、机遇与问题，以及发展创新与对策等。书中提出了“文化资源是文化产业发展的基础，文化创意是文化产业发展的核心，文化科技是文化产业发展的动力，文化园区是文化产业发展的平台，文化人才是文化产业发展的基石”的基本观点。出版后，作为理论著作受到学界的肯定，作为教材受到学生的好评，出版社多次重印。去年，出版社打算再次重印这部书。尽管这部著作的基本理论、实践分析和主要资料至今仍有一定价值，但毕竟出版已经有7年多了，在这期间文化产业无论是理论还是实践都发生了很大的变化。因此，我在《从文化资源到文化产业——中国文化产业发展现状评述》的基础上，新写这本《中国文化产业发展论纲》。本书主要介绍和分析了文化产业概念的历史演变、文化产业的特征与分类、文化产业政策、国有文化资产管理、文化消费引导、数字文化产业发展和文化产业人才培养等内容，这些内容基本上是上一本书很少涉及的，也是当今文化产业发展研究较为前沿的内容，本书中的新理论和新材料是对上一本书的补充和升华。如果这两本书对读者系统了解中国文化产业的基本理论和实践知识有所帮助，那么作者的目的也就达到了。

本书的出版得到华中师范大学中国语言文学一流学科建设项目资金的支持，在此对华中师范大学文学院表示衷心的感谢！

本书在写作的过程中，得到了原文化部文化产业司首任司长、现中华文化促进会副主席王永章先生，上海交通大学国家文化产业创新与发展研究基地办公室主任胡惠林教授，湖北省社会科学院副院长刘玉堂教授，云南省社科联主席范建华教授，华中师范大学学报主编范军教授，华中师范大学出版社社长周挥辉教授、总编刘从德教授，以及国家文化产业研究中心各位老师的大力支持，在此一并表示衷心的感谢。

由于本人在研究和写作本书中坚持“拿来主义”，书中借鉴和引用了许多国内外学者的研究成果，提升了本书的价值，但限于篇幅，书中未能一一注明，在此，深表感谢和歉意。

由于本人的水平有限，加之时间仓促，本书中的错误在所难免，我期待着读者的批评指正。

黄永林

2020 年 10 月 6 日于桂子山